本研究得到国家自然科学基金项目（70828002，70903055）
教育部人文社会科学重点研究基地课题项目（08JJD840206）
浙江大学“985工程”国家新农村建设与发展研究项目资助

The Evolution of Industrial Clusters in China

中国产业集群的演化与发展

◎ 张晓波 阮建青 著

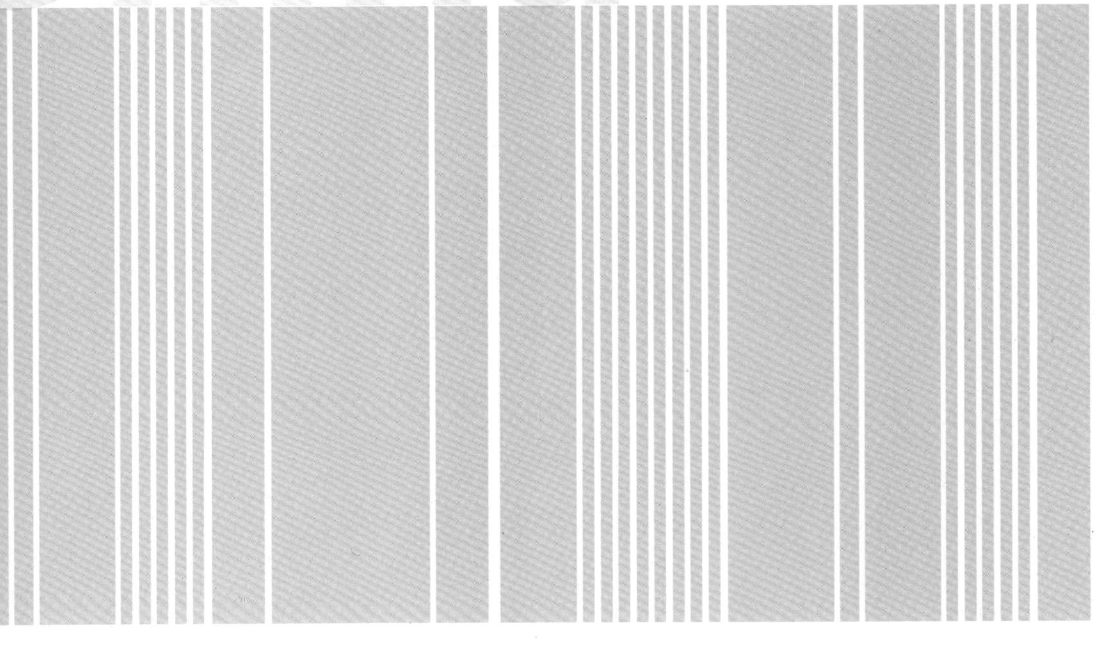

ZHEJIANG UNIVERSITY PRESS
浙江大学出版社

图书在版编目(CIP)数据

中国产业集群的演化与发展 / 张晓波,阮建青著.
—杭州：浙江大学出版社,2011.7
ISBN 978-7-308-08857-2

Ⅰ.①中… Ⅱ.①张… ②阮… Ⅲ.①产业经济—经
济发展—研究—中国 Ⅳ.①F121.3

中国版本图书馆 CIP 数据核字(2011)第 134517 号

中国产业集群的演化与发展
张晓波　阮建青　**著**

责任编辑　陈丽霞　(clixia@163.com)
封面设计　刘依群
出版发行　浙江大学出版社
(杭州市天目山路 148 号　邮政编码 310007)
(网址:http://www.zjupress.com)
排　　版　浙江时代出版服务有限公司
印　　刷　杭州丰源印刷有限公司
开　　本　710mm×1000mm　1/16
印　　张　14.75
字　　数　257 千字
版 印 次　2011 年 7 月第 1 版　2011 年 7 月第 1 次印刷
书　　号　ISBN 978-7-308-08857-2
定　　价　36.00 元

浙江大学出版社发行部邮购电话　(0571)88925591

序 言

改革开放后,中国在短短 30 年时间里成为世界制造业的中心。在改革之初,中国似乎缺少经济学教科书上所列的经济发展的许多必要条件和环境。比如,中国的金融业很不发达,国有银行几乎不向私人企业贷款;而且中国的产权制度似乎也很不健全,国家直到 2004 年才在宪法里明确对私有产权的保护。因而,中国快速工业化的奇迹对传统的发展经济学是个谜,更是个挑战。千千万万的中小企业究竟是怎么克服资金和制度的约束发展起来的?

在过去的几年里,我们一直在思考上述问题。通过对浙江多个产业集群数百家企业的访谈和调查,我们认为集群化的产业发展模式是解释中国快速工业化之谜不可忽略的一个因素。改革开放后,"一村一品"、"一镇一业"式的块状经济如雨后春笋般在大江南北迅速蔓延开来。按道理,当周边的企业都生产同一种产品时,竞争会非常激烈。那为什么企业还会形成集聚呢?著名经济学家马歇尔在 20 世纪 20 年代提出产业集聚通过如下三种途径给集聚的企业带来了外部规模经济:技术与信息的外溢、劳动力的积蓄与供给,以及共享的中间投入品。但是,这种集聚优势对发达国家和发展中国家均适用,这并不足以解释为什么在中国,产业集群会发展得如此迅猛。

在本书中,我们提出集群式生产模式的活力在于它适应了中国的资源禀赋结构和制度环境特点。在计划经济时期,中国采取了资本密集型的重工业发展道路,这严重违背了资源禀赋的比较优势,因为当时的中国是一个劳动力非常丰裕,但资本却严重短缺的社会。在市场经济条件下,缺乏资本的企业家不可能再去重复资本密集型的工业化模式。在短期内融资条件很难改变的情况下,产业集群的生产模式变得非常有活力。在产业集群内,一种产品的生产被分解成众多独立的工序,这些工序被分散到家庭作坊和小企业中去完成。这种生产结构的分解,使得生产的投资门槛大大降低,家庭作坊与小企业可选的投资范围大大扩大,众多潜在企业家从而得以克服资金约束成为现实的企业家。与此同时，中国是一个人多地少的国家，人口集中居住，人情关系是中国社会的重要基础，这形成了很强的社会资本。而产业集群在空间上的集聚使得企业间的重复交易变得特别频繁。强社会资本与集群内企业重复交易的特性使得生产链条上的生产者能够在不用任何正规合约的情况下协调生产，这有效地降低了分工所带来的交易成本。

在产业集群发展的早期，集群内的分工降低了投资门槛，但随着门槛的降低，竞争也会加剧，因而质量控制是一个非常重要的问题。产业集群如何从数量扩张阶段演化到质量提升阶段也是本书关注的内容之一。在本书中，我们探讨了危机与产业集群质量升级之间的关系，考察了地方政府和企业家是如何克服质量问题，促进集群内产业升级的。

本书是我们在该领域中多篇研究论文的集合。其中第一章、第二章的作者是阮建青博士；第三章的作者是许成钢教授（香港大学、清华大学）和张晓波教授；第四章的作者是 Cheryl Long 博士（美国科尔盖特大学）和张晓波教授；第五章的作者是阮建青博士；第六、七、八、九章的作者是张晓波教授和阮建青博士；第十章的作者是黄祖辉教授（浙江大学）、张晓波教授和朱允卫博士（浙江大学）；第十一章的作者是 Belton Flelsher 教授（美国俄亥俄州立大学经济学院、中央财经大学人力资本与劳动力研究中心）、胡定寰教授（中国农业科学院）、William Mcguire（美国俄亥俄州立大学）和张晓波教授。最后两章的作者是张晓波教授与阮建青博士。第三、四、十一章的原文是英文，由杨进协助翻译成中文，阮建青对译文进行了校对。

本书的主要内容已经或即将发表在下述国内外经济学期刊上：第四章的内容"Cluster-Based Industrialization in China: Financing and Performance"即将发表在 *Journal of International Economics*；第六、七、八、九章的部分内容已经以"资本壁垒与产业集群——基于浙江濮院羊毛衫产业的案例研究"发表在《经济学（季刊）》（2007 年第 7 卷第 1 期），以"基于产业集群的包买商制与企业家才能"发表在《管理世界》（2008 年第 11 期），以"Finance and Cluster-Based Industrial Development in China"发表在 *Economic Development and Cultural Change*（October，2009）；第十章内容以"The Role of Clustering in Rural Industrialization: A Case Study of Wenzhou's Footwear Industry"发表在 *China Economic Review*（2008 年第 19 卷）；第十一章内容以"The Evolution of an Industrial Cluster in China"发表在 *China Economic Review*（2010 年第 21 卷）；第十二章内容以"危机与制造业产业集群的质量升级"发表在《管理世界》（2010 年第 2 期）。

国际食品政策研究所(IFPRI)和浙江大学中国农村发展研究院(CARD)为本研究提供了多方面的支持;本研究在调研中得到了下述单位和部门的支持:濮院羊毛衫市场管理委员会、濮院镇政府、织里镇政府、温州市政府、温州市鞋革行业协会等;浙江大学出版社对本书的出版提供了极大的帮助。在此一并致谢!

1 绪 论

发展经济学的首要任务是探索发展中国家摆脱贫困的可能性。在发展中国家,贫困人口主要来自农业部门。提高农业技术水平、发展农业生产是减少农村贫困人口的重要手段。亚洲“绿色革命”的经验表明,农业技术的进步能够显著地增加粮食的供应,提高粮食安全,减少饥荒发生的可能性。但是,农业部门内部的发展很难增加农村贫困人口的就业机会(David & Otsuka,1994),越来越多的研究证实,非农收入的增长是发展中国家农村贫困人口减少的主要原因(如:Estudillo & Otsuka,1999;Hayami & Kikuchi,2000)。

自产业革命以来,西方发达国家用了200多年的时间实现了工业化,使得大多数人摆脱了贫困;日本将这一过程缩短到100年;第二次世界大战后的亚洲新兴工业经济体又将这一时期缩短到40年[①];改革开放后发生在中国东部沿海地区的快速农村工业化过程将这一时期再度缩短。人类社会的发展经验表明,贫困不是一种命运,成功的工业化发展模式能够帮助发展中国家的贫困人口摆脱贫困的陷阱。

但是,究竟什么样的工业化发展模式能够真正有效地帮助发展中国家实现发展?二次世界大战后,对这一问题的探讨吸引了众多优秀的发展经济学家。20世纪50、60年代是发展经济学的辉煌时期。Rosenstein-Rodan(1943)较早提出了平衡增长理论,Rosentein-Rodan认为贫穷国家要想获得经济持续增长,必须有一个全面推进各种工业发展的计划,因而这一理论也被称为大推进理论。赫希曼(1958)对平衡增长理论提出了批评,他认为一国的工业化发展道路不必遵循全面发展的模式,而应根据自身的资源禀赋状态,有选择地在某些部门进行优先投资。发展中国家应当集中有限的资源首先发展关联效应强的产业,以此为动力逐步扩大对其他产业的投资,带动其他产业的发展。

---

① 引自林毅夫为《发展经济学——从贫困到富裕》(速水佑次郎,2003)所写的序言。

罗斯托(1962)持有与赫希曼类似的经济发展观点,他进一步从动态的角度将经济发展划分成五个阶段。Lewis(1954)注意到发展中国家二元经济结构的存在,从劳动力转移的角度建立了工业化发展模型。Fei 和 Ranis(1964)进一步完善了刘易斯的模型。另一批发展经济学家则通过建立增长模型研究经济增长的原因(Domar,1947;Harrod,1948;Solow,1957)。

总体而言,这些早期的工业化发展理论具有两个特征。首先,这些理论认为发展中国家缺乏可靠的市场体系,市场失效是普遍存在的现象,因而国家应该推行强有力的干预性政策;其次,物质资本的积累是这些发展理论的核心,他们认为政府应该通过协调和配置资源,促进资本的积累,推进工业化的发展。然而,这些理论忽略了如下问题:(1)政府也有可能失效;(2)发展中国家往往是劳动力丰富而资本相对稀缺。因而,这些工业化发展理论未能经受住实践的检验,从已有的发展经验看,发展中国家农村贫困的减少主要得益于劳动密集型产业的发展,在工业化早期阶段过分追求资本密集型产业发展的工业化模式是不符合发展中国家比较优势的(Lin,2007)。并且那些采用上述发展战略的国家并未能摆脱贫困的陷阱,这一时期的许多工业化发展理论后来均遭受了批评(Adelman,2000)。

在众多早期工业化发展理论被不断质疑的同时,东亚新兴经济体获得了快速发展,尤其是中国东部沿海地区在改革开放后快速实现了工业化。这些国家或地区的工业化过程主要是从劳动密集型产业起步,中小企业通过产业集群的相互分工协作获得竞争优势,并且逐渐实现了产业升级(Sonobe & Otuska,2006)。

基于产业集群的工业化发展模式为发展经济学家思考工业化理论提供了新的视角。这一发展模式不仅在 20 世纪 70 年代末的意大利取得了成功①,在东亚的日本、印尼、中国台湾、中国东部沿海等国家和地区也获得了成功(Sonobe & Otuska,2006),甚至在部分非洲地区也逐渐出现了这一模式(Mccormick,1999)。因而在逻辑上可以推断这一发展模式一定具有某些适应工业化早期环境的特性。

发展中国家在工业化早期阶段人均财富一般较少,而且资本市场往往也很不完善。而在工业化生产中,最低投资规模形成的资本壁垒是广泛存在的(Baumol & Willig,1981)。如果企业家无法克服资本壁垒,则众多潜在的企

① 在 20 世纪 70 年代末 80 年代初,意大利的中部和东北部地区采用了产业集群的发展模式,并且获得了成功,这一发展模式被学术界称为"第三意大利"(Bianchi,1998)。

业家将无法成为现实的企业家(Banerjee & Newman,1993),工业化的萌芽将无法顺利完成。因而,在工业化萌芽阶段,企业家面临的最重要的问题是如何克服资本壁垒。早期发展经济学家提出的解决方案主要是借助国家力量动员资金并配置到资本密集型的产业上,实现对发达国家的赶超。但是这一发展战略在实践中很难获得成功。另一些经济学家意识到完善的资本市场对发展中国家经济增长、实现工业化的重要性(Goldsmith,1969;McKinnon,1973;King & Levine,1993;Rajan & Zingales,1998;Ayyagari,Demirgüç-Kunt & Maksimovic,2006),因而一般的政策建议是优先发展资本市场,然后再进行工业化的发展。但是,建立一个完善的资本市场本身就是一项漫长而艰巨的任务,一个具有完善资本市场的国家往往已经是发达国家,发展中国家是否必须等待一个完善的资本市场建立起来之后才开始发展?东亚(尤其是中国)的工业化发展经验对上述问题给出了否定的回答。改革开放后的中国以年均实际 GDP 增长率超过 9%的速度高速增长,并逐渐成为世界的制造业中心。在改革之初,中国的资本市场是很不完善的,不存在股票市场,国有银行只支持国有大中型企业,而乡镇的集体企业、中小民营企业几乎无法获得正规金融的支持。中小企业普遍存在融资困难的现象(林毅夫、李永军,2001;俞建国,2002;王霄、张捷,2003;林毅夫、孙希芳,2005)。但面临资本约束的中小企业却是促进中国经济高速增长的主力军(Che & Qian,1998)。中国的发展经验表明,资本市场的不完善并不必然阻碍发展。但是,中国的中小企业究竟是如何在资本市场不完善的情况下克服资本壁垒的?已有研究主要强调非正规金融所起的作用(如:Allen,Qian & Qian,2005;林毅夫、孙希芳,2005)。也有学者注意到中国快速工业化过程主要发生在东部沿海地区,而基于产业集群的农村工业化发展模式是这些地区快速工业化的主要形式(顾强、王缉慈,2003)。因而,可以推测产业集群的生产组织形式对克服工业化资本壁垒起了关键性的作用。事实上,已有一些理论和案例的研究发现产业集群的生产组织形式能够降低对初始资本的需求(Schmitz & Nadvi,1999;Sonobe & Otuska,2006)。但是,已有研究没有深入探讨这一观点,且没有建立在严格的实证研究基础上。与资本壁垒类似,技术与制度壁垒也是阻碍工业化萌芽的重要因素。已有的许多有关中国乡镇企业发展的案例研究描述了民营小企业突破制度和技术壁垒的过程,但是已有研究没有将这一突破过程放在产业集群的大背景下进行考察。

除了资本、技术与制度之外,企业家才能也是一种促进经济发展和实现工业化的重要因素(熊彼特,1997;张培刚,2002)。具体而言,企业家才能能够增加就业、提高劳动生产率、促进创新，并且在一定的区域内能够产生积极的知识外溢效应(Van-Praag & Versloot,2007)。但是，在发展中国家的工业化早期阶段，企业家才能是一种非常稀缺的资源，而且企业家因为缺乏实践的机会而无法培育和增进其才能。因此，发展中国家有可能因为无法有效地动员和培育企业家才能而陷入到经济停滞的困境中。然而，中国东部沿海地区在改革开放后的快速农村工业化过程表明上述停滞的困境是可以避免的。Schmitz 和 Nadvi(1999)注意到产业集群通过分工能够充分动员人力资本，因而非常适合发展中国家。但是他们的研究没有深入探讨背后的机理，也没有提供实证的案例。

此外，对东亚产业集群发展历史的考察发现，许多产业集群实现了质量升级(Sonobe & Otsuka,2006)，这一过程同样发生在中国制造业产业集群中。虽然相比于发达国家，中国工业品的质量依然处在低级阶段，但是与自身的发展历史相比，在 30 来年时间中，中国工业品质量是在不断提升的。对质量升级的传统研究主要集中在产业组织领域，产业组织经济学家构建了许多理论模型解释产品质量升级的过程(如：Dasgupta & Stiglitz,1980；Reinganum,1985；Grossman & Helpman,1991)。这些研究的基本出发点是市场竞争是导致企业提升质量和实现技术创新的根本原因。在产业组织经济学家的研究框架中，质量升级是一个内生的自然而然的过程。Sonobe & Otsuka(2006)则进一步总结了东亚多个产业集群的发展历史，他们发现产业集群在发展初期主要采用数量扩张的竞争方式，到一定阶段后会过渡到质量竞争阶段。Sonobe 和 Otsuka 的工作为研究中国产业集群质量升级提供了一个分析框架。但是，Sonobe 和 Otsuka 未能回答的问题是，从数量扩张阶段发展到质量提升阶段的过程是否是一个自然演进的过程？是否有其他重要因素影响产业集群质量升级的成败？

本书首先对有关工业化与产业集群的文献进行了综述，指出本书在文献上可能的贡献；然后回顾和解释了新中国成立以后的企业演变历程，即从社队企业演变成乡镇企业，再从乡镇企业演变成基于产业集群的私营企业的过程；随后利用全国经济普查数据，计算中国产业集群的融资和绩效；进而，以濮院羊毛衫产业集群、温州鞋业集群、织里童装产业集群为例，详细剖析了产业集群是如何克服工业化资本壁垒、技术壁垒、制度壁垒，以及如何动员企业家才能、如何实现产业升级等问题；最后，本书以浙江省 100 多个产业集群为分析对象，研究危机与产业集群质量升级的内在关系。

2 有关工业化与产业集群的文献综述

本章梳理了有关工业化和产业集群的关键文献，从宏观上把握了这两个领域的重要成果。文献综述以下面的逻辑展开，首先梳理了古典经济学和发展经济学中有关工业化的经典理论，然后探寻了产业集群及其相关理论的发展脉络，并在此基础上综述了国内外最新的有关产业集群的实证研究，最后指出本书对这一领域文献的可能贡献。需要说明的是，与每一章具体研究主题密切相关的文献综述将在后文相应章节的特定语境中展开。

2.1 工业化发展理论

2.1.1 古典经济学的工业化发展理论

经济增长问题一直是古典经济学的核心问题。斯密(Smith,1904)从分工的角度论述了经济增长的原因。在斯密的体系中，不断深化的劳动分工被认为是劳动生产率增进的根本原因。农业部门因为具有季节性、轮回性的特点，劳动分工程度要远低于工业部门，因而农业部门劳动生产率的增进速度要显著低于工业部门。斯密进一步指出，穷国与富国在财富上的差距主要由工业部门生产效率的差距所导致。斯密的理论指出了工业化对经济增长和国民财富积累的重要性。

李嘉图(1976)进一步发展了古典经济学的经济增长理论。李嘉图把有形资本积累看做是经济增长的主要驱动力，他的观点与欧洲工业革命初期的工业化发展实际是相符的。李嘉图模型的前提假设是，工业部门的工资成本在长期来看是不上升的，因而投资的利润率不会下降。这种不下降的利润率能够为追加投资提供激励，从而企业利润被不断地用于再投资，工业部门的生产和就业就能够持续增长。但是，如果一个国家的土地等自然资源禀赋是固定的，那么人口的增长会导致食品价格的上升，工资成本随之上升，因而利润率会下降，从而无法为追加投资提供有效的激励。这种制约工业化发展的固定土地资源禀赋机制被称为“李嘉图陷阱”。“李嘉图陷阱”在一定程度上揭示了工业化过程不仅仅是工业部门本身的发展过程，它与农业部门的发展是密切相关的。

穆勒发表于1848年的《政治经济学原理》(穆勒，1997)对古典经济增长理论进行了全面总结。穆勒将社会生产归结为劳动、资本和自然资源三要素。经济增长源于人口增长、资本增加和生产技术改良，其他种种导致社会产出变化的原因皆是这三种变化相互作用的结果。穆勒认为，从长期来看，利润率会趋于下降，经济增长最终会趋向一种静止状态。但是，穆勒所描述的静止状态并非一种经济停滞、生活贫困的社会状态，而是一个资本和人口不再增长，但人类的精神、道德及生产技术仍在发展的富裕而公正的理想社会。

总体而言，古典经济增长和工业化发展理论的核心思想是经济增长源于资本积累和劳动分工的相互作用。资本积累推动了劳动分工，劳动分工反过来提高了生产效率，生产效率的增进又提高了资本积累。在方法论上，古典经济学者以社会关系为分析基础，强调竞争性市场的调节过程。但是，19世纪70年代兴起的边际革命改变了古典经济学的研究方向。边际效用概念的引入使得经济学可以方便地使用数学工具进行定量分析，因而在技术上，经济学迅速成为一门“成熟”的科学，拥有自己的基本假设、分析工具和研究规则。边际革命将经济学的研究重心转到资源最优配置上，尤其是在马歇尔(Marshall，1920)发表了标志着新古典经济学诞生的《经济学原理》之后，有关经济增长和工业化发展理论成了一个不被主流经济学家所关注的主题。这样的状况一直持续了半个多世纪。

2.1.2 发展经济学的工业化发展理论

第二次世界大战后，如何促进新兴发展中国家摆脱贫困、实现发展成为政治家和经济学家共同关心的问题，发展经济学也因此成为经济学中一个相对独立且重要的分支。20世纪50、60年代是发展经济学的辉煌时期，当时发展经济学的核心问题是如何帮助发展中国家实现工业化。发展经济学家们提出了一系列的工业化发展理论。

Rosentein-Rodan(1943)最早提出了平衡增长理论(Balanced-growth)。Rosentein-Rodan承袭古典经济学的经济增长理论，认为增长理论的核心是投资，发展中国家要克服“有效需求不足”和“资本供给不足”的双重发展障碍，就必须全面地、大规模地对国民经济各个部门进行投资，给经济一次性的大推动，从而使整个国民经济快速发展到全面、均衡的状态，走出贫困恶性循环的陷阱,因而这一理论也被称为大推进理论。但是,平衡增长理论在理论和实践上存在两个问题:首先,它忽略了比较优势的存在,不同国家在不同产业上具有不同的比较优势,优先发展最具比较优势的产业更为符合发展规律(Lin,2007);其次,在实践中,平衡增长理论所需要的巨额资本很难获得,发展中国家往往资本匮乏,且资本市场发展很不完善,要在短时间内筹集大量的资本是非常困难的,除非采用政治手段通过扭曲价格体系的方式,将农业部门的积累强行转移到工业部门,但这种发展方式会导致经济结构的扭曲,可能对未来的经济和社会发展造成灾难性后果。平衡增长理论在实践中没有成功的案例。

赫希曼(1991)认识到平衡增长理论的上述缺陷,对其进行了批评并提出了不平衡增长理论。赫希曼认为一国工业化发展道路不必遵循全面发展的模式,不同国家应该根据自身的资源禀赋状态,有选择地对某些部门进行优先投资。发展中国家应当集中有限资源首先发展关联效应大的产业,以此为动力带动其他产业的发展;地区间发展也应遵循同样的逻辑,具有优势的地区可以先形成发展极,然后带动其他地区发展。罗斯托(1960)持有与赫希曼类似的经济发展观点,并从动态角度提出了经济成长阶段理论。罗斯托认为社会的发展可以分成五个基本阶段:传统社会阶段(农业经济、等级社会),起飞准备阶段(过渡性社会、投资增长、社会行为方式转变),起飞阶段(投资率大于10%、生产进步),趋于成熟阶段(投资率大于20%、资源配置优化),大规模消费阶段(福利国家、大规模消费)。其中起飞阶段是经济增长的分水岭,跨越该阶段后,发展障碍得以克服,经济进入良性循环的路径。

赫希曼和罗斯托的理论描绘了一幅经济发展全景图。但是,他们的理论忽略了发展中国家一个普遍存在的事实,即广大发展中国家往往是一种二元经济结构。对这一现象的漠视使上述发展理论脱离了社会现实,从而缺乏可操作性。Lewis(1954)注意到了这一点,他提出了一个包含二元经济结构的工业化发展模型。Lewis 模型讲述这样的故事:发展中国家的经济由两个不同的经济部门组成,一个是传统部门,另一个是现代部门。传统部门包含了自给自足的农业及简单零星的商业和服务业,该部门的边际劳动生产率接近于零,存在大量的隐性失业;现代部门包含了技术较先进的工矿业、建筑业、近代商业和服务业,劳动生产率和工资水平均较高。存在着大量剩余劳动的传统部门的人均收入水平决定了现代部门的工资下限,现代部门从传统部门大量吸收劳动力,而其工资水平基本保持不变。现代部门的利润来自劳动产出大于工资总量的部分,并不断把利润转化为资本扩大再生产,直至传统部门的剩余劳动被全部吸收。在 Lewis 模型中,传统部门被认为是次要的、从属的和被

动的。Fei 和 Ranis(1964)认为农业生产率提高而出现农业剩余是农业劳动力流入工业部门的先决条件,他们据此发展了 Lewis 模型。此外,Chenery 和 Strout(1966)发现发展中国家存在着储蓄缺口与外汇缺口,他们因此提出了两缺口模型,阐明了发展中国家通过利用国外资源来填补国内资源不足的发展模式。

中国发展经济学先驱张培刚(2002)也为工业化理论的发展作出了重要贡献。张培刚将"工业化"定义为一系列基要生产函数连续发生变化的过程,工业化过程包括五项基本因素:人口、资源或动力、社会制度、生产技术以及企业家创新管理才能。其中,企业家创新管理才能和生产技术属于发动因素,人口和资源属于限制因素,社会制度则既可能是发动因素,又可能是限制因素。

在上述发展经济学家构建宏大发展理论的同时,另一批发展经济学家则通过建立增长模型研究增长原因。哈罗德—多马模型(Domar,1947;Harrod 1948)是这一领域的开创之作。哈罗德—多马模型以凯恩斯有效需求不足理论为基础,考察一个国家在长时期内国民收入和就业稳定均衡增长所需条件。哈罗德—多马模型反映了经济增长率、储蓄率和加速数之间的关系。在资本—产量比既定的条件下,如果要获得一定的增长率,就必须维持一定的能为投资所吸收的储蓄率;反之,若将一定的储蓄率形成的储蓄全部为投资所吸收,经济就必须保持一定的增长率。哈罗德—多马模型采用了非常简单的固定系数生产函数,在这一模型中,经济只能在非常特殊的情况下(劳动必须充分就业,资本必须充分使用)才能达到均衡,而且资本和劳动之间不存在任何替代的可能性,这与现实世界的经济发展是不相符的。索洛(Solow,1957)认识到哈罗德—多马模型存在的上述问题,他用新古典生产函数取代了固定系数生产函数,将哈罗德—多马模型向前推进了一大步。在索洛模型中,对经济总体的增长贡献来自劳动、资本和技术进步。索洛假定生产函数符合规模报酬不变、边际产量递减,并且储蓄率一定、技术进步为外生。在这些假定下,索洛模型推出无论从任何一点出发,经济都会向平衡增长路径收敛,通过调节储蓄率可以实现人均最优消费和最优资本存量的"黄金律"增长。但是索洛模型(以及建立在其基础上的其他增长模型)的假定条件太苛刻,不能够解释长期经济增长的真正来源。

上述经济增长和工业化发展理论主要形成于 20 世纪 50、60 年代。总的来说,这些理论认为发展中国家缺乏可靠的市场体系,市场失效是这些经济体中普遍存在的现象,物质资本的积累是这些发展理论的核心。这些理论得出的一般政策建议是,国家应该推行强有力的干预性政策,通过协调和配置资源，促进资本的积累，推进工业化发展。这一时期的发展经济学家对其发展理论充满了自信，认为只要采取他们的政策建议就能够实现经济的结构性转化、实现工业化、减少贫困。但是这些早期发展经济学家过分强调资本的作用，给出的发展战略都把促进资本积累作为发展经济的首要任务，因而，在实践中导致许多发展中国家过分追求资本密集型产业的发展。然而，正如 Lin(2007)所指出的，发展中国家往往是劳动力资源丰富而资本相对稀缺，因而过分追求资本密集型产业的发展是不符合这些国家比较优势的。在实践上，这些发展理论也未能经受住检验，采用这些发展战略的国家并未能摆脱贫困的陷阱，因而这一时期的许多发展理论在后来均遭受了批评(Adelman，2000)。上述这些缺陷导致了有关工业化的发展理论在 20 世纪 70 年代之后转入低潮期，并且逐渐淡出主流经济学的视野。

2.1.3 内生增长理论

从 20 世纪 80 年代开始，发展经济学开始重新引起主流经济学的关注，这主要得益于 Romer(1986)和 Lucas(1988)开创的内生增长理论。内生增长理论认为，一个经济系统要想产生持续的增长，就必须克服回报递减的趋势，而要实现这一目标，必须寻找到一个持续的发动机，内生的技术进步被认为是保证经济持续增长的决定因素。随后许多文献将更多的因素引入内生增长模型，对不同国家不同发展阶段经济发展绩效的差异，给出了符合主流经济学分析范式的解释。

内生增长理论为我们理解工业化发展提供了新的理论基础和视角。但是，Young(1992)、Krugman(1994)，以及 Kim 和 Lau(1994)的一系列研究发现，内生增长理论无法充分解释东亚新兴国家的工业化发展过程。他们指出，东亚快速工业化过程主要得益于投资的增加，而全要素生产率的贡献并不明显。实际上，东亚快速工业化过程是与产业集群的发展密切相关的(Sonobe & Otsuka，2006)。但是，无论是早期的发展经济学理论还是内生增长理论，都没有将产业集群这种生产组织形式作为一个重要因素引入到工业化和经济增长的分析框架中，因而上述理论在解释早期东亚的发展以及当前中国东部沿海地区快速农村工业化过程上是缺乏力度的，利用上述理论从宏观角度展开的研究所得出的结论往往是模式化和表面化的。

2.2 产业集群理论

2.2.1 早期的产业集群理论

虽然产业集群(Industrial Cluster)这一概念是波特(Porter,1990)在1990年才提出的[①],但是有关产业集群的研究可以追溯到马歇尔(Marshall,1920)。马歇尔将同类产品生产企业在特定空间上大规模集聚的现象定义为专业化产业区(Industrial District)。马歇尔认为专业化产业区通过如下三种方式给集聚的企业带来了外部规模经济:(1)区域内的技术、信息外溢。马歇尔时代信息的流动是按距离衰减的,所以知识在当地的传播要比远距离流动更容易,企业在特定地区的集聚有利于新知识、新技术、新创意在企业之间的传播和应用。(2)提供共享的中间投入品。产业集群可以支持该产业专用的中间投入品的生产,众多使用中间投入品的企业集中在一起会使辅助性工业能够使用专业化的、高成本的机械设备,从而以较低的生产成本进行生产。(3)提供区域专用性劳动力市场。产业区内集聚了大量潜在的劳动力需求和供应,既降低了工人的失业率,也确保了厂商的劳动力供给。

韦伯(1997)主要从工业区位的角度论述产业集群现象。韦伯认为企业选择是否集聚取决于对集群收益和成本的对比。韦伯所认为的集群的经济性与马歇尔的外部规模经济有类似之处。韦伯指出,企业的集聚能够催产专门性的服务设施,如专门的机器修理厂、大规模的劳动市场、公用设施、道路等;此外,上下游企业的集中会使许多企业靠近原材料供应,这些因素导致了集群的经济性。韦伯将影响工业区位的经济因素称为区位因子。区位因子的合理组合使得企业成本和运费最小化,企业按照这一原则选择将其厂房建在生产和流通上最节省成本的位置,众多企业的自由选择最终会导致产业集群的形成。

总体来说,早期产业集群理论强调外在的地理位置等因素对产业集群形成的影响,并且论述了产业集群对工业化发展的积极促进作用。

---

① 波特认为,产业集群是指在特定领域内,一群在地理上邻近、有交互关联性的企业和相关法人结构,以彼此的共同性和互补性相联结的现象。王缉慈(2001)将产业集群定义为:某一特定的产业及其相关领域中,大量联系密切的企业以及相关支撑机构在空间上集聚,并形成强劲、持续竞争优势的现象。其他许多学者和机构从不同角度给出了产业集群的不同定义,但是这些定义在本质上是类似的。本书统一使用"产业集群"这一提法,并且不在概念的细节上进行详细区分。有兴趣的读者可以参考下面的文献:朱希伟(2005)详细罗列了中国学者对"Industrial Cluster"的不同翻译;吴结兵(2006)、刘世锦等(2008)详细总结了不同学者和机构对产业集群的定义。

2.2.2 第二次世界大战后的产业集群理论

1. 新经济地理学

沿着马歇尔论述的集群具有的三个优势，Krugman(1991)将运输成本纳入到区域经济增长的理论分析框架中。Krugman 运用"核心—外围"模型分析产业集群形成原因。在该模型中，核心区是制造业地区，外围是农业地区。在工业生产具有报酬递增、农业生产规模报酬不变的假定下，工业生产将随着时间推移趋向空间上的集聚。如果资源是不可流动的，那么工业生产将聚集在大市场附近，从而使运输成本最小。"核心—外围"模型预测了一个国家内部经济地理模式的渐进演化过程，即具有初始优势的区位会逐渐吸引企业的聚集，并最终获得垄断性竞争优势。新经济地理学随后不断发展出新的模型(如：Krugman，1996；Fujita & Thisse，2002)。总体来说，新经济地理学模型主要有五个组成部分：(1)企业层面上存在规模报酬递增；(2)不完全竞争；(3)贸易成本取决于交易双方地理位置上的距离；(4)企业的位置是内生的；(5)地方性需求是内生的(Head & Mayer，2003)。在新经济地理学模型中，往往会存在多个均衡，即哪个区域会成为中心、哪个区域会成为外围，不仅仅由传统上的资源禀赋、技术等因素决定，还受其他因素影响，如历史偶然性等。

新经济地理学为解释产业集群的形成提供了新的视角和方法。其主要贡献在于建构了清晰、严谨、精致的模型，为经济活动的空间研究提供了一个符合主流经济学标准的分析框架，使产业集群与区域增长再度成为主流经济学关注的中心。但是新经济地理学未能深入到产业集群内部探讨产业集群演进的微观机制，并且新经济地理学主要是证明集聚经济的存在，而较少地从一个动态角度研究工业如何从一个地区发展到另一个以前没有该工业的地区的内在机制。因而从新经济地理学角度，很难理解发展中国家农村产业集群的形成机制。在发展中国家的农村地区，通讯成本和交通成本往往非常高，而且信息和资本主要集中在城市，根据新经济地理学的理论，在这些国家的农村地区基本上不可能形成产业集群。但是，许多实证研究发现发展中国家的农村存在着许多的产业集群(Lanjouw & Lanjouw，2001；Mead，1984)；尤其是在亚洲国家，农村产业集群是非常普遍的现象(Hayami，1998；Hayami & Kikuchi，2000；Ho，1979；Ranis & Stewart，1993；Sonobe & Otsuka，2006)。因而，简单套用新经济地理学模型解释中国农村地区产业集群的形成机制往往很容易陷入逻辑悖论中。

2. 波特的竞争优势理论

在《国家竞争优势》一书中，波特(Porter,1990)对不同国家和地区之间的产业集群对国家竞争优势的影响作了比较分析。波特认为国家竞争优势的获得关键在于产业的竞争优势，而产业竞争优势主要来源于该国内部的产业集群。波特进一步用“钻石模型”分析了企业间的相互依赖是如何影响集群经济中的创新和增长的。

在波特的框架中，产业集群不仅包含了上下游企业，还包含了政府和其他机构(Porter,1998)。波特认为集群的作用主要体现在如下方面：首先，集群通过靠近专业的物质投入来源，并通过信息、设施的互补等提高了生产率；其次，集群可以改善激励和绩效的评估；再次，集群能够提高创新率；最后集群降低了新企业的进入壁垒。

波特的竞争优势理论具有非常重要的理论和实践意义，波特为产业集群的研究开启了一扇新的大门。但是，波特的竞争优势理论将复杂的社会现象简单地解构成几个基本要素，忽略了现实社会中存在的形形色色、不断变化的约束条件。由于缺乏清晰的假定条件，降低了该理论被证伪的可能性，因而其科学性也受到了相应的质疑。

除上述两个领域外，有关产业集群的研究还广泛存在于区域经济学(Scott,1996)，以及区域创新系统研究(Braczyk,Cooke & Heidenreich,1998；Padmore & Gibson,1998；Acs,Anselin & Varga,2002)等领域中。此外，许多发展经济学家在发展中国家做了大量产业集群的微观实证研究，这些研究难以划归到上述领域，但是这些研究对理解发展中国家的工业化过程产生了重要影响，并且影响了主流经济学的发展。下节将对国际上比较重要的针对发展中国家产业集群的实证研究进行回顾。

2.2.3 发展中国家产业集群的实证研究

20 世纪 80 年代之前，学术界有少量针对发展中国家产业集群的研究，这些研究发现基于产业集群的中小企业在解决劳动力就业上比大企业更有优势，但这些研究并未引起学术界的关注(Schmitz & Nadvi,1999)。Piore 和 Sable(1984)在其经典著作 *The Second Industrial Divide* 中指出，随着收入水平增加，消费者对产品的需求越来越多样化，因而产品单一的大规模生产模式将转向产品多样化的小规模“弹性专精”生产模式。Piore 和 Sable 的研究带动了产业集群研究的热潮。

80 年代末期出现了一些有关发展中国家产业集群的实证研究，这些研究的主要贡献是发现产业集群在发展中国家是一种普遍性的现象，存在于许多行业和地区，对发展中国家的工业化萌芽起了非常重要的作用（Nadvi & Schmitz，1994），但是上述研究没有形成系统的理论框架。

90年代中期之后，有关发展中国家产业集群的实证研究开始注重理论上的提升，大部分文献主要围绕下述角度展开。

1. 产业集群有助于企业家克服工业化进入壁垒

马歇尔认为在专业化产业区内，技术和信息具有外溢效应。大量的实证研究是围绕马歇尔这一论断展开的。Schmitz 和 Nadvi（1999）以及 Weijland（1999）认为在发展中国家工业化的早期阶段，企业家的技术水平和经营能力往往很低，在这种情况下，产业集群所带来的知识外溢使得企业家能够通过模仿学习的方式提高技术水平和经营能力，从而克服技术和能力上的进入壁垒。在印度和拉丁美洲地区的案例研究支持了这一观点（Visser，1996；Altenburg & Meyer-stamer，1999），Huang、Zhang 和 Zhu（2008）在温州鞋业集群演变历史中也观察到了类似现象。

此外，市场机会的缺乏也是阻碍企业家进入工业化的重要因素。Mccormick（1999）在非洲六个产业集群的对比研究中发现，产业集群具有的集聚效应能够有效地增加市场机会。Sonobe、Hu 和 Otsuka（2002）在浙江省织里童装产业集群的研究中发现，产业集群往往能够促进大规模专业市场的出现，从而有助于企业家克服市场壁垒。

除了克服技术和市场壁垒，也有学者注意到产业集群能够克服资本壁垒。发展中国家的企业家在工业化早期往往缺乏资本，因而难以建立一体化大企业，Hayami、Kikuchihe 和 Marciano（1998）在菲律宾的金属制品产业集群中发现产业集群能够将一项大投资分解成若干小投资；Schmitz 和 Nadvi（1999）进一步指出产业集群提供了分工的生产组织形式，企业家可以选择只生产产品中很小的一部分，从而可以降低机器设备、厂房等固定资产的投资。

2. 基于产业集群的集体行动有助于企业获得竞争优势

许多研究发现在产业集群内，中小企业通过生产链条的垂直分工形成合作关系，这种生产方式非常容易更新产品，因而在市场竞争中能够获得竞争优势，这一优势为发展中国家大规模的出口作出了重要贡献（Harrison，1994；Schmitz & Musyck，1994；Humphrey & Schmitz，1996、1998；Schmitz，2004）。发展中国家通过产品出口参与全球市场竞争，外部市场的竞争压力反过来促进了产业集群内部企业之间的合作，这一合作通过上下游企业间的链接、商会组织等形式得以实现(Knorringa,1996;Rabellotti,1997)。

Schmitz(1997)将上述发现进一步理论化,他从参与集体行动的企业家数量和合作方式(纵向或横向合作)两个维度讨论产业集群内部集体行动的形成机制,他进一步认为产业集群内自发形成的集体行动是促进产业集群获得竞争优势的重要原因。Schmitz(1999)在巴西、Nadvi(1999a)在巴基斯坦、Mccormick(1999)在非洲的实证研究都支持了Schmitz(1997)的观点。

3. 产业集群的质量升级过程

产业集群的质量升级是发展中国家工业化过程中非常重要的问题,这一领域也吸引了众多学者的关注。许多有关发展中国家产业集群的研究发现,在工业化早期阶段,产业集群生产的产品质量普遍较差(Amsden,1977;Rabellotti,1999;Sonobe & Otsuka,2006),这是与发展中国家工业化早期的市场特性密切相关的。在发展中国家工业化早期阶段,人们收入普遍较低,因而低质量产品存在巨大的市场空间,对低质量商品的需求事实上成了推动发展中国家产业集群萌芽的一种动力。此外,低质量商品一般比较大众化、通用化,企业很容易模仿生产,这进一步促进了生产低质量商品产业集群的发展。

随着发展中国家人均收入水平的提高和产业集群融入全球性竞争市场,从生产低质量商品阶段跨越到生产高质量商品阶段成为产业集群必须面对的挑战。Nadvi(1999)在巴基斯坦外科手术工具产业集群研究中发现,发达国家对低质量手术工具的禁止进口迫使该产业集群从生产低质量商品阶段升级到生产高质量商品阶段。Nadvi发现产品销售商为了保证质量,会与那些生产质量好的部件提供商建立长期合作关系。Rabellotti(1997)发现意大利鞋业集群之所以比墨西哥鞋业集群更具有竞争力,是因为前者与产业集群内的供应商和生产商建立了稳定、长期的合作关系。Rabellotti(1999)在随后的研究中发现墨西哥鞋业集群在国际市场竞争压力下也开始建立长期和稳定的外包生产体系。同样的,Schmitz(1999)发现巴西鞋业生产商在提升质量的过程中也走上了建立长期合作外包生产体系的道路。Levy和Kuo(1991)在中国台湾计算机产业集群、Tewari(1999)在印度服装产业集群,以及Bair和Gereffi(2001)在墨西哥服装产业集群中也有类似发现。

Sonobe和Otsuka(2006)研究了东亚多个产业集群的发展历史后,构建了一个产业集群质量升级的理论模型。在该模型中,产业集群开始时处于数量扩张阶段,这一阶段进入门槛很低,这导致企业间竞争加剧,激烈的竞争促使部分企业开始寻找质量升级的途径,在这些先行实现质量升级的企业带动下,整个产业集群慢慢地演进到生产高质量商品的阶段。

除上述三方面以外，还有一些针对发展中国家产业集群的实证研究探讨制约产业集群发展的因素。许多研究发现约束和信用机制对产业集群的发展至关重要，如果没有好的约束与信用机制，高度分工的专业化生产会因为高昂的交易成本而难以维系（Humphrey & Schmitz，1998；Knorringa，1996；Mead，1984；Nadvi，1999b）。影响社会信用的因素有很多，其中良好的社会文化网络能够提高企业家之间的信用度，减少交易成本，对产业集群的成败有着关键性的作用（Brautigam，1997）。

总的来说，这些有关发展中国家产业集群的实证研究从不同角度验证了产业集群的优势，发现了产业集群对发展中国家工业化萌芽的重要作用，并且注意到了产业集群质量升级过程。Lazerson（1995）认为在那些具有商业合作传统的地区，如果政府对小企业发展持支持态度，那些市场变动迅速、技术上易分解、中间品易运输的产业将适合采用基于产业集群的生产组织形式。Lazerson 因而提出，基于产业集群的分工协作制是一种可以替代一体化工厂制的工业化发展模式。

2.2.4 国内学者有关产业集群的研究

1. 早期的主要研究

在波特有关产业集群的理论被中国学者了解之前，一些有关中国工业化发展模式的研究已经注意到了产业集群现象。张仁寿和李红（1990）是较早提出“温州模式”的学者，他们注意到“温州模式”中广泛存在的产业集群现象，并且细致地描述了产业集群内部的分工协作关系。王缉慈（2001）是国内较早从理论上对产业集群进行总结的学者，在《创新的空间：企业集群与区域发展》一书中，王缉慈对中国改革开放后的产业集群发展状况进行了详细分析和总结，并且在理论上系统、全面地论述了产业集群与区域经济发展的关系。王缉慈认为，产业集聚从三个角度提升了区域竞争力：(1)产业集聚可以带来外部经济；(2)相互邻近的企业在长期交往中能够建立起信任机制，从而降低交易费用；(3)相关企业集聚可以促进专业化知识的传播和扩散，尤其是隐含经验类知识的交流，从而不断促进创新。仇保兴（1999）是另一位较早关注产业集群的学者，在《小企业集群研究》一书中，仇保兴根据集群的结构状况将产业集群分为市场型产业集群、锥型（中心—卫星工厂型）产业集群和混合网络型产业集群。这些早期研究开启了国内产业集群研究的热潮，众多学者开始从不同角度探讨产业集群对中国经济发展的意义。

2. 产业集群的形成机理

仇保兴(1999)系统分析了产业集群的形成过程、制约因素及其创新意义和演化趋势,认为小企业集群是东方传统文化与现代经济的规模效益之间妥协的产物。叶建亮(2001)从知识溢出角度分析聚集现象,认为知识溢出是导致集群形成的重要原因。朱希伟(2005)在 Krugman 模型基础上引入新变量,从分工与交易角度探讨专业化产业区的形成机理。何雄浪和李国平(2007)扩展了 Krugman 贸易成本的范围,将要素流动成本包含其中,并且进一步引入了前后向产业的联系,发展出一个可解的"中心—外围"模型。

3. 产业集群的创新机理

王珺(2002)认为技术创新是以传统产业为主的中小企业集群兴衰的关键,在中小企业内生创新动力与能力不足的情况下,地方政府在引入外部创新源中应该扮演重要的角色。魏江(2003)提出,为实现理想的集群技术能力增长模式,必须在集群企业网络中构建一个基于技术学习分工的技术能力增长机制。该机制包含途径机制和动力机制,本质上体现为学习过程和学习动力两个维度。张杰、张少军和刘志彪(2007)通过构建空间动态博弈模型,考察产业集群中领先企业与跟随企业间的多维技术溢出效应对双方企业创新动力的影响,他们发现在单向溢出效应和双向溢出效应两种不同情形下,对企业创新动力的激励有着根本不同的表现。朱秀梅(2008)则研究了高技术产业集群的创新机理,她认为隐性知识溢出和社会资本对高技术产业集群技术创新具有重要推动作用。其他许多学者做了类似的研究(如:盖文启、朱华晟,2001;夏兰、周钟山,2006;蔡宁、吴结兵,2007;盖文启,2007)。

4. 产业集群的升级和转移

童昕和王缉慈(2003)以东莞"商圈"现象为例研究全球价值链视角下的产业集群,他们分析了"生产者主导"和"订户主导"两种全球价值链模式对沿海出口加工型产业集群升级的影响。其他学者从类似的角度研究了全球价值链对中国产业集群升级的影响(如:徐康宁,2001;陈佳贵、王钦,2005;孙文远,2006;张辉,2006;陈谦,2007;江青虎、颜清阳和张慧,2007)。张杰和刘东(2006)分析了我国地方产业集群的四种形态(蜂窝型、专业市场领导型、主企业领导型和混合型)后指出,地方产业集群的转化和升级是组织架构、外向关联度、社会资本和企业家创新精神的协同转化进程。郭金喜(2007)认为传统产业集群作为一个由路径依赖性质主导同时又不断受到外部冲击影响的复杂系统,其升级并非单纯源于集群自身的主动建构,在多数情况下是外部冲击所导致的。陈耀和冯超(2008)着重分析在劳动力成本上升和人民币升值的背景下,沿海地区产业集群迁移的影响因素、可能的迁移倾向和应对策略。

此外,许多有关浙江省产业集群的实证研究为文献提供了宝贵的资料,也奠定了本书的研究基础。盛世豪和郑燕伟(2004)分析了改革开放以来浙江省经济发展的过程,考察了浙江省 10 多个产业集群发展的历史,揭示了浙江省基于产业集群的区域经济发展模式的特点。钱平凡(2003)在国务院发展研究中心的调研报告中指出,浙江省是产业集群主要聚集地,这些产业集群主要分布在农村和小城镇,集群内企业绝大部分是非公有制的中小企业。朱华晟(2002)在博士论文中梳理了产业集群理论发展脉络,并从地方创新网络视角,深入研究了浙江省产业集群的发展背景、机制及意义。

总的来说,产业集群研究受到了国内众多专家学者的关注。但是相比于国际上的研究,目前国内的研究存在三个问题:(1)大部分的研究还是以介绍国外理论为主;(2)已有的案例研究以故事描述为主,缺乏理论提升;(3)有一些研究构建了非常有洞见性的理论模型,但是未能采用翔实的数据进一步检验理论假说。

2.2.5 本书对文献的贡献

本书在上述研究基础上,从不同视角研究了中国产业集群的演化与发展。总体而言,相比于已有研究,本书的文献贡献体现在以下方面:首先,本书利用翔实的案例分析,揭示了在工业化早期阶段,产业集群是如何通过分工克服工业化进入壁垒的;其次,本书利用全国的企业普查数据研究了产业集群的融资与绩效;最后,本书还利用浙江省 100 多个产业集群以及县级统计数据检验了危机与产业集群质量升级之间的关系,这将 Sonobe 和 Otsuka 的模型向前推进了一步。

3 中国企业的演化历程

——从乡镇企业到集群式私营企业的演变

3.1 引 言

在过去的30年间，乡镇企业在中国的经济增长中发挥了重要的作用。大量文献表明乡镇企业是中国农村工业化快速发展的主要动力。乡镇企业在培育企业家精神和促进制度变迁的过程中起到了关键性的作用，尤其是在私有产权没有获得合法地位，国有企业又不能迅速满足人们日益变化的消费需求时（Weitzman & Xu，1994；Chen & Qian，1998；Mukherjee & Zhang，2007）。

乡镇企业发展的一个基本特征是地方政府的介入，尤其是镇级政府[①]。乡镇企业的制度结构由不同部分组成，不同地区乡镇企业的发展并不遵循着同一种模式。相反，不同地区乡镇企业因为比较优势和外在约束条件的差异产生了不同的发展模式。其中比较著名的模式有三种，即"苏南模式"、"温州模式"和"广东模式"。尽管不同模式间存在一定差异，但是乡镇企业还是拥有下述共性：首先，乡镇企业都被企业家所领导；其次，早期乡镇企业的所有权界定十分模糊，这反映了当时的制度约束（Weitzman & Xu，1994；Li，1996）；再次，所有的乡镇企业都与地方政府保持着密切的联系（Qian & Xu，1993；Chang & Wang，1994；Che & Qian，1998）。

当私有产权逐渐获得法律认可后，乡镇企业开始丧失与私营企业竞争的能力。在20世纪90年代中期，这一状况达到了顶点。伴随着乡镇企业的衰退，私营企业开始快速发展。除了乡镇企业培育了大量的企业家以及技术不

① 镇是政府最低一级的行政单位。在1984年以前，镇政府被称为人民公社。一个典型的镇的人口在3万到15万之间。

断扩散以外，有一个因素同时影响乡镇企业和后来私营企业发展的道路，即地方政府的介入。实际上，许多私营企业的发展均可以溯源到乡镇企业，因为很多早期的私营企业就是由乡镇企业转型而来的。

在最近的20年中，由地方政府参与建设而形成的私营企业产业集群在东部沿海省份的农村大量涌现。在产业集群中，产品的生产过程被分解成诸多独立的小环节，这些环节中存在大量的小企业，它们只专注于某一道工序，不同环节的企业通过分工来共同完成一件产品的制造。这与西方发达国家的生产结构存在着较大的差异。在西方发达国家，企业倾向于纵向一体化，即将产品不同环节的生产集中在一个企业内以节省交易费用。而在产业集群中，设计者、原材料供应商、生产者、成品销售商共同组成了一个富有活力的企业网络。在这种非纵向一体化的组织结构中，产业集群内的企业发展了一套垂直的劳动分工模式，而且日益细化的劳动分工从根本上改变了所有权、合同结构、融资模式和生产方式的形式。例如，由于分工的细化，资本壁垒被大大降低，这能够确保更多有经商天赋的农民参与到非农生产过程中。尽管不断细化的分工可能导致交易成本的上升，但是产业集群产生的效益却远远高于这些交易成本，从而使得这种生产结构变得有效。

与乡镇企业不同，产业集群中的中小企业实际上是私有的，但与乡镇企业的制度安排一样，地方政府，尤其是镇级政府，在促进企业发展的过程中起到了关键性的作用。值得注意的是，随着乡镇企业的衰落，地方政府的作用从过去对乡镇企业的直接管理，逐渐转向为集群内私营企业提供必要的公共物品以及相关的组织协调等服务。本章通过研究相关制度的变迁来讨论这种变化。

下节将讨论乡镇企业的起源和发展；第三节将展现乡镇企业的衰落和私营企业的崛起；最后是相关结论。

3.2 乡镇企业的起源和发展

3.2.1 乡镇企业的起源

中华人民共和国成立后，中央政府在第一个五年计划（1952—1957年）期间全面引入了苏联的集中控制模式。但在引入后不久，由于苏联模式和当时中国政府制度组织结构之间的冲突，引发了几次主要的政治经济运动，其中的两次运动为中央集权支付了重大的成本：即20世纪50年代后期的“大跃进”和60年代后期开始的“文化大革命”运动。在20世纪70年代后期开始改革之前,农村工业部门的发展,一部分原因是中央权力下放,另一部分原因是源于当地的商业传统,尤其是在沿海地区,有些地方的商业传统甚至可以追溯到几百年前的纺织工业、陶瓷工业和茶叶加工业等。

在第一轮中央权力下放的过程中,人民公社在中国农村建立了起来,并在农村地区的生产活动中扮演了关键角色,它们是最低端的政府权力代理机构,同时也是农村集体所有权体系中的最高权力机构。人民公社内部同样也按等级进行划分,人民公社的下属单位是组,然后是生产队。除了中央政府鼓励发展乡村工业,人民公社和生产组的资金也来源于公社和生产组所属的企业(下文统一简称“社队企业”)。这为公社和小组提供了强烈的动机去建设和发展社队企业。

20 世纪 50 年代,中央政府发动了“全民工业化”活动。通过这些活动,社队企业得到了快速的发展。在 1958 年,社队企业的总雇佣工人数达到了 1800 万,总产值达到 60 多亿元(见表 3.1)。然而,在民众普遍参与的自发性运动中,由于缺乏市场调控和严格的规章限制,大量社队企业生产的产品都被浪费了,只有部分记入账上。在“大跃进”失败以后,因为面临着严峻的原材料稀缺,中央政府决定关闭大多数社队企业。从 1960 年到 1963 年,社队企业数从 11.7 万家下降到 1.1 万家,总产值从 21.7 亿元下降到 4 亿元。直到全国经济复苏,社队企业的发展才重新焕发出活力。20 世纪 60 年代后期,社队企业又基本上恢复到 50 年代的发展水平(Xu,1995)。

第二轮中央权力下放发生在“文化大革命”期间(1966—1976 年)。这段时期,大量资源开始从国家手中流出,成千上万的国有企业和集体企业被建立起来(Xu,2008)。地方的一些小型国有企业和城镇集体企业积累了大量的人力资本,使得它们能轻松地通过技术和产品质量振兴农村的工业生产。自从 20 世纪 70 年代以来,尤其是从 70 年代中期开始,社队企业获得快速发展。到 1976 年,社队企业数有 110 万个,总产值达到了 304 亿元。

表 3.1 社队企业 1957—1979 年产出变化情况

（以 1980 年为基期；单位：10 亿元）

年份	产出	年份	产出
1957	2.79	1971	11.1
1958	6.91	1972	13.5
1960	2.17	1973	15.5
1961	2.08	1974	18.5
1962	0.79	1975	23.7
1963	0.40	1976	30.4
1964	0.46	1978	55.0
1965	0.55	1979	61.2

数据来源：1986 年《中国农业统计年鉴》和 Xu (1995)。

3.2.2 乡镇企业的崛起和主要发展模式

中国的经济改革起源于 20 世纪 70 年代后期的农村改革，其根本是改变过去土地集体所有权的形式，最为核心的是实行家庭联产承包责任制。在 1978—1984 年贯彻家庭联产承包责任制的早期，中国农业部门产出的涨幅超过了 61％，其中 78％的贡献归因于家庭联产承包责任制的实施(McMillan et al.，1989)。Lin(1992)认为在 1978—1984 年农业产出快速增长的主要源泉是因为农业生产制度转变为家庭联产承包责任制，对产出的直接贡献率达到 49％；另外 46％的产出贡献率来源于投入要素的增加。由于农业改革的巨大成功，1984 年人民公社的体制被官方宣布取消。随之而来的是所有人民公社政府转变成镇级政府。同时，所有的社队企业被改名为乡镇企业，镇级政府的主要功能也从促进农业生产转变为管理和建设乡镇企业。

从官方而言，由于乡镇企业位于乡镇地区内，属于集体所有，乡镇内所有的居民共同拥有乡镇企业的所有权。镇政府被视为人民的代表，对乡镇企业实行管理。典型的乡镇企业管理模式是通过合同委派一个厂长负责企业的日常运营，厂长一般都会与乡镇企业的名义所有者(即镇政府)签订合约。

从传统的经济学和社会学文献来看，如果企业所有权是模糊的，那么企业的运行必然缺乏效率。但是，中国乡镇企业的发展却并非如此。在 1981—1990 年间，乡镇企业的产出年增长率达到 28.1％，是全国平均水平的 2 倍、国有企业的 3 倍。由于乡镇企业的迅速崛起，乡镇地区非农生产部门从过去的农业部门附属地位，一下子转变成全国第二大经济体。在非国有部门，大约有

80%的产出源于乡镇企业。乡镇企业的发展无论是在发展速度,还是在生产率上都远远胜过国有企业。由于乡镇企业的快速发展,非国有部门占工业产出的比重从1978年的22%上升到1991年的47%,而这段时期内国有部门占的比重从78%下降到53%(Qian & Xu,1993)。更为重要的是,乡镇企业全要素生产率的增长速度是国有企业的10倍(Weitzman & Xu,1994)。乡镇企业的发展在20世纪90年代中期达到顶峰(如表3.2所示)。1995年乡镇企业的雇工量达到6100万,占GDP的产出份额从1980年的14.3%上涨到1995年的37.5%(见表3.3)。可以毫不夸张地说,在中国经济改革早期,乡镇企业是经济发展和工业化进程中最主要的引擎,乡镇企业的生产率和对中国国民经济的贡献甚至能够比拟二战后日本和韩国的中小企业所起的作用。

表3.2　不同企业类型雇工人数　(单位:千人)

	年份	总计	国有企业	FDI	港、澳、台	乡镇企业	私营企业
江苏	1980	2821.0	402.0			388.6	
	1985	3263.0	468.8			627.1	114.8
	1990	4225.0	536.9			672.9	223.2
	1995	4385.2	576.2	18.0	19.3	668.4	256.3
	2000	4418.1	411.4	31.4	20.0	295.5	560.2
浙江	1980	1856.4	208.5			234.9	
	1985	2318.6	240.7			374.8	90.6
	1990	2554.5	280.9			352.4	143.1
	1995	2621.5	294.6	12.7	12.4	382.4	413.3
	2000	2726.1	208.2	13.9	15.9	298.4	582.0
广东	1980	2367.8	563.6			204.9	
	1985	2731.1	660.8			250.0	152.0
	1990	3118.1	785.5			337.6	320.7
	1995	3551.2	565.5	35.8	94.1	569.5	502.6
	2000	3989.3	425.5	43.0	102.7	507.2	421.1
中国	1980	42361.0	8019.0			3000.0	
	1985	49873.0	8990.0			4152.1	2826.9
	1990	64749.0	10346.0			4592.4	4672.3
	1995	68065.0	11261.0	241.0	272.0	6060.3	6801.7
	2000	72085.0	8101.9	332.0	310.3	3832.8	8986.8

数据来源:三个省的总计和国有企业的雇工数据来源于相关的省统计年鉴;全国的数据,FDI与"港、澳、台"企业的雇工数据来源于历年《中国统计年鉴》;乡镇企业和私营企业的雇工数量来自于《中国乡镇企业统计资料(1978—2002)》。

表 3.3 不同类型企业的生产总值 （单位:10 亿元）

	年份	总计	国有企业	乡镇企业	私营企业
江苏	1980	15.1	8.7	4.6	
	1985	30.8	12.7	12.9	1.2
	1990	63.4	21.8	27.9	4.2
	1995	246.8	53.0	147.4	17.7
	2000	384.9	84.1	112.8	131.4
浙江	1980	7.4	4.2	2.0	
	1985	17.9	6.6	7.9	1.5
	1990	36.4	11.4	15.7	6.0
	1995	164.6	23.7	69.5	75.0
	2000	294.6	40.7	106.9	177.1
广东	1980	9.0	5.3	1.6	
	1985	18.6	10.4	5.1	2.0
	1990	52.3	21.1	14.6	10.3
	1995	244.9	39.2	80.6	26.3
	2000	446.3	103.5	117.1	101.7
中国	1980	199.7	151.7	28.5	
	1985	344.9	223.7	56.3	21.0
	1990	685.8	374.5	167.3	83.1
	1995	2495.1	830.7	935.9	523.6
	2000	4003.4	1377.8	942.5	1773.1

数据来源:全国和国有企业的数据来自《中国统计年鉴》;乡镇企业和私营企业数据来源于《中国乡镇企业统计资料(1978—2002)》;因为 1995 年以前的国有企业数据无法获得,我们根据全国的 GDP 增长速率做了大致的估计。

由于中国幅员辽阔,地区之间存在明显的差异,乡镇企业的发展也呈现出地区差异性,其发展既受制于当时整体的宏观经济环境,同时也受到当地社会与环境的约束。乡镇企业的发展在不同地区呈现着迥然不同的特点。值得注意的是,那些乡镇企业蓬勃发展的地区总是拥有传统的商业背景以及严格的社会制度以保证商业的发展。例如,温州市的商业传统起源于几个世纪前,可以追溯到宋朝(11 世纪);12 世纪的《马可波罗游记》也对江苏的财富有所记载。另外,中国在 19 世纪于江苏南部和广东珠海一带就已经建立起了最早的私人工业生产中心①。

另外一个决定乡镇企业发展的因素是地方政府在资源分配、合同协商以及提供保护等方面发挥的重要作用。作为乡镇企业的所有者，地方政府有强烈的动机在本地发展乡镇企业。但是该如何发展呢？在不同的地区就呈现出不同的特色，以下将对三种著名的模式进行探讨。

"苏南模式"是位于江苏省南部的乡镇企业发展模式的简称。这个地区包括苏州、无锡和常州等地区，大约有 1400 万人口。"苏南模式"最主要的特征是地方政府的领导。由于靠近国有企业密集的上海，大量的企业早期建立在江苏南部，这样从地理上更容易获得上海国有企业的产品订单。它们雇佣来自上海国有企业的管理者和工程师，同样也大量雇佣那些国有企业的技术工人，并复制其工业技术，同时实行更灵活的管理和激励制度。到 20 世纪 80 年代，在没有引入任何外资的情况下，江苏南部的地方政府已经建立了当时中国规模最大的乡镇企业。

简而言之，这个地区乡镇企业的主要特征是集体所有式的工业模式。在"苏南模式"中，地方政府官员是主要的企业领导者。他们建立乡镇企业，承担风险，直接管理企业日常的生产活动，包括从银行申请贷款、获得土地、建立厂房、直接获得原材料以及建立市场销售渠道等，但乡镇企业有时也依靠与国有企业的联系帮助它们改善生产经营状况。

由于乡镇企业的迅速发展，江苏南部家庭的一半收入来源于乡镇企业，在当地每户家庭中至少有一个成员在乡镇企业工作。苏南模式见证了 20 世纪 90 年代中期乡镇企业发展的黄金时期。如表 3.2 和表 3.3 所示，从 1980 年到 1995 年，江苏省乡镇企业的雇工量上涨了四分之三，GDP 中所占份额从不到三分之一上升到 60%。实际上，"苏南模式"是当时中国乡镇企业发展的一种普遍模式，不仅仅只是江苏南部的特色。这种模式体现了地方政府在乡镇企业发展中的主导作用，浙江省北部和山东省沿海地区的大量乡镇企业同样呈现了这种特点。

"广东模式"是广东省珠海地区乡镇企业发展特色的简称。与江苏南部相似，这个地区的乡镇企业发展与地方政府也有着直接的联系。20 世纪 80 年代早期，深圳成为全国经济特区后，汕头、珠海以及广东的其他地区也相继建立了经济特区。这些地区的乡镇企业吸收了大量的海外资金，尤其是来自香

---

① 有趣的是，初始财富、自然资源和离工业中心的远近并不是乡镇企业发展的先决条件。例如，台州和温州都是位于浙江省比较穷且偏远的山区地带。

港和台湾的资金(如表3.2所示),这主要受惠于地理上优势。由此,广东乡镇企业的发展模式以地方政府介入和大量吸引海外投资而著称,吸引海外投资同样也带来了更现代化的技术、管理水平和国际市场的销售渠道。

广东南部乡镇企业的发展在当地经济中占有很重要的地位,大量地方政府逐渐把自己转变成乡镇企业的总部,"地方联合管理"展现了这种特征,描述了那些由地方政府发挥最主要作用的乡镇企业的管理特点,比如"苏南模式"和"广东模式"(Oi,1999)。

"温州模式"是浙江省温州地区乡镇企业发展模式的简称。与"苏南模式"和"广东模式"不同,温州的企业少有机会接触到国有企业和海外资金,也没有地理优势。温州市有788万人口,位于浙江省南部的山区地带,远离大城市和商品生产与集贸中心。交通系统并不理想,过去曾经是中国最贫穷、耕地面积最少的地区之一。由于缺乏国有和集体企业,又地处偏远,在当时私营经济尚未获得合法的政治、经济和法律地位的社会环境下,温州被迫进行制度创新,促进了私有产权和集群式生产模式的发展。

与"苏南模式"和"广东模式"迥然不同,"温州模式"是一种自发的私营经济发展模式,而不是由地方政府官员充当企业家和承受企业发展风险。在温州,大多数企业是由私人企业家进行经营。政府的关键作用是提供良好的商业环境,尤其是保护措施。与前两种乡镇企业发展模式一样,"温州模式"同样也反映出大量其他地区乡镇企业发展的特色。这种现象可以从毗邻温州市的台州市乡镇企业的发展路径中看出,温州和台州发展起了当时最具活力的私营经济部门,在中国的所有地区之间,它们增长的速度最快、持续时间最长。

尽管私营经济是"温州模式"最重要的特征,但是中国宪法直到2004年才开始保护私有产权。因此,温州私营企业家面临的重要问题是如何克服这种所有权形式带来的风险。这不仅仅是企业家们需要解决的问题,同样也是地方政府面临的重大挑战。为了避免与法律体系以及政治制度发生直接冲突,许多私营企业寻求与国有或集体所有企业的合作,通过与它们建立起一定联系,向外界展现一种附属关系。温州市的地方政府,从市级到镇级,不仅没有给予它们处罚,反而促进了这种联系的发生。一些私营企业附属于国有或集体所有企业,向其付款以使用其名称、收据和会计账号等。另外一些私营企业选择联合邻居或村委会去联合注册集体所有企业(Tsai,2002;Huang, Zhang & Zhu,2008)。本质而言,乡镇企业为私营企业提供了庇护和伪装的作用,即戴"红帽子"。戴了"红帽子"后,企业家不仅仅获得了合法的企业经营权,同时也能获得正规银行的信贷支持。正是在这种"非法"以及"红帽子"的保护下,温州的私营经济获得了巨大的成功。可见,“温州模式”与其他两种模式存在着迥然不同的特征。

温州私营经济的快速发展最终引起了中央政府的注意。1985年,国家领导人参观了温州市,认识到这种戴“红帽子”的私营经济的重要性。1987年,国务院官方嘉奖温州市作为全国农村乡镇企业改革试点地区(Zhu,2010)。名义上的改革试点是为探索在宪法对私营经济保护缺失时,如何发展起一套补偿性的制度安排。1987年8月,温州探索性地实行一套名为《城乡个体工商户管理暂行条例》,其目的就是要为私营经济提供合法的身份认可和法律地位。这些条例能够在宪法保护缺失的情况下,保护和鼓励私营经济的发展。在这些条例下,私营经济被允许和鼓励与集体企业或者国有企业通过共用名称来建立从属关系,让私营经济具备合法性。更重要的是,这些条例帮助私营经济打开了更为广阔的发展渠道,包括获得银行贷款,采购原材料和其他投入品,销售产品以及其他优势。

温州市政府同时也展开了另一项重要的改革措施,通过形成所谓的“合股经营企业”来保护私营经济。这个名称中重要的是突出了“合股”的性质,使得这些公司在当时的法律背景下成为具有社会主义性质的企业。确实如此,在那个时代这些公司的股东都是企业内部的员工,他们普遍都是离开土地的农民,直接参与到企业的非农经济活动中。这项政策通过实行联合股份和其他资金累积方式对私营企业的生存和发展起到了至关重要的作用。

总体而言,中国从计划经济转型到市场经济的过程中,乡镇企业是一种富有活力的生产组织形式,它积极利用本地的比较优势,并适应当时不完善的法律和制度环境。乡镇企业的发展在不同地区也呈现出不同的路径和特色,因为各个地区都有其自身的文化传统和地理特征。乡镇企业的管理结构和发展演化路径依赖于诸多的因素,比如传统的制度安排、资源禀赋、本地比较优势、企业家传统以及其他要素等。

3.2.3 乡镇企业崛起的启示

过去几十年中乡镇企业迅速崛起,而产权关系却异常模糊,这种现象看上去挑战了传统发展经济学的思想(Weitzman & Xu,1994)。从传统理论来看,如果产权不明晰,企业的管理必然缺乏效率,相对那些产权明晰的私营企业,其生产率也应当较低。然而,在改革初期,私有产权依然是意识形态中的禁忌,因此私营企业在这方面没有选择余地。但是在一定的制度约束下,乡镇企业却比国有企业显示出更具活力的特征,它能更有效、更灵活地满足市场需求。

决定乡镇企业发展的一个关键因素是中央权力的下放。如上述讨论的那样，乡镇企业发展的早期几乎完全是中央权力下放的结果。自改革开放以来，激烈的区域竞争给地方官员们，尤其是乡镇一级的官员，提供了强大的激励去发展乡镇企业。同时，也促使地方政府想尽办法去保护乡镇企业的所有权。另外，当时中国自给自足的经济背景也给了乡镇企业快速发展的空间。大量地方政府官员，尤其是镇级官员，将自己转变成为企业家。在很多地区，地方政府扮演着建立企业、承担风险、进行投资、寻找商机的角色(Qian & Xu，1993；Chang & Wang，1994；Li，1996；Che & Qian，1998；Chen & Rozelle，1999)。总而言之，尽管乡镇企业产权缺乏清晰界定，但是地方政府为其提供了强大的产权保护，从而弥补了正式产权制度的缺失。结果，乡镇企业受惠于这种本地政府提供的补偿性保护措施得以迅速地发展(Zhang，2007)。

在乡镇企业衰落后，类似的情况依然发生。政府所提供的制度保障除了促进了乡镇企业自身的发展，这种机制也为后来私营企业的发展铺垫了制度背景。

乡镇企业发展同样也受惠于当时的宏观经济环境。在农村改革成功后，农民收入经历了一个史无前例的增长，也产生了对日常消费品的新需求。乡镇企业趁机生产了大量的日用品。为什么在这种需求突然涌现时，国有企业没有抓住机会而导致乡镇企业的崛起呢？主要是由于国有企业可以优先获得稀缺的原材料和通过配额获得资本，导致它们对市场反应较为迟钝。而乡镇企业由于缺乏机会，它们不得不在市场中进行激烈的竞争而获得机会生存下去。农村改革之后的双轨制价格改革，使国有企业通过市场价格可以出售一部分资源给乡镇企业，这些本属于计划经济之外的范畴。这种交易不仅保护了国有企业对资源的优先权，同时也给乡镇企业提供了机会，使其能够通过市场获得工业原材料投入以扩展市场份额。

虽然中央权力下放是全国意义上的政策，但乡镇企业在某些地区的发展势头明显要好于另一些地区。因此，中央的权力下放并不能单一地解释乡镇企业的巨大成功。实际上，由于20世纪90年代早期几乎没有人口迁移，大多数乡镇企业的员工和管理者以及乡镇一级的政府官员几乎都生活在同一个社区内。在这种背景下，社区内部人们之间长期积累的亲密关系所形成的社会行为规则，为乡镇企业等经济行为提供了潜在的非正式的制度保障。相对而言，国有企业并不是基于自然村落的人情关系，大量对乡镇企业起到重要作用的非正式制度组织可能对国有企业并不构成重要的作用。因此，地区形成的社会规范，比如信任，可能是乡镇企业发展背后的非正式制度形成的重要因素，可能还包括发生在社区政府和乡镇企业、乡镇企业内部员工和乡镇企业之间的潜在的合作关系（Weitzman & Xu，1994）。这些解释暗含了社会规则重复博弈的演化精髓（Axelrod，1984；Fudenberg & Maskin，2008）。在经验上也能解释为什么不同的地区呈现出不同的乡镇企业发展趋势，同样也折射出历史上中国地区经济多样性的特征。再次需要注意的是，社会规则的机制并不是乡镇企业发展的唯一因素。但不可否认的是，当某地区有良好的信任关系和具有其他商业传统的社会规则时，该地区的私营经济发展会好一些，这将在本书的后面部分讨论。

从上述分析可以看出，乡镇企业作为适应过去产权界定模糊的环境所衍生的社会经济组织，扩展了市场的机会，同时也是对历史和文化的继承。它们所展现的成就不仅仅是建立了无数企业，同时也为私营企业在未来的崛起创造了条件。对比中国乡镇企业发展路径和中欧、东欧以及苏联所实行的私营企业发展经验，可以认识到私营经济的发展需要一定的经济、法律和政治环境。私营经济如果没有良好的法律环境，将无法生存。私营企业如果没有产品市场、劳动力市场和资本市场，同样无法生存。因此，乡镇企业的发展不仅仅为私营企业的发展提供了必要的准备，同时也为私营经济创造出了政治和经济的外部环境。这一观点可以从私营经济发展良好的地区总是在过去有繁荣的乡镇企业发展背景可以看出。

3.3 乡镇企业的衰落和私营企业的繁荣

乡镇企业的衰落可能是一个好的结局，因为它带动了私营企业的繁荣和发展。在某种程度上，乡镇企业的衰落正是私营企业崛起的写照。不同地区乡镇企业发展的一个共同特征是它们都受到传统社会特征的影响。20 世纪 80 年代以来，随着乡镇企业和私营企业的迅速发展，人们对私有产权的抵触和恐惧逐渐消失。当对私有产权的政治态度改变后，各种有利于私有产权的规章和法律被引入。2004 年，私有产权正式获得中国宪法承认。制度环境改善以后，乡镇企业便完全丧失了在市场中与私营企业竞争的能力，尽管过去它们能够适应私有产权没有得到保护的环境。从 20 世纪 90 年代开始，大量的乡镇企业转变成私营企业（Xu，2008）。

20 世纪 90 年代后期，乡镇企业雇工数量和产出的急剧下降反映了乡镇企业大规模的私有化过程。江苏省在这段时期的变化尤为显著，雇工量下降幅度超过一半，产出下降了约三分之一。同一时期，江苏省私营部门雇工量是过去的两倍，产出水平增长近七倍，在全国成为增长最快的地区。有趣的是，"江苏模式"最终跟随"温州模式"进行了企业管理结构的改革。

从事后来看，三种形式的乡镇企业模式似乎都应该转变成由私营或者股份制主导的形式。然而，在改革之初，乡镇企业的发展路径并不清晰。大量发展模式的涌现为政府创造了机会去确定和检验哪一种模式更能适应中国独特的经济和政治条件。最后，"温州模式"得到广泛的普及。20 世纪 90 年代大规模的私有化过程实际上都是沿着"温州模式"的路径在进行。从很大程度上来看，乡镇企业的发展基本上是一个探索过程，没有任何先验性的决策在里面。

3.3.1　浙江省企业的崛起

在本节，我们之所以集中关注浙江省企业主要基于两点原因。第一，"温州模式"起源于浙江省，这种模式的成功为其后随之而来的全国性乡镇企业私有化打下了基石；第二，作为乡镇企业发展的直接产物，浙江省的本地私营企业数在全国首屈一指，2000 年私营企业的产出大约占浙江省总产出的 60%（见表 3.3）。从浙江省乡镇企业的发展中可以看到，当改革刚开始时，乡镇企业部门的雇工量就高出国有部门 13%（表 3.2），这在当时全国范围内是最高的。更重要的是，三种主要乡镇企业发展模式有两种盛行于浙江，"温州模式"起源于浙江南部，而"苏南模式"也盛行于浙江北部的杭嘉湖平原地区。

从 20 世纪 80 年代早期以来，由于乡镇企业和私营企业的快速发展，浙江成为中国最富有的省份。在地方政府的强力支持下，许多浙江私营企业通过不断扩展规模快速发展成为大企业，甚至是跨国公司。比如飞跃集团曾经在 40 个国家有建有分厂，在全球的缝纫机市场中占据了约 50%的市场份额。还有吉利汽车，中国第一个独立自主研制的汽车制造商，已经在香港上市。

同时，在地方政府提供的政治和经济环境下，中小企业不仅仅在数量上增长迅速，在效率上也获得了提升。一个效率不断上升的表现趋势是大量中小企业不断进行分工并形成产业集群式的发展模式。由于具有分工特色的中小企业不断集聚，浙江省的许多乡镇已经发展成为某种商品在全国，甚至是全球的商品集散中心。例如，大唐镇占据了全世界三分之一的短袜市场份额；世界 40%的领带生产于嵊州；中国生产的 70%衣服的纽扣来源于桥头镇；崧厦镇每年生产3.5亿把雨伞(Hessler,2007);濮院镇每年生产超过5亿件羊毛衫[①]。

本书在后面的章节中将详细分析浙江濮院羊毛衫产业集群、温州鞋业集群、织里童装产业集群的演进历史,探究这些产业集群是如何崛起的?它们在发展初期与乡镇企业存在什么样的关系?在发展过程中与地方政府存在什么样的联系?此处简要介绍濮院羊毛衫产业集群与温州鞋业集群。

3.3.2 濮院羊毛衫产业集群

浙江省濮院镇是中国最大的羊毛衫生产和交易中心。濮院镇的羊毛衫生产起始于1976年,第一家乡镇企业开始生产羊毛衫。一年后,这家企业的总产值从2.8万元迅速上涨至30万元,促使该企业在1977年年底将所有生产能力都投入到羊毛衫的生产中。该企业的巨大成功也促使邻近村落的农民和工人去建立他们自己的羊毛衫生产作坊。

经过30多年的发展,2006年时,濮院有羊毛衫生产企业3200多家,羊毛衫市场面积达1.5平方公里,有10个羊毛衫交易区,拥有门市部6000余间。另外还有毛纱市场、辅料市场、托运中心、客运中心和科技开发中心,年销售量5亿件,从业人员超过6万多人,市场成交额达150亿元,是全国羊毛衫的信息中心,拥有功能齐全的市场区、配套区和工业园区。

羊毛衫生产包含了11道主要的工序,从原材料采购和设计式样开始,经过编织、缝合套口、染色后整理、钉扣锁眼、整烫和印花绣花环节,最后被包装和出售。对这11道工序的不同组合形成了濮院羊毛衫产业集群中的两种生产组织形式。一种是基于产业集群的"中小企业分工协作制",另一种是"一体化工厂制"。

在中小企业分工协作制中,成衣销售商是整个虚拟生产的组织者,他设计构思新版式,到毛纱商处购买原材料,然后将原材料以及半成品依次发给不同的独立家庭作坊进行生产,当完成所有的生产工序后,成衣销售商对产品进行包装销售[②]。

3.3.3 温州鞋业集群

温州是中国最主要的鞋业生产基地,号称"中国鞋都"。目前,温州已经自

---

① 除了浙江省有较为显著的集群式发展,全国数据也显示了小企业的这种集群式发展趋势;在1995—2004年期间,工业区域集中化的企业数比率增加了16%;在聚集密度最高的三个地区的企业数与其他地区相比从3.28上涨到4.64,增长了41%(Long & Zhang,2009)。

② 有关濮院羊毛衫产业集群的虚拟企业生产组织方式的详细描述参见本书第6章。

发形成了一个具有高度专业化分工与协作的产业集群,集群内部现有 4000 多家制鞋企业、200 多家制革企业、380 多家鞋底企业、200 多家鞋机企业、168 家鞋楦企业、100 多家鞋饰企业、50 多家鞋样设计室以及大量的家庭代工户,此外还有专门的鞋类信息服务部、制鞋职业培训学校和鞋类测试研究所等专业服务机构。2004 年,整个温州鞋业集群各类鞋产量高达 8.35 亿双(其中皮鞋 45298 万双,布鞋 344 万双,胶鞋 37863 万双)(《温州统计年鉴》,2005),从业人员超过了 40 万[①]。

在温州鞋业集群中,许多私营企业都能够追溯到集体所有的历史背景。乡镇企业的发展为后来私营经济的发展创造的最主要条件之一是在地方政府支持下建立的鞋类生产基地。在乡镇企业衰落后,私营企业迅速发展的时期内,镇政府的作用不再是直接的管理,而是通过建立大量的市场来提供生产和交易的外部条件。大量建立的市场有效促进了鞋业产业集群的发展。伴随着这种发展趋势,大量高度分工的中小企业应运而生。

3.3.4 企业的边界

濮院羊毛衫产业集群和温州鞋业集群的例子表明,在产业集群中往往存在高度的分工合作,这一现象在中国不同地区的产业集群中均能观察到。这些代表性案例对 Coase(1993)的"企业的边界在哪里?"的问题提出了新的挑战。

现代企业产权理论(Williamson,1975;Grossman & Hart,1986;Hart,1995)详细论述了生产内部化的优点。在这种理论中,企业是一系列资产属于某一共同的所有者的组织。假如所有资产属于同一所有者,那么就是生产内部化的企业。如果存在不同的所有者,有许多的企业存在,它们之间的交易费用就属于市场交易费用。当不能准确预测市场的偶然性时,对资产的控制权能够使所有者更有效地决定资产应该被怎么使用。

本章所论述的集群式控制权和所有权的分离对上述现代企业产权理论提出了新的挑战。濮院集群中的大多数作坊和店铺在法律上属于家庭所有。因此,与生产一体化企业的所有权结构不同,基于合作式的生产方式,濮院产业集群将所有权分配给成千上万的作坊和商铺。尽管所有权被分散了,但是这些作坊却被相互紧密地衔接在一起。在整个生产链中,上一级和下一级作坊之间的交易成本并不是基于书面合同,它们更像是处于一个大的企业内部,而

① 数据来自温州市鞋革行业协会。

不是作为独立的经济主体处于一个市场内[①]。

最具挑战性的议题是集群内的控制权。为了便于分析，以下把濮院羊毛衫产业集群称为"虚拟联合大企业"（即"中小企业分工协作制"），让我们集中探讨虚拟联合大企业的控制权问题。可以注意到，在工业园区内政府除了拥有大多数土地和一些建筑以外，对所有作坊的资产并没有所有权，而且镇政府完全没有对这些作坊从资金上进行帮助。尽管不是虚拟联合大企业的所有者，但镇政府对虚拟联合大企业的发展承担了战略发展责任。它调整基本的战略方向，控制产品质量，保障资产和生产安全，并决定了经济的总发展方向。所有这些使得镇政府看上去类似于一个典型的虚拟联合大企业的领头人。

然而，虚拟联合大企业和一个典型的大公司之间依然存在较大的区别。这种虚拟联合大企业的突出表现是大量私营企业家和具有强烈企业家意识的镇政府官员通过共同努力获得成功。两种类型的企业家在虚拟联合大企业快速发展和演化的过程中起到互补式的作用。显然，如果没有私营企业家，那么整个发展就不会存在。然而，如果没有镇政府坚实的支撑作用，产业集群将不会演化成为高效率、具有规模经济的虚拟联合大企业。

尽管镇政府在虚拟联合大企业的发展战略问题上掌握着实际的控制权，但是由于缺乏对小企业和家庭作坊的资产所有权，虚拟联合大企业并不是完全意义上的内部化。结果是，私营企业家们各自单独承担风险，他们不得不对日常的生产活动进行调整。为什么不通过内部化将这种虚拟的联合大企业转变成为真正意义上的联合大企业呢？虚拟联合大企业的成本和收益包括哪些？

也许这种虚拟联合大企业最显著的成就是让大量企业家能够适应这种所有权结构，包括官方意义上的企业家和私营企业家。与工人相比，企业家有更强烈的动机去努力工作、承担风险和改善企业经济状况。因此，虚拟联合大企业持续稳定的企业决策需要被执行。从联合企业家精神中可以获得两个重要的收益：第一，来自于大量企业家的创新性、灵活性和适应性；第二，对于私营企业家来说，内在的预算约束在这种结构中并不存在。虚拟联合大企业的领头人并不需要承担风险，因为这些风险已经被单个的私营企业家们承担了。

然而，这种缺乏内部一体化，通过潜在合约形成的生产网络存在哪些成本呢？濮院虚拟联合大企业的显著特点是由于其分散的所有权结构，既不是完

---

① 文献表明存在一些相似的困境，比如在日本汽车生产者和零件生产者之间的合同关系；详细的理论讨论请参考 Holmstrom 和 Milgrom (1998)。

全意义上的内部化,同时也由于在联合大企业内部没有实质性的价格协调机制,也不具备完全意义上的市场性交易特征。如上所讨论的,在联合大企业内部所有作坊都呈现着高度的分工状况。尽管高水平的劳动分工促进了生产率的提高,但缺乏内部化,人们可能会担心交易成本的问题。令人惊讶的是,在这种非内部一体化的虚拟联合大企业背景下,由于其所具有的规模、文化和结构特征,使交易费用有效降低了。

首先,镇政府建立基础设施使所有小企业和家庭作坊能够集中在半径为三千米的区域范围内。通过使大部分的小企业和家庭作坊相互积聚,虚拟联合大企业降低了交易费用,同时也使得信息能够更好地传递。在紧密的联系和畅通的信息流动背景下,大多数小企业和家庭作坊不再需要保持存货。而且,由于地方政府已经提供了大量必要的公共物品,辅料市场涵盖了大多数中间投入品,一个企业能够通过使自己的生产集中于某一个工序环节而维持在一个小的规模上。一个企业的结构和规模决定于其当地的环境,尤其是地方政府和其他企业所提供的通用性公共物品。

第二,这种虚拟联合大企业位于同一个社区内。在这个社区里,人们相互熟知,有良好的社会关系和社会规则。另外,社区内大量小企业和家庭作坊之间有激烈的竞争。因此,即使没有书面合同,任何一方去打破潜规则的机会成本都会非常高。假如一个家庭作坊不能保证其信誉,它将失去当前和未来所有潜在客户,因为社区的紧密联系,有关声誉的消息传递非常通畅。这种重复博弈的结果就形成了一个潜在而稳定的均衡,几乎所有生产过程中上一级和下一级作坊之间的交易都基于口头协议,利用第三方法律来裁决商业争端就鲜有发生。

第三,在社区内作坊之间基于紧密的联系,各个作坊都彼此传达信誉关系。尤其是处于生产过程上层的作坊,它们常常规模较大,而且能够便利地获得银行贷款,能够应付下层作坊出现的信誉问题。长期积累的信誉极大地降低了大多数作坊的资金来源困难,同时也降低了对资金的需求,即降低了进入壁垒(Ruan & Zhang,2009),其结果是,使大量有潜力的企业家可以参与到市场中。

3.4 本章小结

乡镇企业的发展对中国的经济增长有着重要的影响。在私有产权没有被法律承认和保护时,乡镇企业为未来的制度变迁创造了良好的条件。在改革开放后，人们日益增长的收入引致了新的消费需求，当国有企业对此反应迟钝时，乡镇企业的发展正好弥补了这一缺失。

本质而言，乡镇企业是基于那个特殊时代背景中的约束和机会条件下所涌现出的产物。由于地区资源禀赋、技术和资金获得能力的不同，乡镇企业的发展呈现出极大的差异。苏南模式依附于上海国有企业发展，而广东模式主要依靠吸引来自香港和台湾的海外资本。在既缺乏国有企业帮助，又缺乏海外资本的情况下，温州的地方政府和企业家们被迫进行了更多的制度创新，发展出了一种有效的私有产权保护形式和集群式的生产模式。

乡镇企业的发展在培育企业家精神、促进私营经济发展、传播管理技术、积累物资和人力资本、散布技术和训练有技能的工人等方面都起到了重要的作用。实际上，许多私营企业就直接由乡镇企业转型而来。认识到乡镇企业发展对培育中国企业家精神的重要作用是理解中国经济崛起的关键所在。然而，地方政府在培育企业家精神方面所起的重大作用却被以往的研究所忽视。

中国私营经济部门一个日益增强的趋势是中小企业在分工的链条中已经变得越来越专业化。这些专业化的中小企业通过协作的方式被广泛地联系在一起，并且通过这种企业的聚集合作能够有效地完成每一件产品的生产。将整个生产过程分解成无数的环节，使得高度分工的中小企业相互之间建立了更多的联系，尽管引致了企业之间更多的交易成本，但产业集群模式产生的收益能弥补这些成本。企业间频繁的往来也能降低大量交易过程中其他的成本，并促进集群内的进一步分工。集群式的生产模式还能够降低内部一体化企业的监督成本。

乡镇企业的演化过程和随之涌现的私营企业表明经济发展实际上是一个不断克服现有约束的过程。和其他发展中国家一样，中国在改革的初期有丰富的劳动力资源，但严重缺乏资本。而且，还缺乏丰富有效的融资体系和正式的制度组织，而这一切都被主流发展经济学视为工业化发展的必要前提。乡镇企业和其后的私营企业的结构是基于以上这些有限的资源所作出的反应。私有产权获得承认后，乡镇企业逐渐丧失了与私营企业竞争的能力。

即使当私有产权获得承认后，大量的企业依然面临着资金和技术的限制，同样也有制度的约束。产业集群模式提供了一条路径，通过这种路径贫困地区能够克服以上的诸多限制。当周围有其他大量的专业化分工企业以及良好的公共产品，小企业就能够以非常小的规模专心致力于生产过程中的某一项生产环节，通过这种方式参与非农生产活动。随着大量专业化分工企业的聚集，许多的乡镇已经成为全国乃至全世界某种特色商品的生产和交易中心。

这种成功的产业集群是地方政府官员和企业家共同努力的结果。在很大程度上，乡镇企业的发展在演进路径上实际体现着一种制度的扩张。

从演化的角度来看，企业并不是固定地被设计和安排的。企业的发展更为准确地可以说是体现了政治、法律和经济条件不断从较差状态演变为较好状态的过程。企业的制度组织结构是地方性环境与宏观环境共同作用的产物。当外在环境改变时，企业的组织结构可能同样也会发生变化。在某种环境下，有可能创造出大量拥有分散所有权的小企业，但是却很难先验地描绘出企业未来的发展路径。竞争所产生的压力是一种淘汰缺乏活力组织形式的有效方式。

总而言之，乡镇企业和产业集群为许多农村企业家进行非农生产活动提供了绝好的机会。中国经济改革的成功根本上在于运用了广大人民的智慧，从而引致制度的创新，进而克服所面临的约束。

4 中国产业集群的融资与绩效分析

4.1 引 言

许多研究认为良好的外部融资环境是工业化发展最为重要的先决条件之一,因为它能够在储蓄率较低时,为购买机器设备和建立厂房提供大额资金(Goldsmith,1989;Mckinnon,1973;King & Levine,1993;Rajan & Zingales,1998;Ayyagari,Demirgüç-Kunt & Maksimovic,2006)。然而,中国过去几十年的快速工业化进程似乎违背了传统文献的研究结论。在20世纪70年代改革早期,中国的金融体系以任何的标准来看都是很不完善的(Allen,Qian & Qian,2005),尤其是中小企业几乎完全无法从国有正规银行获得贷款。尽管面临这样的现实困境,中国在过去30年中却达到了欧洲过去200年才达到的工业化发展程度(Summers,2007)。而且,中国农村的中小企业比大企业发展得更快。中国在严重的资金约束背景下是如何实现快速工业化的?

已有研究表明通过发展非正规金融是一种解决资金约束的途径(Allen,Qian & Qian,2005)。但是,考虑到中国改革初期,大部分的农村居民都相当贫困(Ravallion & Chen,2007),当地储蓄水平供应非正规金融的融资需求相当有限。尽管缺乏克服资本壁垒的正规和非正规融资体系,但是工业化投资成本并没有大量文献中所谈到的那么严重。资本壁垒的存在导致了将一体化的生产过程通过产业集群的形式分解成为一系列的独立工序。产业集群深化了劳动分工,因此降低了资本壁垒,确保更多企业能够参与非农生产。产业集群的另一个好处是同一地区内企业的大量聚集,使得企业之间可以提供更多的商业信用,减少了对流通资本的需要。这两种渠道能够帮助降低企业的进入壁垒,反过来又推动了市场竞争和经济增长。

为了建立集群、融资和增长之间的联系,我们引入一种新的产业集群度测量方式，以更好地评价在过去几十年中中国的工业化发展模式。尽管已有大量的方法测量地区分工和产业集中度，但是已有的这些测量方式没有捕捉到企业之间的内在联系。比如，在计划经济时期，中国的重工业发展只集中在少数几个地区，如果采用已有的产业集中度测量方式，毫无疑问可以得出这一时期中国具有极高的产业集中度。然而，这种对当地经济缺乏外溢效应的计划式产业集聚与中国改革开放后自发涌现的产业集群存在明显差异。

正如媒体所报道的那样，中国快速工业过程伴随的是大量特色商品和特色城市的涌现[①]。成百上千大大小小的企业，都各自专注于具体的某一道生产工序，并且大量地聚集在某一个人口密集的地区，每年生产着数以亿计的特色商品。东部沿海地区的大量乡镇因此而闻名于世，如：世界袜都、中国毛衫城、中国童装城、中国鞋都，等等。每一个以上所描述的特色城镇都吻合波特所定义的产业集群的概念：在某特定区域内存在地理上邻近、且相互联系的大量的企业(Porter，2000)。

尽管已有大量媒体报道了这种“一乡一品”、“一镇一业”的现象，但鲜有研究利用长时间大样本的数据去探究其内在发展模式。本章将利用“1995 年全国工业普查”和“2004 年全国经济普查”中的企业级数据计算集群的相关指标，并进而探究中国集群式工业化发展的内在规律。本章所采用的数据与测量方式能够使我们第一次去探索企业之间的相互联系，这正是波特(1998、2000)所强调的集群的关键特征。本章的研究结果表明中国快速工业化过程主要是以产业集群的形式(即同一地区企业之间体现着紧密的联系)展开的。

我们进一步检验了产业集群与企业融资的关系。首先，在县级层面上，我们计算了产业集群的指标和工业的最低资本量，发现产业集群和工业投资的最低资本量存在紧密的联系。随着集群内分工的日益深化，一体化的生产过程被分解为大量小的生产工序，有效地降低了对投资资本的需求。其次，基于两次普查的企业面板数据，我们发现产业集群内，商业信用在企业之间得到了更为广泛的应用，因此降低了对流动资金的需求以及对外部融资体系的依赖性。总之，产业集群的发展降低了企业的初始资本和流动资金壁垒。

因为以上两种机制都减少了企业对外部融资的需求，因而促进了产业集群内大量企业的涌现以及工业的迅速发展。由于集群内同类企业之间的激烈竞争，集群同样也促进了生产率的提高。详细的企业数据使我们能够观察产

---

① 参考 http://www.nytimes.com/2004/12/24/business/worldbusiness/24china.html，《纽约时报》。

业集群与企业绩效之间的联系。我们发现在产业集群发展良好的地区,企业有更好的出口和全要素增长表现。这表明中国在过去的几十年间,产业集群的发展改善了出口状况和企业的生产率。我们认为这证明产业集群可以更好地利用劳动力富裕的比较优势,从而促进中国的经济增长。

本章在以下几个方面是独特的:首先,我们采用的是中国在两个时期内来自全国的微观企业级数据,这对已有的研究在数据上是一个推进;其次,我们采用了一种新的产业集群度的测量方法以捕捉中国工业化进程中产业集群发展的显著特征;第三,我们用实证的方式揭示了产业集群对企业融资、企业数量的增加和企业经营状况的积极作用。

对中国工业化的研究能够帮助我们更好地理解普遍的工业化规律。中国在最近 30 年内奇迹般的工业化增长过程,提供了独一无二的土壤可以让我们去观察和理解工业化的整个进程。当西欧和北美工业化的早期经历只能从浩瀚的历史资料中探究时,中国正在经历的工业化进程却能够被真实地目睹。中国的发展经验对其他人口密集且人均资本量较低的发展中国家来说,具有重要的借鉴意义。因此,对中国工业化内在规律的清晰认识,能够帮助世界上其他的发展中国家和地区。

本章结构如下:第二节是相关文献综述;第三节将描述数据和集群的特征,以及中国工业化的集群化发展模式;第四节检验产业集群对企业融资的影响;第五节分析产业集群与企业绩效之间的联系;最后是结论。

4.2 相关文献梳理

工业化常常伴随着产业集群的发展。大量的文献已经强调了产业集群的积极外部效应。Marshall(1920)指出产业集群具有三个重要的外部效应:更容易找到市场和供应商,更方便的劳动力市场,以及企业间的技术外溢效应。Porter(1998)认为产业集群是实现企业竞争优势的重要方式;Fujita、Krugman 和 Venables(2001)将地区性的产业集群作为工业化的重要特征之一,并且认为这种集聚能够带来大量积极的外部效应。

在发达国家的工业化过程中,曾经观察到两类产业集群。一类是在英国的工业革命过程中,分散的作坊式生产方式被一体化的生产模式所替代(Landes,1998),从而形成由几家大工厂所组成的产业集群;美国的工业化进程同样也存在类似的趋势和特征(Chandler,1977)。例如,美国的汽车工业聚集在底特律地区,以有限的几家大企业为主导。这类产业集群的特征是该集群主要由几家大企业构成，其他小的企业作为供应商而存在。

另一类是由意大利、日本和其他东亚国家和地区在工业化过程中发展出的产业集群模式。在这种模式中，大量的中小企业聚集在一起，构成了复杂的垂直型劳动分工。一个典型的例子是“包买商制”(Putting-out System)：商人获得市场订单，然后与附近的农民和技术工人签订合约，让他们在自己家中或家庭作坊中完成生产(Hounshell，1984)。“包买商制”在英国的工业革命之前和19世纪的日本广泛存在(Nakabayashi，2006)。外包生产作为传统“包买商制”的现代变形依然是今天日本和中国台湾工业生产的重要特征(Sonobe & Otsuka，2006)。大量作坊和工厂聚集的工业区在20世纪中期的意大利和法国随处可见，这种产业集群在现在意大利的许多地方依然呈现着良好的生机和活力(Piore & Sabel，1984；Porter，1998)。

这两种产业集群模式之间的主要差异是企业规模和企业数量上的差异。在第二种产业集群模式中，一体化的生产过程经常被分解成许多小的独立生产工序，因而需要一次性进行的大投资被分解了，这样可以降低资本的进入壁垒(Schmitz ，1995)。因此，这种工业化发展模式可能更适合那些缺乏资本且金融体系不发达的国家和地区。一些深入的案例研究表明，中国是遵循第二种产业集群发展模式的(Sonobe，Hu & Otsuka，2002、2004；Huang，Zhang & Zhu，2008；Ruan & Zhang，2009)。例如，Sonobe、Hu 和 Otsuka(2002)研究了浙江省织里镇是如何从农村家庭作坊演变成一个服装产业集群的。

然而，这些案例研究对于提炼出具有一般性的结论依然存在较大难度。为了验证这些模式是否是中国整个经济的典型特征，就需要利用普查性的企业数据。更重要的是，传统的产业集群测量方法需要被新的方法所替代，以捕捉到以上两种集群模式的差异，即集群内企业之间的联系程度。因而，我们引入了新的产业集群测量方法：基于 Hausman-Klinger 关系矩阵的产业相关度(industry proximity)指标(Hausmann & Klinger，2006)。

与我们研究紧密相连的第二类重要文献是关于资本约束对工业增长和投资的影响。融资和增长文献的一个暗含假设是技术是不可分的，因为建立厂房和购买机器设备需要很大的成本，在资本市场不完善的背景下，较为贫穷的企业家很难去开展商业活动(Banerjee & Newman，1993)。因此，资本市场的发展被认为是低储蓄率背景下进行项目投资的前提条件。然而，建立良好的资本市场本身就不是一件容易的事情。Allen、Qian 和 Qian(2005)提出非正规金融是中国快速工业化的一个非常关键的因素。但是最近的一些实证研究表明，这种假设存在着一定的疑问。根据世界银行组织的“投资和环境调查”

企业数据，Ayyagari、Demirguc-Kunt 和 Maksimovic(2008)发现能够获得正规信贷的企业比那些依靠其他渠道融资的企业增长更快，尽管只有少部分的企业能够从银行获得贷款。然而，正规融资体系并不能很好地解释中国工业化增长的谜团，因为作为其动力源泉的中小企业并不能获得正规信贷服务。为什么大量的中小企业在开始阶段即使缺乏正规的信贷，它们依然能够生存而且充满活力？因此，只认为融资渠道是工业增长的关键是无法解释中国工业发展之谜的。

突破资本壁垒的一个自发性结果可能是在生产组织方面引发的制度创新，集群式的生产结构就是其中之一。中国和其他东亚国家的集群模式中一个很重要的特征是集群内的生产技术被分解成许多独立的工序，并被不同的企业家所选择。Huang、Zhang 和 Zhu(2008)详细描述了温州的皮革集群是如何克服融资、制度和技术壁垒的。Ruan 和 Zhang(2009)表明在良好劳动分工的背景下，集群降低了资本进入壁垒，确保更多的潜在企业家能够参与到工业生产过程中，否则他们中的大部分只能继续滞留在低生产率的农业部门。这些案例研究为我们了解产业集群的内在工作机制提供了一定的基础。为了对这些案例的发现一般化，我们利用中国两轮企业普查的数据验证以下两种机制如何帮助集群内企业克服融资壁垒。首先，产业集群的良好分工降低了资本进入壁垒，确保了大量贫穷的企业家能够从农业部门转移到产业集群中，从事非农生产活动；其次，产业集群内企业之间距离上的临近和重复的交易，使得企业之间能够充分利用商业信用，因此能够降低流通资本壁垒。

4.3 数据与产业集群测量方式

我们利用中国 1995 年的工业普查和 2004 年经济普查的数据进行实证分析。表 4.1 和表 4.2 展现了全国工业产出的基本情况，分别以地区和工业类别进行统计。表 4.3 对比了我们的数据样本与 1995 年和 2004 年国家公布的统计数据。如表所示，我们的数据包含了这两年中所有的工业企业。与以前对中国工业化模式研究所用的数据相比(Young，2000；Bai et al.，2004；Wen，2004；Zhang & Tan，2007)，我们的数据涵盖面更广，包括了所有的工业企业(不仅仅是规模以上企业)。

表 4.1 以行业划分的工业总产出基本描述

行业	1995 年		2004 年	
	均值	企业数	均值	企业数
煤矿开采	9664	11953	17643	26822
石油和天然气提炼	1066011	134	962613	481
金属铁开采	5228	2141	9554	10256
非铁金属开采	8554	3766	14919	6075
非金属矿物开采	3087	11820	3293	34945
其他矿物开采	2515	149	3948	263
食品加工业	10042	30962	13719	69521
食品生产业	5856	16313	11026	29811
饮料生产业	7852	14719	10740	25485
烟草加工	237406	423	885794	281
纺织业	18002	24459	14029	83011
衣服和其他纤维生产业	7453	18937	9671	48250
皮革、毛皮、羽毛和其他产品	9308	10468	13816	22677
木材加工和竹子、藤条、棕榈、麦秸加工物	2620	15480	5072	37028
家具	2580	8760	6255	23892
制纸和纸产品	7303	13890	10005	39669
印刷	2553	16763	4234	44070
日常学习和体育用品	8575	5356	9702	14711
石油加工和精练	73925	2744	126789	7146
化学原料和产品	13750	26872	19175	69120
制药	16527	6051	29861	11271
化纤	76277	1034	59128	3372
橡胶产品	13294	4663	13490	15178
塑料产品	5856	19255	7573	69729
非金属矿物产品	4926	61278	6306	157734
金属铁的熔炼和压制	44108	8429	84284	20494
非铁金属的熔炼和压制	29697	4621	41174	15162
金属产品	5534	26744	7849	80976
公共机械	7719	31474	9032	113691
特殊设备	10805	18391	10556	55095
交通设备	17009	19522	27664	51844
电器制造	13206	18928	20680	54979
电器和设备	34343	5489	74793	15211
电子和交通设备	12552	9735	40516	35203

续表

行业	1995年		2004年	
	均值	企业数	均值	企业数
器械、办公用品	4576	12127	6966	26627
废物回收	2799	4440	4491	6156
电、蒸汽、热能源生产和供应	19369	12600	60653	24568
煤炭、液化气能源生产和供应	20474	372	30310	1445
自来水生产和供应	3545	5147	5058	11035
总计	10763	506409	16198	1363284

注:工业总产出以当期价格计算(单位:千元)。

表 4.2　以地区划分的工业总产出基本描述

	1995年			2004年		
省份	均值	SD	企业数	均值	SD	企业数
北京	15067	256247	9623	18926	418528	31364
天津	13638	155565	10735	23949	500129	25432
河北	9216	80343	23592	15789	201284	64062
山西	8538	91723	11416	14490	216240	28641
内蒙古	5559	83740	9432	19689	223747	11759
辽宁	10184	171331	29435	16844	365899	54115
吉林	7751	167292	13100	22085	542689	16037
黑龙江	8524	308216	18745	19613	738370	20101
上海	23260	273997	16690	26263	499886	55315
江苏	15815	106861	41582	15618	262800	187212
浙江	10363	58130	32725	11236	173580	187588
安徽	6912	64940	23474	10808	189114	38827
福建	8080	47063	19038	15126	225394	49532
江西	4528	45443	18253	9331	146981	29144
山东	17466	179590	26980	20477	303314	119699
河南	9703	75318	23119	12065	164347	76292
湖北	10432	139562	20881	18191	359619	28937

续表

省份	1995 年 均值	1995 年 SD	1995 年 企业数	2004 年 均值	2004 年 SD	2004 年 企业数
湖南	5738	66417	23720	9668	145047	43529
广东	17715	114052	34536	22969	473908	136606
广西	7719	42786	12312	11870	155918	18753
海南	9932	52781	1278	21086	198547	2025
重庆	6676	82141	11456	12677	149313	20359
四川	6675	74866	26380	12137	168971	43325
贵州	5500	48962	7450	13831	178497	10996
云南	13970	223904	6267	16157	239845	14271
西藏	2343	6554	295	7004	22096	354
陕西	6182	60000	12950	12251	209434	25573
甘肃	8260	109848	7140	14648	305597	11549
青海	8193	77821	1446	17524	218482	2168
宁夏	9011	56606	1706	15132	151483	3984
新疆	9990	187435	5077	28813	441176	5735
总计	10725	134909	500833	16198	310686	1363284

注:工业总产出以当期价格计算(单位:千元)。

表 4.3　样本情况比较

年份	工业总产出（单位:兆元,当期价格）		
	样本(1)	统计年鉴 (2)	(1)/(2)×100%
1995	5.495	5.526	99.438
2004	20.174	18.722	107.754

注:《中国统计年鉴》中的工业总产出来源于 1996 和 2005 年的《中国统计年鉴》;然而,2005 年《中国统计年鉴》中的数据并未包括非国有小企业,因此 2004 年的样本数据要高于《中国统计年鉴》的数据。

由于本章的数据属于企业一级,因而我们能够计算任何类别的产业集群程度，比如分镇、县或者省的地区性产业集群程度，以及 2 位、3 位或 4 位数行业水平的集群程度。为了便于分析，我们选择分县和以 4 位数中国行业标准(CIC)来衡量产业集群程度，因为县作为地区性行政单位在中国财政和税收方面发挥着关键性的作用。但是，为了进行稳健性检验，我们同样也会以省和 3 位数、2 位数的产业集群程度对比分析。构造产业集群的测量方式时，我们首先需要合并地区和行业水平的企业，并将其作为基本分析单位。

中国在 2002 年修改了行业标准体系(从 GB1994 到 GB2002)。因此，研究 1995 年和 2004 年之间的变化时，我们首先需要根据中国颁布的行业标准进行调整。如果一些行业标准在 2002 年颁布的标准体系中变得更分散，那我们将采取 1994 年的标准；相反，如果 2002 年颁布的标准体系更为集中，那么我们就采取 2002 年的标准。也就是说，我们将用更为集中式的行业标准来比较和分类 1995 年和 2004 年的工业企业。在 1995—2004 年的两轮普查中，有一些县的地域被重新划分了，另外还有一些县的名字也变更了。我们仔细核对，并衔接了这两段时间内的所有地区。

传统测量产业集群程度的方式主要基于地区和行业的划分，常常以市场份额划分的大企业数目(比如 3 家)作为某地区或行业的聚集度。这种衡量方式的优点是可以很轻松地计算和理解，但是当企业的分布很分散时，大量的企业就被忽略了。为了克服这个问题，GINI 系数常常被用来计算某地区行业内所有企业的产出或工人数变化率。Krugman(1991)通过考虑某地区内某一行业的人均产出与某地区所有行业的人均产出之间的差异来修正 GINI 系数。

然而，这些集群测量方式并不能区分以下两种产业集群的差异：一种是某地区只有少量的大企业，它们之间缺乏联系；另外一种是大量各种规模的企业混杂在一起，并有密切的联络。第一种产业集群主要是像底特律这样的汽车工业城市，第二种产业集群则更符合中国沿海地区所观察到的现象，成千上万的各种规模的企业集中在一个人口密集的小区域内，它们之间通过生产链条被紧密地联系在一起。

第二种产业集群更符合 Porter 所描述的产业集群的特征，即在特定的地区内，大量的企业在地理上相互靠近，并且有密切的联系(Porter，2000)。尽管这个概念非常容易理解，但企业之间相互联系的测量却是十分困难的。据我们所知，目前还没有相关的研究来对此进行刻画，除了在一些案例研究里面，可以通过企业提供的与其他企业交往的详细信息来观察它们之间的联系。

但是，这些详细的企业交往的信息对本章这样大规模的调查显然是不可能的。因而，我们需要更谨慎地去寻找其他的方式来刻画企业之间的联系。

在描述集群的主要特征时，Porter 谈道，“包括各种投入要素的供应商，比如原材料、机械和各种基础性的服务。集群还扩展到消费者以及一些附属产品的制造商，或者一些与技术、普通投入要素相关的公司”(Porter，2000)。此外，Porter 还强调了地理上聚集带来一个重要好处是集群内能够共享技术、知识、投入要素和制度。许多研究也发现不同行业之间的技术衔接是技术创新的重要动力(Scherer，1982；Feldman & Audresch，1999)。

以上阐述说明了如何去测量 Porter 所定义的集群内企业间的相互联系。假如不同企业生产着相似的产品，那它们很可能在生产过程中用到相似的投入要素，依赖相同的供应商和客户，这样它们就可能通过技术和其他的投入要素在相互之间产生了联系。因此，产业间产品的相关性能够被用来作为产业集群的测量方式之一。

由 Hausmann 和 Klinger(2006)研究得到的最新结果能够让我们去测量以上所讨论的产业集群内的相互关系。Hausman 和 Klinger(2006)构建了所有 4 位数的国际贸易标准分类产品的相似矩阵，任何两种产品之间的相关系数能够捕捉到它们之间的如下意义：如果两种产品的生产需要相同的投入要素，很可能这个国家在两种产品的生产上都具有比较优势，而且两种产品具有高度的相关性。换言之，如果我们有所有国家之间产品交易的贸易数据，我们就能够计算一个国家同时在一系列产品上拥有比较优势的概率，并能够测量两种产品在投入和其他方面的紧密联系程度。

具体而言，Hausmann 和 Klinger 提出了两种产品 i 和 j 之间的相关系数计算公式：$P_{i,j}=\min\{P(x_i|x_j),P(x_j|x_i)\}$，当 $x_i=1$ 时，表示一个国家在产品 i 的生产上具有显示性比较优势，0 则相反。条件概率 $P(x_i|x_j)$，$P(x_j|x_i)$ 根据所有国家的贸易数据计算得到。

为了获得对这个公式直观的认识，假设两种产品是鸵鸟肉(产品 i)和金属矿石(产品 j)，一些国家，比如澳大利亚，同时出口这两种产品。这个公式意味着：如果在给定鸵鸟肉出口率时，一个国家的金属矿石出口率很大；而在给定金属矿石出口率时，该国的鸵鸟肉出口率却十分低。尽管澳大利亚两种产品都出口，但是智利、秘鲁和赞比亚只出口矿石，而不出口鸵鸟肉。那么，鸵鸟肉和金属矿石之间的相关性就很低，因为公式只取两种条件概率中较小的一个。因此，这个公式相对于单独的 $P(x_i|x_j)$ 或 $P(x_j|x_i)$ 来说，更能反映问题。

这种相关性的测量方式同时也掩盖了两种产品相似的程度，一个可替代的方式是采用联合概率 $P(x_i\cap x_j)$，但是 Hausmann 和 Klinger 以如下原因反对：考虑鸵鸟肉和鸵鸟蛋的例子，两种产品有高度的相关性，因为每个国家既出口鸵鸟肉也出口鸵鸟蛋。但是假如世界上只有三个国家出口这两种产品，那么联合概率对于任何一个国家来说都将非常小(Hausmann & Klinger，2006)。利用联合概率去测量相关性的问题在于它包含了两种产品之间的相似程度，也包括了在世界其他地区的普及程度。

由于那些基于相同比较优势的产品常常一起出口，两种产品之间的相关性就刻画了它们在生产过程中的相似程度，比如需要那些基本的生产初始条件和生产设备。企业在生产这些产品时，常常通过不同的方式发生联系，包括利用相似的投入品(原材料、劳动力以及机械设备)、相似的技术，甚至是依靠相同的供应商和市场条件。因此，Hausmann-Klinger 测量的工业产品之间的相近度比波特意义上的相关性包含了更多的内容。所以，这种相关性的测量能够被用来展现某个地区内工业之间和企业之间存在着的密切联系的程度。

相关性作为行业企业相互联系的测量方式还有一些其他的优点：(1)基于所有国家进出口比率信息的这种代表生产技术性质的测量方式，能够被应用于所有的国家；(2)取两种条件概率中较小的一方，这是一对称性的测量；(3)通过集中关注于产品 i 的显示性比较优势，这种测量方式能够捕捉到所有重要的出口特征；(4)通过计算两年(如 1998 年和 2000 年)的平均相关性，Hausmann-Klinger 相关矩阵随时间被整合的更为稳定。

我们首先从 Hausmann 和 Klinger(2006)构造的产品相关矩阵着手，因为相关矩阵是在四位数的国际贸易标准分类水平上计算的。我们首先需要根据中国统计局和欧洲以及联合国公布的统计手册将中国工业分类标准转变成国际工业标准类别(ISIC)，然后再转变为国际贸易标准分类。中国工业分类标准体系和国际工业标准类别体系都是工业类的标准，而国际贸易标准分类体系是按产品分类。很多情况是一个行业不仅仅只生产一种产品，因此我们给予每种产品相同的权重(总和等于 1)。具体如下：(1)在前面所设定的单位水平上计算产出、资产和雇工人数的总和；(2)根据中国统计局和欧洲以及联合国公布的统计手册将中国工业分类标准转化为国际工业标准类别和国际贸易标准分类；(3)对于每一个产业，利用 Hausmenn-Klinger 产品相关矩阵计算同一个地区内其他产业与它的平均相关性，这能够让我们得到不同产品之间的相关性，并且在计算过程中使用每个产业的规模作为其权重；(4)最后，每个地区的平均产业相关度被计算作为该地区内所有产业的平均相关性，以每个产业的规模作为权重。

产业相关度的测量可以基于资本、雇工人数或产出。换言之，反映各个行业规模的权重可以是资本、雇工人数和产出。通过这些测量，它们可能会展现出不同的产业集群特征。假定一个地区有三种产业:钢铁、汽车和橡胶。从直觉上看,汽车产业可能与钢铁和橡胶行业有更高的相近性,其他两者之间的相关性可能很低。现在假设这个地区汽车产业得到了很好的发展。如前面所讨论的,我们能够得到汽车产业的平均相关度没有改变,因为其他两种行业并没有发生变化。但是整个地区内的平均产业相关度却提升了,因为汽车工业与其他两种工业的紧密相关,汽车工业的增长带动了整体的相关性提升。现在来考虑权重的问题,如果汽车产业的产出与其他两个产业的情况紧密相连,那么如果用产出作为权重,不同产业之间的内在联系就能清晰地反映在相关度上。同样,相关度的测量用资产或者雇工人数作为权重也是相同的道理。

这三种产业相关度测量了不同的内在联系,也反映了不同的集群效应。Marshall(1992)描述了集群的三种不同优势:劳动力市场、原材料供应和技术外溢效应。大量的技术人员进入一个地区能够去交流知识、技术和信息。此外,聚集在一起,企业能够更方便去获得原材料和公共服务。大量的企业聚集在一起,所需要的原材料又比较相近,这就创造了规模效应,使企业更容易获利。最后,集群导致更快地传播和应用新的思想。尽管这三个优势产生多方面的影响,但以产出为权重的相关度可能更有助于产生技术的外溢效应,因为在同一个地区某一个产业的产品可以应用到其他产业的生产中。以雇工人数为权重的相关性更多的是表现了劳动力市场的特征;以资本为权重的相关性主要表现了原料供应方面的特征,尤其是资本品。这些聚集效应都促进了企业获得更高的生产率。

此外,本章中还强调了另一个以前尚未注意到的聚集效应,即对企业融资方面的影响。我们认为工业的集群化发展能够通过两种方式缓解企业在资金方面的壁垒:(1)集群内企业之间细致的分工降低了企业的资金需求;(2)集群内企业之间的商业信用减少了外部性的融资需要。资金往来在整个生产过程中广泛地发生,包括劳动力雇佣、资本购买以及产品销售,我们认为这三种产业相关度在帮助企业克服资金壁垒方面起了关键作用。

利用以上讨论的产业相关度测量方式,我们发现在每个地区内,从1995年到2004年产业之间的相关度大幅提高①。表4.4展现了1995年和2004年中国每一个省基于产出的产业相关度。如图4.1和图4.2所示,县一级的数据表明在2004年各个地区之间有高度的产业相关性。

① 有意思的是,我们发现利用一些其他的传统集聚指标同样也得到了相似的结果,其中包括Hirendahl指数和Gini指数,参考Long和Zhang(2009)。

表 4.4　地区的专业化与产业相关度(产出)

省份	1995 年	2004 年
北京	0.206	0.220
天津	0.194	0.208
河北	0.212	0.219
山西	0.207	0.208
内蒙古	0.198	0.214
辽宁	0.204	0.205
吉林	0.206	0.220
黑龙江	0.186	0.197
上海	0.222	0.219
江苏	0.210	0.210
浙江	0.211	0.220
安徽	0.204	0.211
福建	0.208	0.202
江西	0.200	0.206
山东	0.200	0.205
河南	0.201	0.209
湖北	0.207	0.216
湖南	0.201	0.210
广东	0.209	0.215
广西	0.208	0.214
海南	0.201	0.207
重庆	0.206	0.197
四川	0.198	0.202
贵州	0.188	0.196
云南	0.187	0.197
西藏	0.223	0.238
陕西	0.191	0.192
甘肃	0.199	0.205
青海	0.197	0.217
宁夏	0.215	0.22
新疆	0.190	0.199
Weighted sample average	0.206	0.211
差异		0.005 (0.001)***

注：* * * 表示在 1%的统计水平上显著。

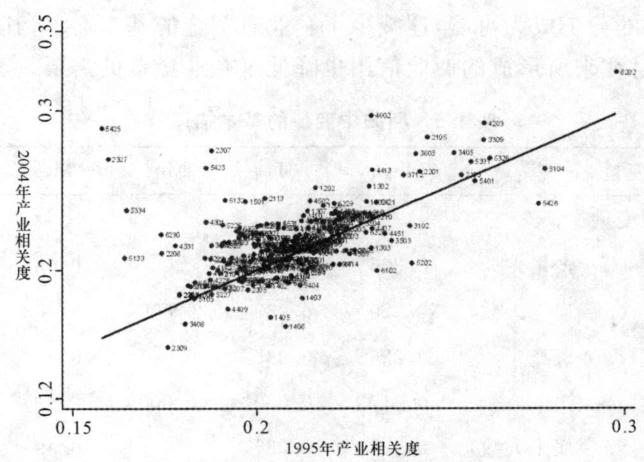

图 4.1 地区和地级市的产业相关度

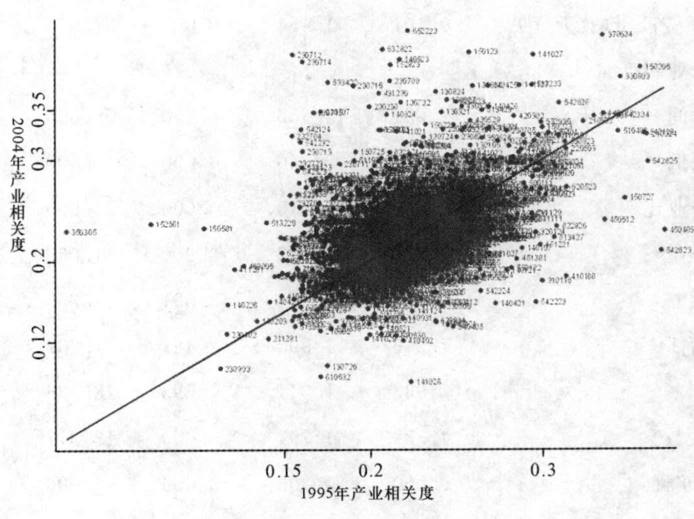

图 4.2 县级的产业相关度

4.4 产业集群和企业融资

现在我们将观察地理上的产业集群产生的效应，首先来观察对企业融资的影响。表 4.5 展现了这节和下一节基本变量的统计特征。如上所讨论，集群通过两种机制来减轻企业的资金壁垒。首先，因为企业之间有更多的相互往来，更细致的分工成为可能，这减少了企业对资金的基本需求；其次，企业之间频繁的贸易往来所形成的商业信用也降低了企业融资的需要。

表 4.5　回归中变量的基本描述

变量	Mean	SD	Min	Max	N
Panel A：县级变量					
2004 年相关度（w=产出）	0.226	0.038	0.000	0.631	2,833
2004 年相关度（w=雇工人数）	0.220	0.032	0.000	0.403	2834
2004 年相关度（w=资产）	0.226	0.035	0.091	0.397	2833
1995 年相关度（w=产出）	0.217	0.030	0.000	0.495	2764
1995 年相关度（w=雇工人数）	0.222	0.037	0.000	0.495	2756
1995 年相关度（w=资产）	0.218	0.031	0.000	0.495	2765
2004 年最小资产量（百万元）	0.178	1.536	0.000	33.001	2860
1995 年最小资产量（百万元）	0.101	1.454	0.000	57.603	2791
Panel B：企业级变量					
企业成立时间	17.601	14.358	0.000	99.000	104324
私营企业比例%	0.146	0.340	0.000	1.000	104324
港、澳、台企业比例%	0.062	0.216	0.000	1.000	104324
其他外资企业%	0.025	0.139	0.000	1.000	104324
Log(附加值)	7.357	1.973	−2.591	17.253	104324
Log(附加值 1)	7.396	1.992	−2.461	17.309	103016
Log(资产)	8.933	1.941	0.693	18.235	104324
Log(雇工人数)	4.339	1.791	0.000	13.317	104324
出口/总销售额	0.060	0.203	0.000	1.000	152122
某年是否出口的虚拟变量	0.118	0.322	0.000	1.000	152260
会计收入/税收	0.257	0.287	0.000	1.999	93792
会计支出/总负债	0.204	0.247	0.000	1.187	112321
债务/资产	0.639	0.316	0.000	2.997	112321
固定资产/资产	0.383	0.222	0.000	1.000	112.321

为了观察产业集群对企业融资的效果，我们来关注一个地区企业的最小资本量。其中，很重要的是我们的数据没有因为企业的规模小而将其排除。1995 年和 2004 年的普查数据为我们计算每个县最小的资本数据和检验基本假设提供了理想的环境。表 4.6 展示了以下回归的结果：

$$\text{Min}(\text{asset}_{c,\,2004})=\alpha+\beta_1\text{Min}(\text{asset}_{c,\,1995})+\beta_2 P_{c,\,1995}+\varepsilon \qquad (4.1)$$

其中，c 表示县，$\text{Min}(\text{asset}_{c,2004})$ 是 2004 年最小的资本量，$\text{Min}(\text{asset}_{c,1995})$ 是 1995 年最小的资本量；$P_{c,1995}$ 表示 1995 年的产业相关度；ε 是随机误差项。因此，β_2 表示某地区内工业相关度对企业最小资本量的影响。我们对最小资本量的估计用到了以下几种指标：某地区内企业之间最小资本量，5%的资本量，10%的资本量（见表 4.6）。

表 4.6 县级层面上最小资本量和产业相关度

	(1)	(2)	(3)	(4)
因变量＝2004 年最小资本水平				
1995 年最小资本量	0.450***	0.452***	0.448***	0.260***
	(0.040)	(0.039)	(0.040)	(0.028)
1995 年相关度（w＝资产）	−1.569**			
	(0.785)			
1995 年相关度（w＝雇工人数）		−3.061***		
		(0.622)		
1995 年相关度（w＝产出）			−0.787	
			(0.801)	
R-squared	0.05	0.05	0.04	0.03
因变量＝2004 年 5%资本水平				
1995 年前 5%资本量	0.544***	0.554***	0.544***	0.324***
	(0.035)	(0.034)	(0.035)	(0.024)
1995 年相关度（w＝资产）	−1.875**			
	(0.770)			
1995 年相关度（w＝雇工人数）		−3.393***		
		(0.609)		
1995 年相关度（w＝产出）			−1.262	
			(0.787)	

续表

R-squared	0.08	0.09	0.08	0.06
因变量＝2004 年 10％的资本水平				
1995 年前 10％资本量	0.490***	0.502***	0.490***	0.304***
	(0.034)	(0.033)	(0.034)	(0.024)
1995 年相关度（w＝资产）	−2.044***			
	(0.781)			
1995 年相关度（w＝雇工人数）		−3.581***		
		(0.619)		
1995 年相关度（w＝产出）			−1.471*	
			(0.799)	
R-squared	0.07	0.08	0.07	0.05
样本数	2761	2752	2760	2782

注：*、**、***分别代表在 10％、5％、1％的统计水平上显著，括号里是标准差，下同。

如表 4.6 所示，无论用哪一种最小资本量指标，资本和雇工人数的相关度越高，企业所需要的最小资本量越低，这与前面的假设一致：集群促进劳动力分工，并进一步促进企业减少了对资本的需求。产出的相关度同样与县级的最小资本量呈现负的关系（但只在 10％的资本量指标上显著）。资本和雇工人数的相关度具有同样重要的经济效应。尤其是，产业相关度一个标准差的增量（0.03）可以导致一个县最小资本量减少 5 万元，这占据了平均最小资本需求的 39％。此外，1995 年的最小资本量与 2004 年最小资本量呈现着高度正相关关系。第 4 栏的回归结果表明即使回归中去掉产业相关度，1995 年的最小资本量依然高度显著，但是 R^2 下降了 2％，这也体现了产业相关度作为解释变量的重要性。

为了研究产业相关度对商业信用的影响，我们利用 1995 年和 2004 年的企业进行实证。由于详细的会计信息在 1995 年和 2004 年的普查中只涉及部分样本，因而无法在县水平上计算最小的资本数据。因此，我们采用具有相关信息的横截面企业数据进行估计①，回归方程如下：

① 由于面板数据包括两年，在不对称的面板数据中那些异常值在平滑过程中就被丢弃了；因此，基于不对称的面板数据同样能够给出基于对称性面板数据的结果。

$$\text{Trade credit}_{ict}=\alpha_c+\mu_t+\beta P_{ct}+\gamma Z+\varepsilon \tag{4.2}$$

其中，i、c 和 t 分别表示企业、县和年；P 表示某年县级水平上的产业相关度；Z 表示企业相关特征；ε 表示随机误差。因此，β 表示地区产业相关度对企业之间商业信用的影响。我们利用两个指标来描述商业信用："应付账款/总负债"与"应收账款/总利润"。前一个指标表示企业从商业伙伴处获得的商业信用，后一个表示企业提供给商业伙伴的商业信用。商业信用在企业之间的商业交往中应用非常频繁。因此，大量的商业信用表明了企业之间紧密的联系。但是，很重要的是需要同时考虑这两种商业信用以得出以上结论，分别计算应付账款和应收账款才可能表现出某地区企业之间的竞争程度。高水平的应收账款表示企业所生产的产品处于一个买方市场，而高水平的应付账款表示企业所采用的投入品是一个买方市场。

表 4.7 结果显示三种产业相关度都与这两种商业信用正相关①。尤其是应付账款占总负债的比例与以资产、雇工人数和产出为权重的相关度都呈现出正相关，而且在统计水平上显著。产业相关度每增加一个标准差(大约 0.025)，应付账款占总负债的比率上升约 0.7%，这相当于应付账款占总负债平均比率的 3%。假如相关度从最低水平上涨到最高水平，应付账款占总负债平均比率增长大约 8%，相当于应付账款占总负债比率的 40%。因此，这种效应不能被忽视。

---

① 根据世界银行环境调查的结果，Cull、Xu 和 Zhu(2009)发现商业信用在中国企业绩效并未发生重要作用；他们的结论和我们的结论主要存在两个差异：第一，他们样本中的企业规模比我们所采取的普查式企业规模要大，由于大企业更倾向于获得正规银行的贷款，所以大企业对商业信用的需求比小企业要小很多；第二，他们并没有将商业信用与集群式发展模式联系起来。我们发现集群能够促进商业信用的拓展，因此，商业信用在集群地区更容易被发现，而且更为重要。

表 4.7　企业层面的商业信用与产业相关度

	(1)	(2)	(3)	(4)	(5)	(6)
	因变量＝应付账款/总负债			因变量＝应收账款/总收益		
相关度（w＝资产）	0.165**			0.221***		
	(0.066)			(0.081)		
相关度（w＝雇工人数）		0.297***			0.256***	
		(0.060)			(0.072)	
相关度（w＝产出）			0.192***			0.163**
			(0.064)			(0.080)
企业成立时间	0.001***	0.001***	0.001***	0.001***	0.001***	0.001***
	(0.000)	(0.000)	(0.000)	(0.000)	(0.000)	(0.000)
Log(销售额)	−0.007***	−0.007***	−0.007***	−0.097***	−0.097***	−0.097***
	(0.001)	(0.001)	(0.001)	(0.002)	(0.002)	(0.002)
负债/资产	−0.098***	−0.097***	−0.098***	0.002	0.002	0.002
	(0.005)	(0.005)	(0.005)	(0.006)	(0.006)	(0.006)
固定资产/总资产	−0.148***	−0.148***	−0.148***	−0.236***	−0.236***	−0.236***
	(0.007)	(0.007)	(0.007)	(0.009)	(0.009)	(0.009)
私营企业比例(%)	−0.035***	−0.035***	−0.035***	0.014***	0.014***	0.014***
	(0.004)	(0.004)	(0.004)	(0.005)	(0.005)	(0.005)
港、澳、台企业比例(%)	0.230***	0.229***	0.230***	0.019	0.017	0.018
	(0.008)	(0.008)	(0.008)	(0.045)	(0.045)	(0.045)
其他外资企业比例(%)	0.422***	0.420***	0.422***	0.024	0.024	0.024
	(0.008)	(0.008)	(0.008)	(0.036)	(0.036)	(0.036)
样本数	112,324	112,321	112,324	93,601	93,600	93,600
R-squared	0.80	0.80	0.80	0.87	0.87	0.87

从上述结果还可以看出，私营企业较多地发放商业信用，而较少获得商业信用，这表明私营企业处于一种产品买方市场，而其采用的原材料则是卖方市场。由于国有银行更倾向于向大企业贷款，尤其是国有银行，这种结果突出了私营企业寻找其他融资渠道的倾向。

表4.6和表4.7表明在产业相关度较高的地区，两种机制均发挥了重要作用，缓解了企业融资困难。由于更低的进入壁垒和商业信用的便利，导致更多的企业涌入市场。确实，表4.8展示了我们观察到的现实。在县级水平上，控制1995年的企业数量后，1995年高水平的产业相关度与2004年的企业数量显著相关。这种结果无论以哪一种指标来测量产业相关度都成立。产业相关度的这种影响尤其在小企业(产出低于500万元)层面非常显著。这些发现表明通过产业相关度指数来测量的产业集群与底特律的汽车工业集群模式有很大的不同，在底特律大企业才是主要的竞争者。相反，在中国的产业集群中，中小企业才是最有生机和活力的。

表4.8 产业相关度对企业数量的影响

	(1)	(2)	(3)	(4)	(5)	(6)
	因变量＝2004年Log(企业平均数)					
	所有企业			小企业		
相关度	2.846***			5.944***		
(w＝资产)	(0.463)			(1,298)		
相关度		2.097***			4.721***	
(w＝雇工人数)		(0.370)			(0.965)	
相关度			2.079***			5.854***
(w＝产出)			(0.455)			(1.175)
1995年Log(企业	1.077***	1.079***	1.075***	0.354***	0.349***	0.350***
平均数)	(0.013)	(0.013)	(0.023)	(0.025)	(0.026)	(0.025)
常数项	−0.249**	−0.104	−0.076	0.460*	0.714***	0.479*
	(0.118)	(0.100)	(0.116)	(0.272)	(0.226)	(0.266)
样本数	2,760	2,752	2,761	2,708	2,701	2,709
R-squared	0.72	0.72	0.72	0.07	0.07	0.07

4.5 产业集群和企业绩效

前面的章节已经表明高度竞争的地区常常伴随着更高的产业相关度，更高的竞争环境更容易促进企业绩效的提高。我们下面的分析将研究企业出口和全要素生产率（TFP）的增长。如上所讨论，产业集群的发展可能导致生产率的提高，因为存在更好的劳动力市场、更方便地获得原材料和技术外溢效应。此外，前面谈到通过降低进入资本壁垒，产业集群能够使更多的农村企业家参与到工业生产中。产业集群内商业信用的广泛应用降低了企业营运资金壁垒，同时也促进了生产。因此，我们接下来观察产业相关度对企业绩效的影响。

首先，我们来估计产业相关度和地理上的聚集对出口的影响，计量模型如下：

$$\text{Export}_{ict}=\alpha_c+\mu_t+\beta P_{ct}+\gamma Z+\varepsilon \tag{4.3}$$

其中，i、c 和 t 分别表示企业、县和年；Export 表示总销售额中出口额所占的比例，或者是在某年企业是否出口的虚拟变量；P 表示某年县级水平上的产业相关度；Z 表示企业相关特征，包括企业成立的时间、企业规模（由企业税收和产业平均税收来衡量）以及企业所有权类型；ε 表示随机误差。因此，β 表示某地区产业相关度对企业出口的影响。

其次，我们再来研究产业集群和全要素生产率（TFP）之间的联系，以计量模型如下①：

$$\text{Log}(Y_{ict})=\alpha_c+\mu_t+\beta_1\log(K_{ict})+\beta_2\log(L_{ict})+\beta_3 P_{ct}+\gamma Z+\varepsilon \tag{4.4}$$

其中，i、c 和 t 分别表示企业、县和年；Y 表示企业附加值；K 和 L 表示资本和劳动力；P 表示某年县级水平上的产业相关度；Z 表示企业相关特征，包括企业成立的时间、企业规模（由企业税收和工业平均税收来衡量）以及企业所有权类型；ε 表示随机误差。因此，β_3 表示某地区产业相关度对企业全要素生产率的影响。为了体现 1995 年和 2004 年企业的生产函数有所变化，我们加入了 2004 年的虚拟变量以及与 K 和 L（Log 函数值）之间的交叉项。

表 4.9 和表 4.10 反映了以上估计的结果，三种产业相关度的指标都与企业的出口量和全要素生产率呈现正相关。尤其每当产业相关度增加一个标准

① 在该计量模型中，没有考虑附加值为负也许是个问题，但是考虑到实际数据中，有负值的样本数在 69000 个中只有 3500 个（大约 5%），所以这并不是一个很大的问题。

误差(0.03)将会导致出口占总销售额的比率增长0.65%,相当于出口额占总销售额平均水平的12%。在全要素生产率方面,产业相关度增长一个标准误差导致全要素生产率增长1.8%。甚至在控制了企业资本水平和其他特征后,我们仍然能够发现产业相关度对企业绩效的积极作用。集群内的企业在国际市场上有更高的生产率和竞争优势。在横截面数据分析中,控制了企业固定效应后,在两年中也依然能够看出集群对企业的积极影响[①]。

表4.9 产业相关度与出口

	(1)	(2)	(3)	(4)	(5)	(6)
	因变量=出口/总销售额			因变量=是否出口		
相关度(w=资产)	0.215***			0.140***		
	(0.032)			(0.049)		
相关度(w=雇工人数)		0.292***			0.099**	
		(0.029)			(0.044)	
相关度(w=产出)			0.207***			0.095**
			(0.032)			(0.048)
企业成立时间	0.001***	0.001***	0.001***	−0.000***	−0.000***	−0.000***
	(0.000)	(0.000)	(0.000)	(0.000)	(0.000)	(0.000)
Log(销售额)	0.006***	0.006***	0.006***	0.025***	0.025***	0.025***
	(0.001)	(0.001)	(0.001)	(0.001)	(0.001)	(0.001)
私营企业比例(%)	0.005***	0.005***	0.005***	0.031***	0.031***	0.032***
	(0.002)	(0.002)	(0.002)	(0.003)	(0.003)	(0.003)
港、澳、台企业比例(%)	0.208***	0.207***	0.208***	0.041***	0.041***	0.041***
	(0.005)	(0.005)	(0.005)	(0.007)	(0.007)	(0.007)
企业外资企业比例(%)	0.188***	0.187***	0.188***	−0.112***	−0.112***	−0.112***
	(0.005)	(0.005)	(0.005)	(0.007)	(0.007)	(0.007)

① 此外,面板分析同样能够在一定程度上解决每个地区内企业在1995年和2004年的工业相关性效应随时间变化的问题。

续表

	(1)	(2)	(3)	(4)	(5)	(6)
	因变量=出口/总销售额			因变量=是否出口		
2004年虚拟变量	0.048***	0.050***	0.048***	0.064***	0.065***	0.064***
	(0.001)	(0.001)	(0.001)	(0.002)	(0.002)	(0.002)
常数项	−0.087***	−0.106***	−0.085***	−0.146***	−0.137***	−0.136***
	(0.008)	(0.008)	(0.008)	(0.013)	(0.012)	(0.012)
Observations	152126	152122	152126	152126	152122	152126
R-squared	0.75	0.75	0.75	0.78	0.78	0.78

注：样本数只包括两轮普查数据；"是否出口"是0－1变量，当企业在某年有出口记录时取值为1，否则为0；*、**、***分别代表在10%、5%、1%的统计水平上显著，括号里是稳健性检验的标准差。

表4.10 相关度与全要素生产率

	(1)	(2)	(3)	(4)	(5)	(6)
	因变量=log(附加值1)			因变量=log(附加值2)		
相关度（w=资产）	0.618**			0.553**		
	(0.250)			(0.268)		
相关度（w=雇工人数）		0.536**			0.384	
		(0.229)			(0.245)	
相关度（w=产出）			0.564**			0.598**
			(0.250)			(0.268)
Log(劳动力)	0.068***	0.068***	0.068***	0.066***	0.065***	0.065***
	(0.004)	(0.004)	(0.004)	(0.004)	(0.004)	(0.004)
Log(资产)	0.800***	0.801***	0.801***	0.804***	0.804***	0.804***
	(0.007)	(0.007)	(0.007)	(0.008)	(0.008)	(0.008)
Log(劳动力)×2004年虚拟变量	0.262***	0.262***	0.262***	0.239***	0.240***	0.239***
	(0.008)	(0.008)	(0.008)	(0.009)	(0.009)	(0.009)

续表

	(1)	(2)	(3)	(4)	(5)	(6)
	因变量=log(附加值1)			因变量=log(附加值2)		
Log(资产)×2004年虚拟变量	−0.179***	−0.179***	−0.179***	−0.155***	−0.155***	−0.155***
	(0.006)	(0.006)	(0.006)	(0.007)	(0.007)	(0.007)
企业成立时间	0.001**	0.001**	0.001**	0.001**	0.001**	0.001**
	(0.000)	(0.000)	(0.000)	(0.001)	(0.001)	(0.001)
私营企业比例(%)	0.083***	0.083***	0.084***	0.074***	0.074***	0.075***
	(0.015)	(0.015)	(0.015)	(0.016)	(0.016)	(0.016)
港、澳、台企业比例(%)	0.303***	0.302***	0.303***	0.277***	0.276***	0.277***
	(0.030)	(0.030)	(0.030)	(0.032)	(0.032)	(0.032)
其他外资企业比例(%)	0.683***	0.682***	0.683***	0.660***	0.660***	0.660***
	(0.029)	(0.029)	(0.029)	(0.031)	(0.031)	(0.031)
2004年虚拟变量	0.545***	0.551***	0.546***	0.415***	0.420***	0.415***
	(0.038)	(0.038)	(0.038)	(0.041)	(0.041)	(0.041)
常数项	−0.059	−0.043	−0.047	−0.011	0.025	−0.021
	(0.084)	(0.081)	(0.084)	(0.090)	(0.087)	(0.090)
样本数	104437	104437	104437	103128	103128	103128
R-squared	0.95	0.95	0.95	0.94	0.94	0.94

注:样本数只包括两轮普查数据;附加值1以附加值为权重,通过产出的方法计算所得,附加值通过收入方式计算所得;附加值2仅根据产出方法计算;*、**、***分别代表在10%、5%、1%的统计水平上显著,括号里是稳健性检验的标准差。

4.6 本章小结

利用1995年和2004年的企业普查数据,本章研究表明中国的工业化进程伴随着地区和行业内日益频繁的联系。这种产业集群的模式类似于欧洲和其他东亚国家的工业化路线。

我们的研究结果表明,从1995年到2004年,产业集群内大量企业得到了快速发展,而且集群内的企业并不是那些规模非常大的企业,同时集群内有着良好而细致的分工，企业之间的技术也有很强的外部效应。这种模式与东亚国家的集群化工业模式很相近，都是以大量中小企业为主导，这与美国的工业模式相差较大，在美国的工业区主要是以大企业为主导。

以中小企业为主导的集群式工业发展模式可能更适宜于中国的比较优势。这种组织模式相对于一体化的工业模式，更好地展现了企业家的才能并促进了劳动分工，适宜于资本较少的情况。因此，这种模式随时间发展也成了中国企业主要的选择，导致了在中国更倾向于集群式的发展。

中国集群式工业化发展的一个主要特点是能够帮助中小企业降低资金壁垒。由于仅需要少量的资本需求，尽管处于信贷困难的环境下，许多财富较少的企业依然能够参与进来。集群内企业之间的相关性和强烈的竞争程度同样减少了不诚实的企业行为，使集群内企业之间频繁的商业信用往来成为可能。所有的这些因素都缓解了企业对外部融资的依赖程度。

然而，值得强调的是本章的结论并不意味着外部的融资体系不重要。相反，产业集群可能成为融资难的替代性解决方案，尤其是当企业面临缺乏向正规银行贷款的外部条件时。本研究的一个潜在成果可能是可以去研究是否融资体系的障碍确实导致了中国集群化的工业路线。相关的一个问题是，集群作为向正规银行贷款的替代机制是否促进了企业的形成和增长。比如，相对比于集群内的企业而言，在面临缺乏融资渠道时，企业更倾向于成为大企业？企业规模的差异是否导致了效率的缺失？尽管这些问题不在本章的研究范围内，但是也是我们在未来需要研究的课题。

无论如何，在现实中不可能给定一个完美的外部环境以供经济发展，集群式的制度创新是必要的，尤其对发展中国家而言。

集群式的工业化模式可能适宜于其他具有相同禀赋的发展中国家。然而，也需要意识到制度背景可能影响产业集群的发展。在产业集群里，更深入的劳动分工，对集体行动和公共物品的需求也在上涨。因此，地方政府常常需要在培育集群发展模式时发挥重要的作用。在财政的分散背景下，中国的地区政府在推动集群化发展模式过程中起到了重要作用(Xu & Zhang,2009)。然而，在其他发展中国家内，地区政府在执行工业政策中呈现着消极的态度。此外，政府在推动集群式工业发展时需要谨慎和小心，应当充分结合本国的比较优势(Rodríguez-Clare,2007)。在中国，集群模式被证明更具有活力，而且大多是外向型出口模式。这可能是由于中国主要是依赖劳动密集型的生产技术，与中国的比较优势保持一致。相反，如果是以资本密集型的方式发展，可能就不会历经如此快速的增长和出口。

5 浙江省农村工业化与产业集群发展概况

5.1 浙江省农村工业化发展概况

5.1.1 浙江省经济总体发展情况

浙江省地处中国东部沿海，多丘陵、少耕地，有“七山二水一分田”之谓，是一个资源小省。改革开放前，因为毗邻台湾，国家对浙江的投资较少。始于1978年的改革给浙江经济带来了新的发展契机，改革是一个将经济决策权从中央政府下放到地方政府和企业家手中的过程。受制于自然资源约束，浙江省许多地方在历史上就有着经商传统，当部分经济决策权回到农民手中时，潜在的企业家才能迅速地迸激出来，尤其是温州、台州、义乌等地大量的农民“洗脚上田”，开始从事轻工业商品的生产和销售活动，这些创业活动揭开了浙江省30年快速农村工业化的帷幕。总体上看，浙江省在改革开放后的农村工业化过程经历了如下几个阶段：首先是1978—1991年的创业阶段，这一时期以乡镇集体工业的大发展为主要特征，期间也经历过许多反复和波折，具体而言又包含了三个子阶段，即1978—1983年的兴起阶段、1984—1988年的第一次高潮阶段以及1989—1991年的治理整顿阶段；其次是1992—2002年的二次创业阶段，这一时期以个体私营企业及产权多元化的混合所有制工业大发展为主要特征；最后是2003年开始的农村新型工业化阶段（黄祖辉、朱允卫，2006）。经过30年的农村工业化发展，浙江省经济总量快速增长（见图5.1），1978年全省国内生产总值仅为123.72亿元，1991年全省国内生产总值突破千亿元大关，2006年时这一数值接近16000亿元。

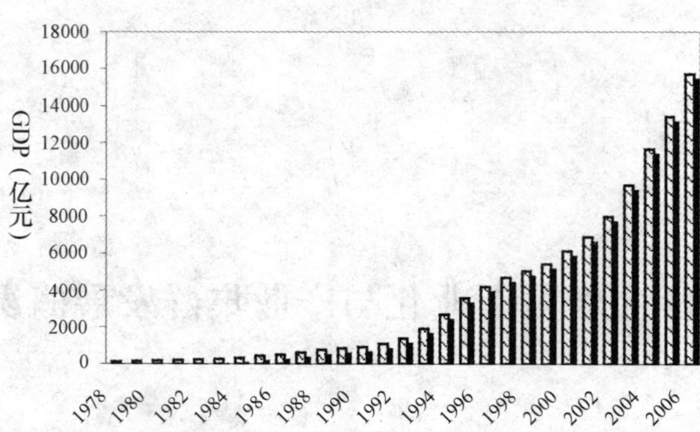

图 5.1　1978—2006 年浙江省国内生产总值

资料来源：2007 年《浙江统计年鉴》。

在经济总量快速增长的同时，人均 GDP 和居民的收入水平也在迅速提高（见表 5.1）。1978 年，浙江省人均 GDP 为 331 元，2006 年增至 31874 元。居民的收入水平也随着人均 GDP 的提高而增长，城镇居民人均可支配收入和农村居民人均纯收入分别从 1978 年的 332 元、165 元，上升到 2006 年的 18265 元、7335 元。

表 5.1　1978—2006 年浙江省人均 GDP 及城乡居民收入、消费情况　单位：元

年份	人均 GDP	城镇居民人均可支配收入	城镇居民人均消费性支出	农村居民人均纯收入	农村居民人均消费性支出
1978	331	332	301	165	157
1979	417	—	—	195	175
1980	471	488	428	219	192
1981	531	523	476	286	267
1982	599	530	471	346	302
1983	650	551	484	359	326
1984	810	669	795	446	369
1985	1067	904	795	549	474
1986	1237	1104	969	609	561
1987	1478	1228	1100	725	659
1988	1853	1589	1453	902	839
1989	2023	1797	1556	1011	927

续表

年份	人均 GDP	城镇居民人均可支配收入	城镇居民人均消费性支出	农村居民人均纯收入	农村居民人均消费性支出
1990	2138	1932	1604	1099	946
1991	2558	2143	1806	1211	1027
1992	3212	2619	2154	1359	1112
1993	4469	3626	2856	1746	1263
1994	6201	5066	4079	2225	1680
1995	8149	6221	5263	2966	2378
1996	9552	6956	5764	3463	2702
1997	10624	7359	6170	3684	2839
1998	11394	7837	6218	3815	2891
1999	12214	8428	6522	3948	2806
2000	13416	9279	7020	4254	3231
2001	14713	10465	7952	4582	3479
2002	16978	11716	8713	4940	3693
2003	20444	13180	9713	5431	4287
2004	24352	14546	10636	6096	4659
2005	27703	16294	12254	6660	5215
2006	31874	18265	13349	7335	5762

资料来源:2007 年《浙江统计年鉴》,表中数据按当年价格计算。

在 30 年的发展中,浙江省国内生产总值占全国国内生产总值的比例也在不断提高(见表 5.2)。1979 年,浙江省国内生产总值只占全国的 3.88%,2006 年上升到 7.47%;其中工业部门比重上升幅度最大,从 3.14%上升到了 8.31%;而同一时期,第一产业占全国的比重略有下降。因而,浙江省经济在全国总体地位的提高主要得益于工业的增长。

表 5.2 1979—2006 年浙江省主要经济指标占全国的比重 单位:%

年 份	国内生产总值	第一产业	第二产业	工 业	第三产业
1979	3.88	5.32	3.35	3.14	2.97
1980	3.96	4.71	3.84	3.69	3.18
1981	4.19	4.43	4.20	4.10	3.82

续表

年 份	国内生产总值	第一产业	第二产业	工 业	第三产业
1982	4.40	4.78	4.13	4.03	4.36
1983	4.31	4.19	4.27	4.32	4.56
1984	4.48	4.51	4.56	4.59	4.33
1985	4.76	4.83	5.14	5.18	4.11
1986	4.89	4.89	5.14	5.21	4.52
1987	5.03	4.93	5.36	5.44	4.65
1988	5.12	5.06	5.38	5.46	4.80
1989	5.00	4.95	5.31	5.34	4.63
1990	4.85	4.45	5.29	5.30	4.61
1991	5.00	4.59	5.43	5.42	4.77
1992	5.11	4.48	5.59	5.66	4.91
1993	5.45	4.54	5.98	6.18	5.25
1994	5.58	4.58	6.23	6.38	5.27
1995	5.85	4.53	6.47	6.60	5.77
1996	5.88	4.24	6.60	6.74	5.84
1997	5.93	4.29	6.80	6.94	5.60
1998	5.99	4.11	7.09	7.30	5.48
1999	6.07	4.11	7.25	7.47	5.50
2000	6.19	4.22	7.19	7.36	5.78
2001	6.29	4.18	7.22	7.30	6.01
2002	6.65	4.14	7.59	7.68	6.47
2003	7.15	4.13	8.16	8.12	6.95
2004	7.29	3.80	8.46	8.42	7.10
2005	7.31	3.87	8.20	8.22	7.32
2006	7.47	3.74	8.25	8.31	7.60

资料来源:2007 年《浙江统计年鉴》,2007 年《中国统计年鉴》。

从全国平均横向比较上看,浙江省经济也取得了令人瞩目的成就(见图 5.2)。以人均 GDP 为例,1978 年时浙江省人均 GDP 在所有省中排第 13 位,低于全国平均水平,但从 90 年代开始超过全国平均水平,并且在随后的 10 多年中将这一差距不断拉大,2006 年浙江省人均 GDP 在所有省中排第 1 位。

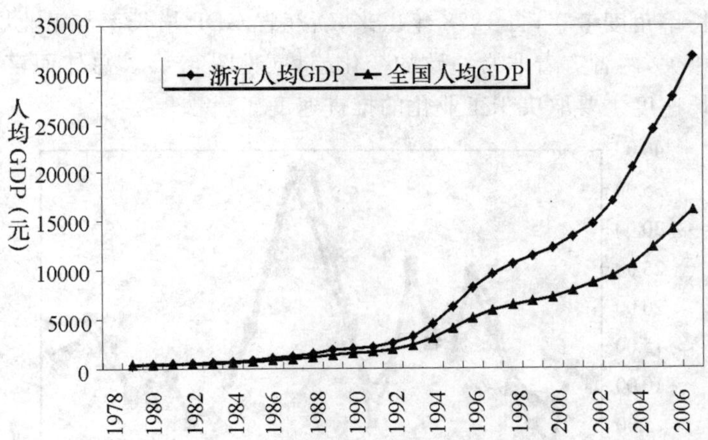

图 5.2 1978—2006 年浙江省与全国人均 GDP 增长情况

资料来源:2007 年《浙江统计年鉴》,2007 年《中国统计年鉴》。

总体而言,浙江省经济在改革开放后取得了快速发展,从纵向和横向两个维度均可以看出浙江省经济最近 30 年的发展是非常成功的。

5.1.2 农村工业化是经济增长的主要动力

浙江省经济在改革开放后的快速发展主要得益于第二产业和第三产业的发展(见图 5.3)。其中尤为重要的是第二产业,因为第二产业的发展带动了城镇化的发展,而日益深化的城镇化是推动第三产业发展的主要动力。

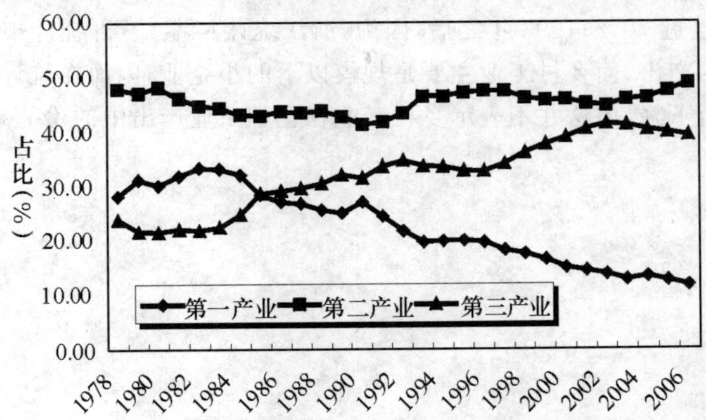

图 5.3 1978—2006 年浙江省经济结构演进趋势

资料来源:2007 年《浙江统计年鉴》。

从增长率角度考察，自 1978 年以来，浙江省 GDP 增长率与工业增加值增长率高度相关，两者有着非常一致的变化趋势(见图 5.4)。总体而言，浙江省经济的增长速度主要取决于工业化的推进速度。

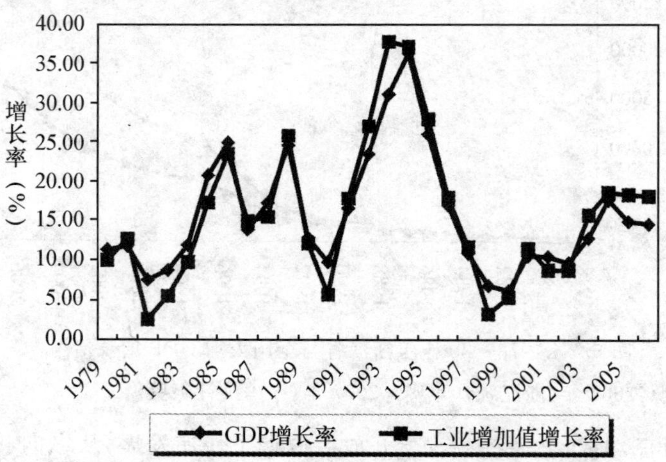

图 5.4　浙江省 GDP 增长率与工业增加值增长率关系

资料来源：2007 年《浙江统计年鉴》。

浙江省工业化的发展动力主要来自农村工业化(见图 5.5)。改革之初，乡村工业产出占工业总产出的比重低于 20%；但在随后的发展中，乡村工业产出占浙江省工业总产出的比重逐渐增大，到 1992 年，这一比重超过 50%；1997 年时接近 70%；1998 年之后，因为《浙江统计年鉴》不再统计规模以下非国有经济的产出，而乡村工业主要是规模以下的小企业，因而在统计数据上这一比重有所下降，但这并不表示乡村工业在全省工业产出中的份额减少了。

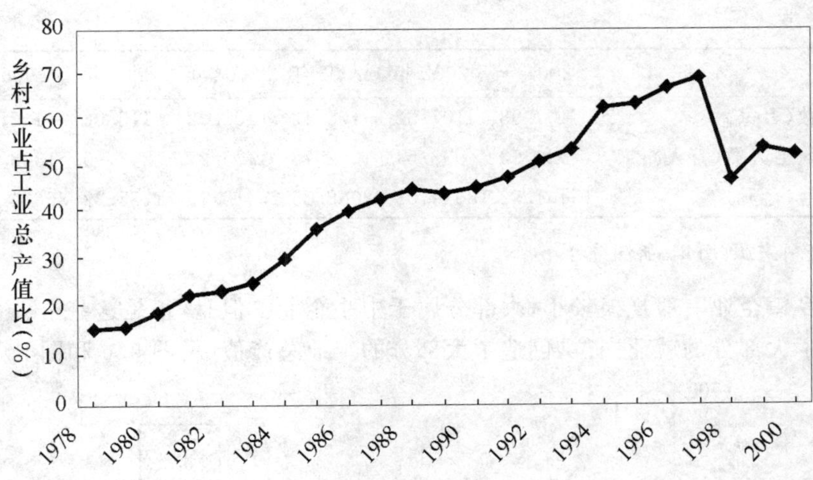

图 5.5 浙江省乡村工业占工业总产值比重的变化

数据来源:王自亮、钱雪亚著:《从乡村工业化到城市化》,浙江大学出版社 2003 年版,第 35 页。

上述分析表明浙江省经济的快速发展主要得益于工业的增长,而工业的增长主要源于农村工业化的快速推进。

5.1.3 浙江省农村工业化的企业和行业特征

浙江省农村工业化的主力军是乡镇企业。1985 年浙江省共有乡镇企业 34.53 万家,解决就业人口 465.39 万人,创造总产值 249.44 亿元;2006 年浙江省乡镇企业数量达到 112.96 万家,解决就业人口 1303.08 万人,创造总产值 36604.47 亿元。

表 5.3 1985—2006 年浙江省乡镇企业基本情况

	1985 年	1990 年	1991 年	1992 年	1993 年	1994 年
单位数(万家)	34.53	49.40	51.56	55.19	70.56	86.36
年末职工人数(万人)	465.39	485.49	523.38	568.45	667.09	773.89
总产值(亿元)	249.44	772.48	1002.37	1459.45	2758.97	4759.92
	1995 年	1996 年	1997 年	1998 年	1998 年	2000 年
单位数(万家)	90.22	92.92	93.29	102.62	103.86	108.15
年末职工人数(万人)	795.71	786.43	768.58	788.08	813.67	880.39
总产值(亿元)	7478.16	7798.39	8989.33	10108.76	11547.12	13412.37

续表

	2001年	2002年	2003年	2004年	2005年	2006年
单位数(万家)	107.98	107.32	108.12	108.22	112.06	112.96
年末职工人数(万人)	929.52	993.64	1082.78	1176.24	1243.95	1303.08
总产值(亿元)	15464.52	18319.03	22062.25	26416.16	31225.22	36604.47

资料来源:历年《浙江统计年鉴》。

乡镇企业一般规模较小,大部分属于中小企业。但是,正是这些中小企业提供了大部分的就业岗位,创造了大部分的工业总产值(见图5.6和图5.7)。

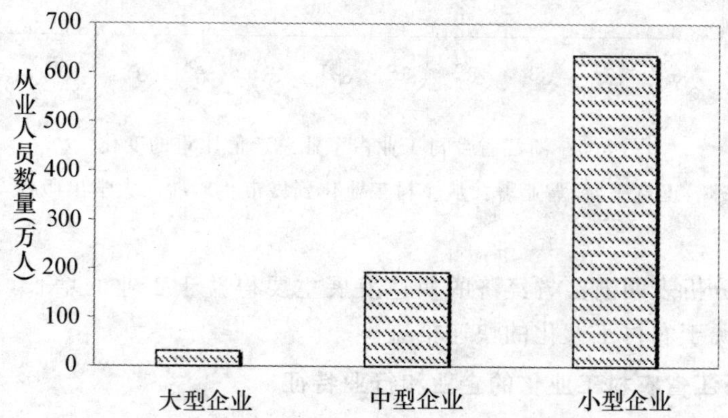

图5.6 2004年浙江省按规模统计的从业人员数

资料来源:《浙江经济普查年鉴(2004)》。

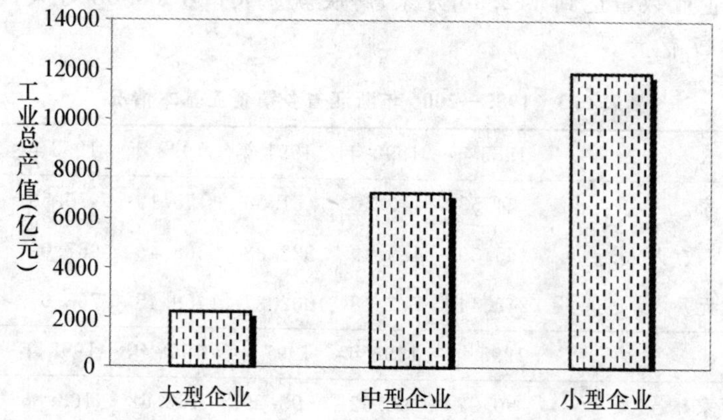

图5.7 2004年浙江省按规模统计的工业总产值

资料来源:《浙江经济普查年鉴(2004)》。

与全国其他省市相比，浙江省工业企业的总数量和出口交货值位居全国前列(见表5.4)。根据2004年全国经济普查数据，浙江省全部工业企业数量接近19万家，占全国所有企业数量的13.74%，居全国第一位；规模以上企业和规模以上制造业的企业数量也均居全国首位。在出口交货值上，浙江省工业企业多项指标居于全国第三位，相比于广东和江苏，浙江省企业在外贸依存度上要略低。

表5.4 2004年浙江省工业企业数量与出口交货值

工业企业类别	工业企业数量				工业企业出口交货值(亿元)			
	浙江工业企业数量(家)	全国工业企业数量(家)	浙江占的比重(%)	在全国排名	浙江出口交货值	全国出口交货值	浙江占的比重(%)	在全国排名
全部企业	188919	1375263	13.74	1	4901.83	41529.30	11.80	3
规模以上企业	41358	276474	14.96	1	4715.62	40484.17	11.65	3
规模以下企业	147561	1098789	13.43	2	186.21	1045.13	17.82	2
规模以上制造业	40429	256999	15.73	1	4712.64	40005.76	11.78	3

资料来源:《中国经济普查年鉴(2004)》。

从行业角度看，浙江省的工业企业主要集中在制造业，而制造业主要集中在纺织、服装、皮革、通用设备制造、医药制造和饮料制造等行业(见表5.5)。总体而言，传统产业是浙江省工业的主要组成部分。

表 5.5　2004 年按行业分类浙江省规模以上制造业企业基本情况

制造业类别	出口交货值(亿元)				工业企业数量(家)			
	浙江	全国	浙江占的比重(%)	在全国排名	浙江	全国	浙江占的比重(%)	在全国排名
纺织业	911.46	3040.34	29.98	1	6647	24192	27.48	1
通用设备制造业	420.46	1389.33	30.26	1	4382	20568	21.30	1
医药制造业	97.13	343.44	28.28	1	412	4709	8.75	2
饮料制造业	23.89	106.62	22.41	1	291	3469	8.39	2
农副食品加工业	107.74	990.56	10.88	2	832	14097	5.90	4
纺织服装、鞋、帽制造业	419.82	2138.82	19.63	2	2270	12029	18.87	3
皮革、毛皮、羽毛(绒)及其制品业	393.75	1566.66	25.13	2	1804	6393	28.22	1
家具制造业	110.60	642.13	17.22	2	450	3025	14.88	2
印刷业和记录媒介的复制业	11.74	115.34	10.18	2	628	5139	12.22	2
文教体育用品制造业	120.25	830.66	14.48	2	804	3382	23.77	2
化学纤维制造业	16.68	85.50	19.51	2	382	1536	24.87	2
塑料制品业	148.07	1102.16	13.43	2	2326	12269	18.96	2
金属制品业	229.20	1549.11	14.80	2	2245	14131	15.89	3
电气机械及器材制造业	419.78	3154.48	13.31	2	3257	16145	20.17	2
工艺品及其他制造业	180.36	851.99	21.17	2	1225	5128	23.89	1
化学原料及化学制品制造业	172.00	1251.09	13.75	3	1710	18759	9.12	4
专用设备制造业	82.34	603.98	13.63	3	1304	10925	11.94	2
交通运输设备制造业	211.85	1352.59	15.66	3	2075	11824	17.55	1

资料来源:《中国经济普查年鉴(2004)》,国家统计局将制造业分成 29 大类,本表统计了浙江省在出口交货值上排前三的 18 类制造业情况。

浙江省农村工业化的快速发展为农村减贫作出了巨大贡献。浙江省农民收入的增长很大程度上得益于从工业部门获得的工资性收入(见图5.8)。1990年,浙江省农村居民人均基本收入是1,039元,2006年这一数据达到了6,676元。其中,工资性收入的增长是农民收入增长的重要原因,而农民的工资性收入主要来自于农村地区的劳动密集型中小企业。

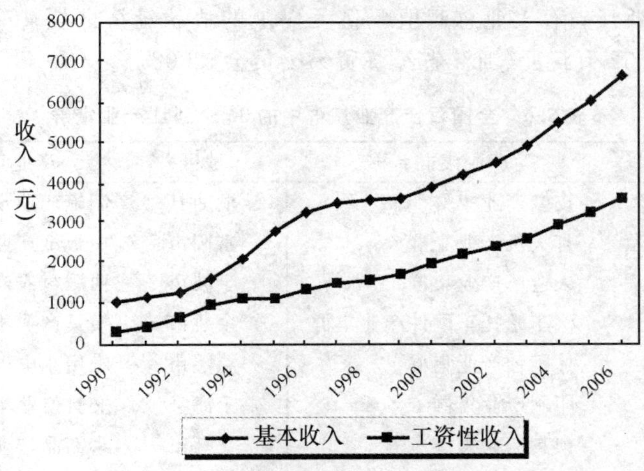

图5.8 1990—2006年浙江省农村居民收入增长情况

资料来源:历年《浙江统计年鉴》。

5.2 浙江省产业集群概况

浙江省以中小企业为主力军的农村工业化过程是与产业集群[①]的生产组织形式密切相关的(钱平凡,2003)。产业集群提供了中小企业成长的环境,帮助中小企业获得了竞争优势。

2000年,浙江省共有工业总产值亿元以上的产业集群519个,其中工业总产值10亿元以上产业集群149个。在10亿元以上的产业集群中,平均产出为33亿元,平均从业人员数量为2万人,平均企业数量是1400家[②]。2004年年底时,浙江省有工业总产值亿元以上的制造业产业集群839个,分布在全省90个县(市、区)中的83个县(市、区),涉及企业15.65万家,占全省制造业

① 产业集群在浙江又被称为"块状经济"、"特色区域经济"。王缉慈(2000)发现浙江产业集群在诸多方面与意大利产业区非常类似。

② 资料来源:2003年《浙江年鉴》。

企业的85.0%；共创造工业总产值15474.44亿元，占全省制造业企业工业总产值的78.6%；出口交货值4307.99亿元，占全省制造业企业出口交货值的87.9%；年末从业人员合计为748.23万人，占全省制造业企业年末从业人员873.06万人的85.7%①。2007年中国社科院公布了中国"百佳产业集群"，浙江省共有36个产业集群上榜(《中华工商时报》，2007－10－08，见表5.6)。2007年时，浙江省有工业总产值5亿元以上的块状经济区块462个，实现工业总产值2.52万亿元(浙江省经济贸易委员会，2008)。

表5.6 全国百佳产业集群中的36个浙江产业集群

地区	产业集群名称	地区	产业集群名称
温州鹿城区	皮鞋产业集群	桐庐县	制笔产业集群
温州鹿城区	打火机产业集群	富阳市	白板纸产业集群
温州龙湾区	人造革产业集群	宁波市	西服衬衣产业集群
瑞安市	汽车摩托车配件产业集群	余姚市	模具产业集群
瑞安市	休闲鞋产业集群	慈溪市	家用小电器产业集群
苍南县	印刷产业集群	宁海县	文具产业集群
温州瓯海区	锁具产业集群	义乌市	小商品产业集群
乐清市	中低压电器产业集群	东阳市	木雕产业集群
永嘉县	拉链产业集群	永康市	五金产业集群
平阳县	塑编包装产业集群	诸暨市	制袜产业集群
嘉善县	木业及家具产业集群	玉环县	中低压阀门产业集群
海宁市	皮革加工产业集群	台州路桥区	金属固废处理产业集群
桐乡市	毛衫产业集群	温岭市	注塑鞋产业集群
平湖市	光机电产业集群	黄岩区	塑料模具产业集群
海盐县	紧固件产业集群	台州市	缝纫机产业集群
湖州吴兴区	童装产业集群	绍兴县	轻纺产业集群
安吉县	竹加工产业集群	嵊州市	领带产业集群
杭州萧山区	钢结构产业集群	舟山市	渔业加工产业集群

资料来源：《中华工商时报》，2007－10－08。

① 资料来源：浙江制造业产业集聚的实证研究课题组：《浙江制造业产业集聚的实证研究》，浙江省统计局内部资料，2007年。该研究对产业集群的定义是：50家以上、属于同一行业大类的企业在同一个县(区)范围内，合计工业总产值超过1亿元的产业区块。

地区分布上，浙江省制造业产业集群主要集中在浙江省东北部和沿海地区，尤其是杭州、宁波、温州、台州地区，这些地区的产业集群无论在集群数量还是集群规模上均居全省前列，而浙西的衢州、丽水等地产业集群的发展相对滞后(见表5.7)。

表5.7 2004年浙江省制造业产业集群的地区分布

地　区	集群数(个)	工业总产值合计(亿元)	占全省产业集群工业总产值的比重(%)
杭　州	147	3577.1	23.1
宁　波	158	3000.4	19.4
温　州	112	2030.1	13.1
嘉　兴	93	1351.9	8.7
湖　州	39	605.1	3.9
绍　兴	73	2160.8	14.0
金　华	80	1035.6	6.7
衢　州	16	135.8	0.9
舟　山	13	193.9	1.3
台　州	97	1317.9	8.5
丽　水	11	65.8	0.4
全省合计	839	15474.4	100.0

资料来源：浙江制造业产业集聚的实证研究课题组(2007)。

行业分布上，浙江省制造业产业集群主要集中在纺织业、造纸及纸制品业、塑料制品业、非金属矿物制品业、金属制品业、通用设备制造业、专用设备制造业、纺织服装(鞋、帽)制造业，以及化学原料及化学制品制造业等行业上(见表5.8)。纺织业产业集群的总体规模最大，2004年时工业总产值达到了2669.6亿元，纺织业中最具代表性的是绍兴县纺织业产业集群，2004年时该产业集群的产值为620.74亿元(浙江制造业产业集聚的实证研究课题组，2007)。

表 5.8　2004 年浙江省制造业产业集群的行业分布

行　业	集群数（个）	工业总产值合计（亿元）	占制造业产业集群工业总产值的比重（%）
农副食品加工业	25	281.8	1.8
食品制造业	6	50.5	0.3
饮料制造业	10	59.2	0.4
纺织业	56	2669.6	17.3
家具制造业	11	90.7	0.6
造纸及纸制品业	45	396.6	2.6
医药制造业	1	40.9	0.3
化学纤维制造业	4	306.8	2.0
橡胶制品业	13	80.0	0.5
塑料制品业	58	854.2	5.5
非金属矿物制品业	58	624.4	4.0
金属制品业	57	748.9	4.8
通用设备制造业	68	1660.2	10.7
专用设备制造业	47	474.4	3.1
纺织服装、鞋、帽制造业	44	760.1	4.9
皮革、毛皮、羽毛(绒)及其制品业	20	680.8	4.4
木、竹、藤、棕、草制品业	18	165.6	1.1
印刷业和记录媒介的复制	32	184.1	1.2
文教体育用品制造业	18	182.8	1.2
化学原料及化学制品制造业	51	988.6	6.4
黑色金属冶炼及压延加工业	6	93.5	0.6
有色金属冶炼及压延加工业	15	293.6	1.9
电气机械及器材制造业	51	1595.0	10.3
电子设备制造业	22	672.0	4.3
仪器仪表、办公机械业	18	181.4	1.2
工艺品及其他制造业	36	323.8	2.1
废弃资源、材料回收业	3	28.9	0.2
交通运输设备制造业	46	986.3	6.4
合　计	836	15474.4	100.0

资料来源：浙江制造业产业集聚的实证研究课题组(2007)。

5.3 浙江省产业质量升级情况

浙江省工业在总量快速增长的同时,其产品质量也在逐渐提高。浙江省从1997年开始制定"浙江省著名商标认定和保护条例",规定商标所指商品在同类商品中质量优良、市场声誉较高、财务指标在同行业中领先且具有较高知名度的商标可以申请"浙江省著名商标"。2006年时,浙江省有著名商标698件①。在注册商标总数上,截至2007年年底,浙江省拥有注册商标数达29万件,占全国注册商标总量的10%,且"境外商标注册数"、"驰名商标总数"、"农产品商标总数"、"证明商标总数"、"商标侵权案件查处数量"五项指标均位居全国首位②。

一般来说,出口商品对质量的要求较高,因而出口额的变化趋势能够在一定程度上反映产品质量的变化趋势。浙江省出口额增长趋势可以分为两个阶段(见图5.9),1986年至1999年间,出口额是一个缓慢增长的过程;1999年之后出口额急速提高,这在一定程度上反映了浙江省在1999年之后产品质量有了较大提高,在国际市场上的竞争力增强了。

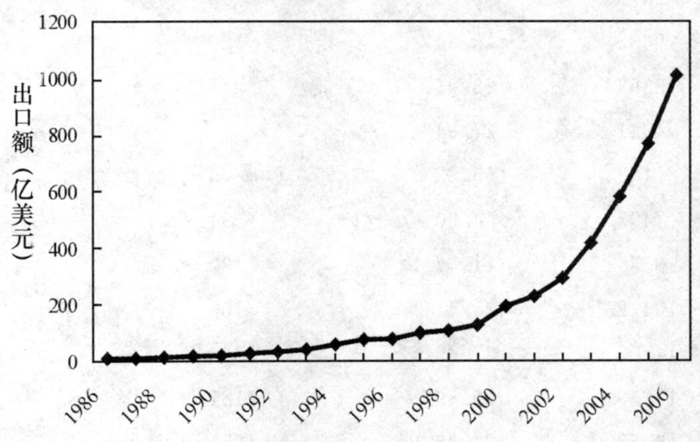

图5.9 1986—2006年浙江省出口额

资料来源:2007年《浙江统计年鉴》。

企业是否通过质量认证也是反映企业产品质量的重要指标,从通过质量认证企业数量增长上可以看出浙江省产业的质量升级情况。如表5.9,1997

① 数据来源:浙江商标网,http://www.zjta.cn/znt.asp。

② 《中国知识产权报》,"2007年'品牌浙江'建设连创五项中国第一",2008-01-24。

年温州出现了浙江省第一家通过质量认证的企业，随后质量认证的企业数量一直在增加，2004 年这一数量有了飞跃性增长，2006 年通过质量认证的企业数量接近 8000 家。专利授权量是一个既能反映产品质量又能反映技术水平的指标，1990 年浙江省专利授权量为 1328 件，2006 年专利授权量达到 3 万多件，在 1990 年至 2006 年间，除 1993 年、1995 年这两年的专利授权量低于前一年外，其他年份的专利授权量一直在增长。但不同年份的增长速度存在较大的差异，这表明质量和技术水平的提高不是一个平稳的过程，而是受到许多外在因素的影响，本书第 12 章将继续讨论这一问题。

表 5.9 浙江省专利授权量和通过质量认证的企业数量

年份	专利授权量	增长率(%)	通过质量认证企业数量	增长率(%)
1990	1328	—	0	—
1991	1928	45.18	0	—
1992	2513	30.34	0	—
1993	1868	−25.67	0	—
1994	2368	26.77	0	—
1995	2276	−3.89	0	—
1996	2632	15.64	0	—
1997	3393	28.91	1	—
1998	4341	27.94	5	400.00
1999	7172	65.22	5	0.00
2000	7495	4.50	31	520.00
2001	8355	11.47	89	187.10
2002	10478	25.41	106	19.10
2003	14402	37.45	330	211.32
2004	15250	5.89	2181	560.91
2005	19056	24.96	4255	95.09
2006	30968	62.51	7994	87.87

资料来源：2000 年及之后的专利数来自浙江省知识产权局 http://www.zjpat.gov.cn；1999 年及之前的专利数来自国家知识产权局 http://search.sipo.gov.cn/。质量认证企业的数据来自浙江省质量技术监督局 http://www.zjbts.gov.cncxzxrzxxcx.htm。

5.4 本章小结

本章简要描述了浙江省农村工业化和产业集群的发展概况。改革开放以来,浙江省经济发展取得了令人瞩目的成就,其中风起云涌的农村工业化是推动浙江省经济快速发展的根本原因。农村工业化的发展为农民收入的增加和农村贫困的减少作出了重要的贡献。中小企业是浙江省农村工业化的主力军,而中小企业主要通过产业集群的形式获得竞争优势。此外,浙江省工业在总量不断增长的同时,产品的质量也在经历着一个逐渐升级的过程,从注册商标数、出口额、通过质量认证企业数量以及专利授权量上可以明显地看出这一趋势。

浙江省农村工业化过程是中国改革开放后东部沿海地区快速农村工业化过程的典型代表,产业集群是这一农村工业化模式的主要特征。这种基于产业集群的工业化发展模式与第二次世界大战后东亚许多国家和地区的工业化模式是非常类似的,因而本书以浙江省为例进行的研究,得出的结论具有一定的普遍意义。

6 濮院羊毛衫产业集群演化与发展(一):组织形式

本章首先介绍濮院羊毛衫产业集群演变历史,然后分析该集群中两种生产组织形式,最后说明数据调研方式。随后三章将利用该产业集群的调研数据研究产业集群是如何克服工业化资本壁垒与动员企业家才能的。

6.1 濮院羊毛衫产业集群演变历史

6.1.1 发展历程

濮院镇位于浙江省北部,地处杭州和上海之间,隶属于桐乡市。距浙江省会杭州 64.6 公里,距上海 100 多公里。濮院是明清时期江南"五大镇"之一,有着悠久的织造传统,以盛产"濮绸"而闻名于世。濮院羊毛衫产业萌芽于 1976 年,当时一家集体企业(濮院弹花生产合作社)购买了 3 台用于生产羊毛衫的手摇横机,开始编织羊毛衫。1977 年,该集体企业年产值由 1976 年的 2.9 万元飞升到 30 万元,利润由 0.05 万元上升到 3.54 万元。转产的成功使得该集体企业不再从事原先的棉被加工业,而开始专业生产羊毛衫。有了第一家羊毛衫厂的成功示范,其他单位纷纷仿效。一些效益不好的国营、集体企业陆续开始转产羊毛衫。同时,因为生产羊毛衫的机器机身小、成本低、易学易用、操作方便,在改革开放后,许多周边的农民、个体户、国有和集体企业的工人也加入到羊毛衫生产的行列,资本少的可以购买二手机器,资本多的可以购买新机器。开始时,家庭作坊主要以兼业形式存在,农民在农闲季节、工人在业余时间从事羊毛衫加工[①]。

① 资料来源:《濮院镇志》(陈兴冥,1996),下文有关濮院的历史资料,除非特别说明,均出自该处。

1978 年改革开放伊始,中国就在农村改革上取得了巨大的成功,农民收入的提高使得对服装等日用生活品的需求快速增长,扩展的市场需求导致轻工业产品供不应求,这为农村和乡镇地区的中小企业、家庭作坊提供了绝好的市场机会。从 80 年代中期开始,濮院生产羊毛衫的乡镇企业和个体加工户如雨后春笋般涌现。1985 年,濮院全镇羊毛衫产量达 93 万件,产值达 2629.30 万元。濮院镇政府为顺应羊毛衫产业发展需要,于 1988 年建立了羊毛衫交易市场,这一举措进一步促进了当地羊毛衫产业的发展。1988 年濮院拥有羊毛衫企业 373 家,全镇拥有羊毛衫生产横机 1540 台,产量达 270 万件,产值近亿元。但在市场刚刚成立的几年内,濮院镇政府在政策上管理过严,导致许多生产企业和销售商外流到附近的洪合羊毛衫产业集群,但随后濮院镇政府及时调整了政策,重新吸引了企业家和商人回流到濮院。

1994 年,濮院羊毛衫生产能力达 1000 万件,市场销售额达 20 多亿元,成为全国羊毛衫集散中心。2001 年,濮院有羊毛衫生产企业 2300 多家,羊毛衫产量 1.02 亿件,羊毛衫市场内共有 4600 多个门市部,从业人员超过 3 万人。2006 年,濮院有羊毛衫生产企业 3200 多家,羊毛衫市场面积达 1.5 平方公里,有 10 个羊毛衫交易区,拥有门市部 6000 余间,另外还有毛纱市场、辅料市场、托运中心、客运中心和科技开发中心,年销售量 5 亿件,市场成交额达 150 亿元,成为全国最大的羊毛衫集散中心与生产加工基地,是全国羊毛衫的信息中心,拥有功能齐全的市场区、配套区和工业园区。濮院人口也从 1992 年的 3 万人发展到 2005 年的 13 万人,新增人口中大部分是来自外地的工人和第三产业从业人员①。

6.1.2 获得竞争优势的主要原因

濮院羊毛衫产业集群能够在 30 年的发展中成为全国最大的羊毛衫集散中心,并非一件自然而然的事情。实际上,从 20 世纪 80 年代开始,江苏和浙江两省出现过 10 多个大小不等的羊毛衫产业集群。它们从浙江的杭嘉湖平原延伸到苏北地区,比较著名的有张家港的妙桥、吴江的横扇、桐乡的濮院以

① 数据来源:濮院羊毛衫市场管理委员会内部资料。

及嘉兴的洪合[①]。经过20多年的发展，许多羊毛衫产业集群消亡了，另外一些虽然生存了下来，但是相比于濮院羊毛衫产业集群，它们逐渐失去了竞争优势。相比于这些竞争对手，究竟是哪些原因使得濮院羊毛衫产业集群获得了竞争优势？通过对濮院羊毛衫产业集群历史资料的详细分析，我们认为地方政府和企业家在几个关键历史时期的行动为濮院羊毛衫产业集群赢得了竞争优势。

1. 建立和扩展市场

Young(1928)认为分工是报酬递增的源泉，而分工的深化程度受限于市场规模。所以，市场的建立和扩展能够深化产业分工程度，从而提升产业集群竞争力。在江浙四个主要羊毛衫产业集群中，濮院、妙桥、洪合都在产业发展到一定阶段建立了羊毛衫市场，而横扇却没有适时建立市场，这是导致横扇衰落的主要原因。

濮院镇政府于1988年顺应产业发展需要开始建立市场，并且不断扩大市场规模，逐渐使濮院羊毛衫市场成为全国最大的羊毛衫交易市场。濮院羊毛衫市场的发展包含了以下阶段：(1)市场形成阶段(1988—1992年)。1988年4月，濮院镇政府、镇工商所集资58万元，在濮院镇南侧公路旁建造了占地4300多平方米的50多间营业用房作为羊毛衫交易市场，此举揭开了开发建设濮院羊毛衫市场的序幕。市场的建成为濮院及周边地区的羊毛衫生产企业

① 张家港的妙桥素有"针织之乡"的美称。早在20世纪50年代妙桥就诞生了针织社，60年代起生产羊毛衫，改革开放初期，全镇已有24家集体针织厂，2000多台横机，年产上百万件羊毛衫和其他各类针织服装。20世纪90年代初，妙桥是张家港的骄傲，家家户户生产羊毛衫，绚丽多彩的各式羊毛衫风靡一时，八方客商如潮而至，妙桥因此有了"金妙桥"的美誉。但是到了1996年，妙桥羊毛衫市场突然从人们的视野中"消失"了，好几年"无声无息"。吴江的横扇在20世纪70年代末羊毛衫工业已经初显规模，集体羊毛衫工厂达到了10多个。到2002年，横扇镇羊毛衫专业户达到了3000多户，横机5万多台，从业人数5万多人。但是，横扇没有羊毛衫交易市场，横扇生产的羊毛衫绝大部分需要到濮院羊毛衫市场销售，使得横扇羊毛衫大部分利润被批发商、零售商赚走，留给横扇的利润空间非常小。随着濮院工业园区的建立，濮院整合了市场和生产基地的优势，开始注重品牌，逐渐抢夺了横扇本来所具有的生产基地的优势。与濮院一河之隔的洪合羊毛衫起步于20世纪70年代后期，几名来自上海的知青在洪合镇办起了第一家针织厂。洪合镇于1988年办起了第一期羊毛衫市场。在20世纪90年代初期时，濮院羊毛衫市场有一段时间因为政府管理过于严格，许多商户纷纷从濮院逃往洪合，洪合迎来了一个发展的高峰期。1993年，洪合羊毛衫市场被评为"全国工业品百强市场"。2004年度，洪合羊毛衫市场拥有营业用房近4000间，市场成交额23.88亿元。但是洪合的规模与濮院相比依然有着较大差距。本节中有关妙桥的资料主要来自苏州农网，"羊毛衫王国"妙桥沉浮录：http://www.21nong.com/2001news/view.asp? id=4197. 2001－12－15；其他资料主要来自：平湖经济信息网，"羊毛衫名镇"为何花落浙江濮院镇，http://www.phare.gov.cnxxlbparinfo.php? dbid=12863&dbsource=2. 2003－01－10。

提供了交易场所,吸引了大批全国各地的客商,对濮院羊毛衫行业的发展起到了推波助澜的作用。除濮院本地的羊毛衫企业外,绍兴、吴江、上虞等外地羊毛衫厂也进入市场设点交易。(2)市场发展阶段(1992—1995年)。1992年,随着邓小平南行讲话带来的思想解放,全国经济得到了空前发展。从1992年开始,桐乡市政府把开发建设濮院羊毛衫市场作为全市的主要经济增长点进行全力扶持,多渠道筹措资金,集中全社会财力和物力开发建设市场,濮院羊毛衫市场进入了大发展时期。1992年至1994年间,有21个单位在濮院投入了近亿元资金,开发了10个羊毛衫交易区、1个毛纱交易区,共建成营业用房3000多间。市场销售的产品以桐乡及周边地区千余家羊毛衫厂的羊毛衫为主,批零兼营,吸引了杭州、上海、东北以及西南等地客商。(3)市场改造提升阶段(1995年至今)。从1995年下半年开始,国内消费市场出现低迷,全国轻纺行业普遍不景气,火红一时的濮院羊毛衫市场受经济大环境的影响进入了萧条期。此外,濮院羊毛衫市场管理体制上的不足也在这一时期暴露了出来。内外交困引起了市场经营户的不满,从而引发了大规模聚众闹事事件。1997年5月,地方政府吸取濮院市场建成以来兴衰成败的经验教训,调整了羊毛衫市场管理体制,通过制定规划、健全制度等措施,使市场的经营秩序大为好转,安抚了市场经营户。另一方面,市场管委会通过实施市场改造和建设来改善市场形象,扩大知名度,并坚持了相对稳定的优惠政策,吸引了全国各地客商落户濮院。

综观濮院羊毛衫市场的建立和发展过程可以看到,地方政府和企业家因时就利建立市场,并且在市场出现低迷的时候能够及时反省,进行一系列体制上的创新,使得濮院羊毛衫产业集群获得了竞争优势。而吴江横扇羊毛衫产业集群因为没有市场的依托,在竞争中逐渐落后于濮院羊毛衫产业集群。

2. 渡过质量危机

改革开放初期是一个商品极度短缺的时期,那时的轻工业品只要能够生产出来就能够卖掉,因而,生产者在利润的驱动下往往会忽视质量。但是到90年代中期以后,卖方市场转变为买方市场,高质量逐渐成为竞争中获胜的关键因素。在产业集群的初级阶段,不同企业生产的产品非常雷同,自有品牌很少,因而在对外销售时,每个生产者实际使用的是整个产业集群的品牌(如宁波服装、温州皮鞋)。在这种情况下,单个生产者没有动力去提高自己的质量,一个理性的生产者会考虑到,如果仅仅自己提高产品质量,其生产成本会上升,而如果其他人都不提高产品质量,整个市场声誉的下降会使其收益无法补偿生产高质量产品的成本。此时,整个产业集群会陷入质量危机。江浙几个主要的羊毛衫产业集群都经历了这一过程，但是有些产业集群未能渡过这一危机而逐渐走向衰落，如妙桥羊毛衫产业集群："……在市场繁荣的背后，却隐藏着深层次的危机：只计数量不计质量，不少消费者望而却步。果然，到1996年下半年，这种危机逐渐显露了出来。市场销售出现了大幅度滑坡。羊毛衫市场的第二轮招商中，3300个摊位只租出了一半，而且人员还在大批出走，客流量急剧下降，从以前的每天上万人直线下滑到数千人，有时甚至几百人都不到。羊毛衫生产作坊锐减，一些餐馆和娱乐厅也纷纷倒闭……"①

同样的，濮院羊毛衫产业集群也遭遇过质量危机。90年代中期，一些市场经营户由于利益驱使，作出经销假冒伪劣商品等违法违规行为，严重损害了濮院羊毛衫的声誉。但是，企业家和濮院镇政府意识到了问题的严重性，开始积极设法应对危机。濮院镇政府于1997年发布"关于印发《桐乡市濮院羊毛衫市场产品质量监督检查制度》和《羊毛衫市场产品质量保证规定》的通知"，要求市场管理委员会认真贯彻执行好《产品质量法》，促进濮院羊毛衫市场建设②。同时，濮院羊毛衫市场管委会和企业家共同协商后，采取了如下具体措施并渡过了质量和声誉危机：(1)加强检查监督。1997年起，濮院羊毛衫市场管委会邀请桐乡市技术监督局在羊毛衫市场设立产品质量管理所，派出专门人员，负责濮院羊毛衫产品质量方面的宣传、咨询、巡检、查处等服务与管理工作，并受理产品质量投诉。市场管委会还与质量监督部门建立健全了一系列管理制度，先后制订了《濮院羊毛衫市场管理办法》、《产品质量监督检查制度》、《产品质量保证规定》、《信誉卡使用制度》等管理规定和办法。同时，管委会坚持日常巡检工作，加大执法力度，如集中整治原料市场质量、引导园区内羊毛衫企业提升产品质量、加强对假冒商品的治理等。(2)树立精品一条街。濮院镇政府在加强监督检查的同时，通过树立优质守信典型引导生产者和销售商提升产品质量。2000年，市场管委会和桐乡市质量技术监督局经过深入的调查摸底和严格的检查、考核，对具备规定条件的街道，进行统一装修，建立精品一条街，实施精品经营。几年来，在精品街的带动下，经营户的精品、名品意识大大提高，产品结构明显改善，从而带动了市场整体质量的提高。精品街的设立达到了"多赢"的目的，对市场经营户而言，通过统一命名，提高了知名度，促进了销售；对消费者而言，精品街的设立，起到了引导消费的作用；对政

---

① 资料来源：苏州农网，"羊毛衫王国"妙桥沉浮录，http://www.21nong.com/2001news/view.asp? id=4197. 2001-12-15。

② 资料来源：濮院羊毛衫市场管理委员会内部资料。

府主管部门而言,设立精品街,以点带面,对市场产品质量和产品档次的提高起到了很好的推动作用。设立精品街以后,市场里形成了一种良好经商氛围,经营户纷纷向市场管委会提出申请,要求装修门市部提高档次。(3)设立第三方质量检测机构。在濮院羊毛衫市场管委会协助下,浙江经纬公证检验行有限公司于2004年8月组建了毛衫品检中心,从事第三方货物检验。

妙桥羊毛衫产业集群因为未能顺利渡过质量危机,在1996年之后开始衰落,逐渐淡出人们的视野。而濮院迅速发展壮大,赢得了良好口碑,短短几年时间里,抢占了大量的市场份额,吸引了其他要素的聚集。

3. 建立工业园区

濮院镇政府在建立工业园区上的努力进一步增强了濮院羊毛衫产业集群的竞争力。2000年,濮院镇政府建立了毛衫城工业园区,一方面鼓励濮院原有企业迁入工业园区;另一方面外出招商引资,吸引其他地方的企业家来濮院投资。工业园区占地2245亩,地方政府为了吸引企业进驻工业园区,公布了一系列包括税收减免、协助办理银行贷款等方面的优惠条件,这些优惠措施吸引了全国许多地方的毛衫企业向濮院集聚。同时,在2004年国家对工业园区的清理整顿过程中,地方政府及时把握时机获得了国家的认可,保留并扩大了工业园区的范围,这对濮院羊毛衫产业集群的发展是至关重要的。与濮院一河之隔的洪合羊毛衫市场曾经在90年代初发展迅速,但在近几年的竞争中表现却不如濮院,在2004年开始的全国工业园区整治行动中,洪合地方政府未能如濮院镇政府那样及时抓住机会扩大工业园区,从而使得洪合羊毛衫产业集群错失了发展机会。

4. 其他提升产业集群竞争力的行为

除了以上三方面之外,濮院镇政府和企业家联合采取的其他一系列行动进一步增强了产业集群竞争力。濮院在1992年就有了多家托运站,这些托运站竞争非常激烈,常常发生打架斗殴事件。1995年当地27家私有托运站在地方政府的指导下成立股份制物流公司,共投资4000万元,建立了托运中心、卸货中心、仓储中心以及停车场,整个货运市场占地3100平方米,仓储面积有15000多平方米,各种营业用房8000多平方米;共经营109条货运线路,可直达全国140多个大、中城市和各大市场;2004年又开通国际货运代理,可直达俄罗斯、南非、中东等国家和地区。物流公司具有规模效应,因而能够降低成本、提高效率。同时,一河之隔的洪合区物流公司的存在,使得濮院物流公司面临着潜在竞争,从而避免了垄断可能导致的对客户剩余价值压榨的行为。

此外，濮院镇地方政府和由企业家组成的毛衫商会承担着整个产业集群的对外宣传和营销策划。1997 年 10 月，濮院镇政府和毛衫商会创立了《濮院市场报》，为客商和经营户报道市场动态、提供市场行情。1999 年，濮院镇政府在国道旁建立了一个 200 平方米的大型形象广告牌，并且通过物流公司向通往全国各地的 109 条线路的经营者发送市场宣传画册 150 万册，并在全国各大城市进行巡回宣传。2000 年，濮院镇政府对外广告宣传投入达 300 万元。从 2003 年开始，濮院镇政府和毛衫商会进一步加大了对外宣传力度，从 2003 年开始每年组团参加"中国国际针织博览会"，打响"濮院毛衫"品牌，并从 2004 年开始，在濮院举办每年一届的"毛衫国际博览会"。同时，地方政府官员远赴内蒙古、广东等传统毛衫生产企业聚集地招商引资，给予优惠措施吸引企业家到濮院投资，这些措施促进了整个产业集群的繁荣。

总体而言，濮院羊毛衫产业集群发源于民间，在地方政府和企业家的共同努力下，成为了全国最大的羊毛衫集散中心。

6.2 两种生产组织形式

6.2.1 生产流程与组织形式

羊毛衫生产包含了 11 道主要的工序，从原材料采购和设计式样开始，经过编织、缝合套口、染色后整理、钉扣锁眼、整烫和印花绣花环节，最后被包装和销售。图 6.1 显示了这一生产流程：

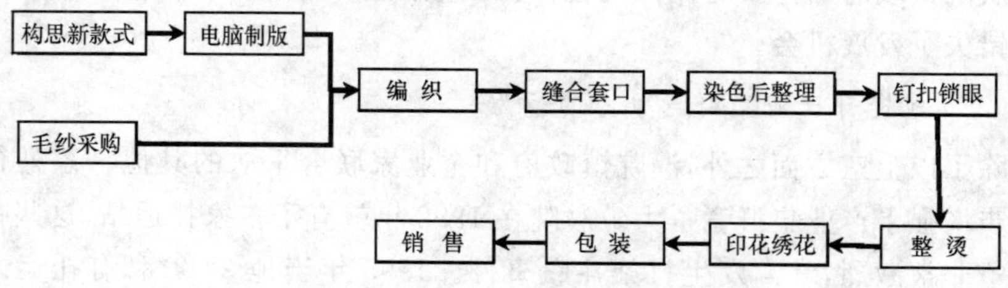

图 6.1 羊毛衫生产流程

资料来源：作者调研。

对这 11 道工序的不同组合形成了濮院羊毛衫产业集群中的两种生产组织形式：一种是基于产业集群的"中小企业分工协作制"，另一种是"一体化工厂制"。

在中小企业分工协作制中，羊毛衫销售商在接到订单或者看准某种款式会畅销后，首先到毛纱经销商处采购原材料，同时他会委托电脑制版作坊帮助其设计款式,通常情况下这种设计只是在已有的版式上做点小修改或者简单模仿市场中流行的式样;完成以上工作后,羊毛衫销售商将原材料和衣服式样交给专门从事编织的家庭作坊,后者根据要求完成编织;编织好的布片需要缝合成一件衣服,这一工序在独立的专门从事缝合套口的作坊完成;初具雏形的衣服需要送到染色和后整理企业进行染色后整理处理,染色和后整理企业不同于家庭作坊,它们需要使用大型的设备,大批量处理产品;羊毛衫销售商将完成染色和后整理的衣服依次交给相互独立的钉扣锁眼作坊、印花作坊和整烫作坊;经历上述工序后,一件完整的羊毛衫就完成了。羊毛衫销售商将衣服运回门市部进行包装,在此过程中顺便检查产品质量,有质量问题的产品返回到相应工序重新处理。完成包装之后的羊毛衫由销售商在濮院羊毛衫市场中出售。图 6.2 显示了这一生产组织形式:

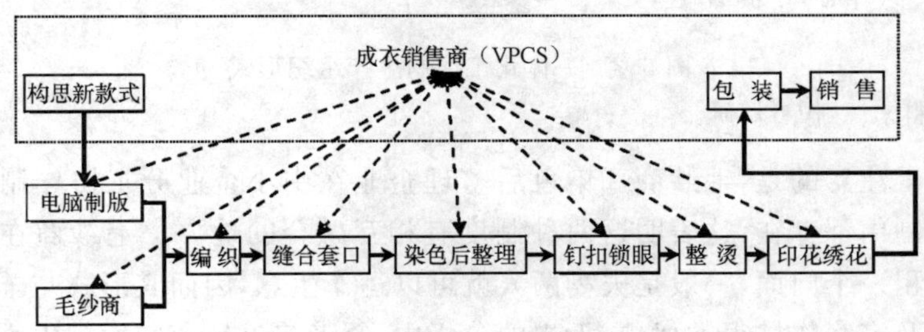

图 6.2　中小企业分工协作制生产组织形式

资料来源:作者调研。

在中小企业分工协作制中,羊毛衫销售商是整个生产流程的组织者和协调者;家庭作坊拥有自己的生产设备,在羊毛衫销售商的协调下开展生产。羊毛衫销售商采用计件制的方式支付加工费给家庭作坊。在整个流程中毛纱销售商(原材料销售商)也起了关键性的作用,毛纱销售商从外地采购原材料,然后将其销售给羊毛衫销售商,在这个过程中需要承担一定的商业风险,并且需要较多的流动资金。在濮院羊毛衫产业集群中,250 多家毛纱销售商,5700 多家羊毛衫销售商,4000 余家家庭作坊就是通过这种中小企业分工协作制组织在一起的。毛纱销售商集中在毛纱市场中,羊毛衫销售商集中在羊毛衫市场中,整烫作坊集中在政府统一规划的整烫区中,其他家庭作坊则分布在市场周围的农村中。市场附近的大部分农村已经由村委会统一规划重建,新建的村庄紧靠市场,房子的式样统一规划,一楼建成类似标准厂房的形式,所有家庭作坊距离羊毛衫销售市场不超过 3 公里。

与中小企业分工协作制对应的是一体化工厂制(见图 6.3)。在这样的组织形式中，一体化工厂将大部分生产工序包含在一个厂房之内，除了依然从毛纱销售商处购买毛纱以及染色后整理由专门的企业从事外，工厂自己设计、电脑制版、编织、缝合套口、钉扣锁眼、整烫、印花绣花到最后包装出售。有一些企业没有包含上面所列的全部工序，例如，可能将整烫和印花绣花工序交给专门的家庭作坊从事，但是相比于家庭作坊而言，这些企业依然属于一体化工厂制的生产组织形式。这些一体化工厂主要分布在濮院的工业园区内。

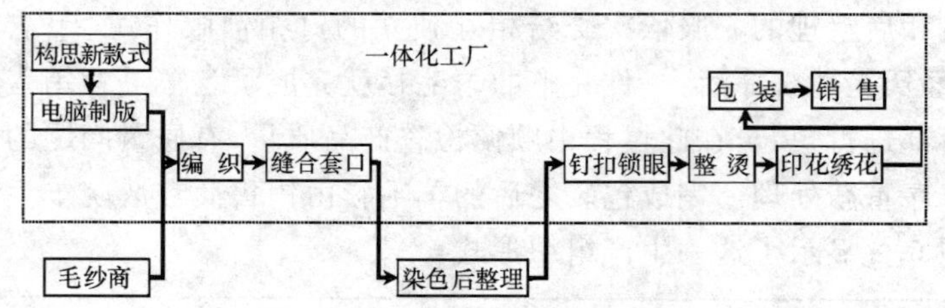

图 6.3　一体化工厂制生产组织形式

资料来源：作者调研。

值得注意的是，毛纱商和染色后整理企业在中小企业分工协作制和一体化工厂制中都存在，这表明这两种制度有相互融合的地方。毛纱商在原材料市场中租一个门面，一般是夫妻两人就可以运作生意，因而其形式与羊毛衫销售商以及家庭作坊很类似，在下文的分析中，笔者将毛纱商归类到中小企业分工协作制中。染色后整理企业与一体化工厂很类似，主要分布在工业园区内，建有大的厂房，雇佣较多工人，而且染色后整理企业中包含了一些更细的工序，但这些工序在技术上很难分离，在下文的分析中，笔者将染色后整理企业作为与一体化工厂类似的组织形式。

上述两种生产组织形式包含的 10 种分工类型聚集在以成衣销售市场为中心约 3 公里半径的范围内，且在不同的区域形成不同分工类型的聚集。图 6.4示意了不同分工类型在空间上的分布情况。

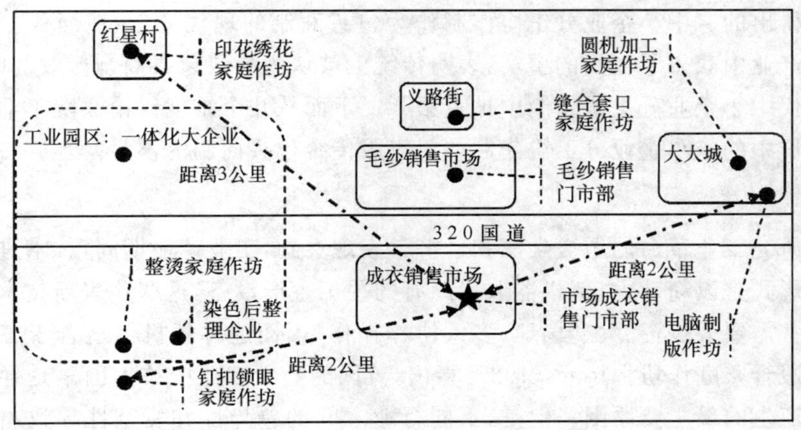

图 6.4　不同分工类型空间分布

资料来源:作者调研。

6.2.2　中小企业分工协作制的历史渊源

基于产业集群的中小企业分工协作制是本书的研究重点,这种生产组织形式非常类似于欧洲工业革命之前的"包买商制"(Putting-out System)①。传统的研究认为包买商制只是工业化初期一种暂时性的生产组织形式,这一组织形式象征着从传统手工业向现代制造业转变的过程(Weber,1981)。相比于工厂制,包买商制被认为不是一种有效的生产组织形式,因而一旦工厂制建立起来后,包买商制将趋向消亡(Landes,1969)。但实际上,以往简单地认为包买商制不如工厂制有效的观点是过于武断了。正如 Lazerson(1995)所指出的,传统文献认为包买商制不如工厂制有效是基于对历史上包买商制的观

① "包买商制"(Putting-out System)的主要特征是整个生产流程由专业的商人和许多独立的家庭作坊或小企业组成(Hounshell,1984),包买商制与"外包制"(Subcontracting)非常类似,后者是前者的现代变形;Lazerson(1995)详细分析了两者的异同,两者的相同点包括:(1)承包产品生产的企业或家庭作坊均不接触最终产品市场;(2)承包方在发包方的协调下工作;(3)半成品经常在独立的生产者之间流动。两者的区别是:(1)前者主要以家庭劳动为主,很少雇佣工人,后者会雇佣一定的工人;(2)前者的承包方自己不需要采购原材料,后者的承包方有时需要采购部分原材料。濮院作为历史上生产丝绸的重要市镇,在明清时期就广泛运用了"包买商制"这种生产组织形式。据《濮院镇志》(陈兴冥,1996)记载,濮绸的生产由出售丝绸的商人(绸庄)与专业的丝绸加工户(机户)组成,绸庄购买原材料交给机户加工,机户一般缺乏资本,通过替绸庄加工赚取加工费,绸庄最后将加工完成的丝绸拿到市场出售。起源于 20 世纪 70 年代的羊毛衫在生产工艺上与丝绸有一定差异,但生产组织形式非常类似。在濮院羊毛衫产业集群中,家庭作坊和小企业也雇佣工人,而且也会采购一些辅料,但在形式上更加接近早期的"包买商制"。

察所得出的。中小企业分工协作制作为包买商制的现代变形，在当代一些地区和产业中获得了复兴的事实，表明传统上被认为导致包买商制低效的因素，在当代中小企业分工协作制中被克服了。下面从几个维度讨论濮院羊毛衫产业集群中的中小企业分工协作制如何克服传统包买商制的不足。

1. 技术

研究工业革命的历史学家和经济学家观察到，工业革命期间，技术进步的主要形式是以新动力、新机器取代原有的手工生产设备，这些代表新技术的机器设备需要大投资、大型场地、多人协作操作，因而这种新机器适合于工厂制而不适合家庭作坊。Jones(1987)指出，英国的丝织产业中技术因素是导致工厂制产生的最主要原因。但是，不同行业之间的差异性和复杂性导致当代技术进步的形式是多种多样的，新技术并不必然与更大的投资、更大型的机器设备、更多人的协作操作联系在一起；在一些行业，技术进步可能使得机器设备的投资下降了，而且机器变得更小、更灵活，这样的机器设备是适合小企业或家庭作坊操作的。Lazerson(1995)在研究当代意大利 Modena 针织服装产业时，发现利用包买商制组织生产的家庭作坊，其技术水平并不差。同样的，笔者在濮院羊毛衫产业集群中也观察到，印花作坊、部分编织家庭作坊所采用的机器设备并不比企业里面的机器设备差。

2. 质量控制

质量控制确实是包买商制中一个关键问题，最终产品的质量问题如果不能很清晰地界定是由哪道生产工序产生的，那么，这种产品如果用包买商制生产，发生质量问题时就很难追究责任人，也就很难形成促进质量提高的监督机制。濮院羊毛衫产业集群中，最终产品的质量问题很容易界定清楚究竟发生在哪个环节，而且不同的环节都有各自控制质量的方式。原材料的质量主要是通过试加工来判定，成衣销售商在大批量生产之前，会先到原材料经销商处拿小批量的原材料交给家庭作坊加工，如果加工过程中没有发现原材料质量问题，成衣销售商才会大规模购买该原材料进行批量生产；成衣销售商对最终产品的质量检测主要是在包装时完成，在我们 2007 年的调查中，84%的成衣销售商自己包装衣服，请专人包装的也会要求对方在包装过程中检测质量问题[①]。原材料销售商、加工作坊为了能够维持与成衣销售商的长期合作关系，他们会努力控制好原材料以及加工过程中的质量问题。在发生质量问题时通

① Lazerson(1995)的研究有着类似的发现。

行的解决办法是私下协商,而很少诉诸法律或请求政府帮助解决。私下协商是以市场中通行的潜规则为原则的,哪道环节出的问题就由哪道环节负责,但是成衣销售商有时也会根据实际情况自己承担一部分损失。

3. 专用性与套牢

新制度经济学的企业理论认为资产的专用性会导致机会主义行为,因而,为了避免机会主义行为,企业会趋向于纵向一体化(Williamson,1971)。但是,正如 Holmstrom 和 Roberts(1998)所指出的,从资产专用性角度解释一体化公司的产生会存在很多问题。Dei(1994)认为如果在一个工业区内存在众多同类型、相互之间能够替代的小企业,那么机会主义行为会大大降低。实际上,如果存在市场竞争,专用性资产并不一定会产生套牢问题。产业集群通过聚集众多的企业,在集群内部进行着合作与竞争,使得专用性资产虽然专用于某一道生产工序,但是并不专用于另外某一家企业,因而减少了机会主义行为。在基于产业集群的中小企业分工协作制中,关系专用性是更值得我们注意的一种专用性。Lazerson(1990)指出长期的合作关系能够减少机会主义行为。在濮院产业集群中,商人和家庭作坊在长期的重复博弈过程中形成了比较稳定的关系,这种关系能够带来收益。因为市场竞争的存在,一旦某一方违反了规则,他就可能被逐出这种关系,从而无法从专用性关系中获益。为了保有专用性关系所带来的收益,中小企业分工协作制中的各方会遵守规则,许多规则即使没有明文规定,但是是市场中通行的做法,大家也会遵守。笔者在濮院羊毛衫产业集群调研中发现,每一家企业往往会与多个供应商和客户合作,这是利用市场竞争防止机会主义行为的一种机制。

4. 交易成本

Coase(1937)认为交易成本的存在会导致企业的产生。而分工越细,往往协调成本也越高(Becker & Murphy,1992)。因而,包买商制被认为会因高昂的交易成本而变得低效并将被一体化企业所取代(Williamson,1985)。但是,中小企业分工协作制通过产业集群将众多企业集中在一起,大大减少了运输成本;而长期的合作关系降低了讨价还价的成本(Lazerson,1990);Macleod(2007)认为声誉和关系等非正式机制能够促进合同的执行,笔者在实地调研中发现,在产业集群内人们利用口头合同替代正式合同,大大降低了分工所导致的合同成本。

基于产业集群的中小企业分工协作制源于历史上的包买商制,但是它克服了传统包买商制的缺陷,在当代许多国家和地区获得了新的生命力。

6.3 调研设计

笔者对濮院羊毛衫产业集群的观察是持续和渐进的,笔者从2005年开始关注该产业集群,在2005年8月和12月进行了第一次大规模问卷调研;在2007年暑假又进行了第二次大规模问卷调研。期间也进行了多次小规模访谈。2005年调研关注的焦点是企业的初始投资和上下游分工类型之间的链接;2007年调研关注的焦点是不同技术类型的资本回报情况。下面介绍两次调研的具体情况。

人们对事物的认识是一个渐进的过程。在2005年,笔者没有注意到缝合套口、钉扣锁眼这两道工序与编织家庭作坊的区别,因为有许多编织家庭作坊将这两道工序也包含在其中,所以在2005年的问卷调研中,笔者将"缝合套口"、"钉扣锁眼"这两道工序包含在"编织家庭作坊"这道工序中,而在2007年的调查中,笔者将这三道工序区分开了。此外,在2005年笔者将染色企业和后整理企业进行了区分,实际上有一些企业同时从事这两道工序,2005年的调研以企业最主要的一道工序作为划分标准;但是,随着对濮院羊毛衫产业集群了解的深入,笔者发现将这两道工序合并成一道工序更加符合实际。因而,在2005年的调研中有"染色企业"、"后整理企业"之分,到了2007年,则只有"染色后整理企业"。另外根据两次研究的目标不一样,调研的侧重点会有所不同,2005年时,笔者调查了"运输三轮车"和"物流公司",2007年的调研是为了分析生产环节的资本回报,因而不再将"运输三轮车"和"物流公司"作为一个环节。两次调研在一些分工类型的定义上有所差异,因而读者会在后文发现两部分的分工类型并不完全一样,但笔者相信这种细节上的差异不会影响本书所要揭示的问题。

为使抽样尽量符合科学性,调查人员在实地访谈和观察的基础上,对不同类型的主体采取了不同的抽样处理方式。濮院毛纱销售商有两类:一类以代销为主;另一类以自己进货销售为主。调查人员在两类中分别随机抽取了大致相当的样本数。成衣销售门市部也分两大类:一类以销售粗纺羊毛衫(低档产品)为主;另一类以销售精纺羊毛衫(中、高档产品)为主。且笔者从访谈中获知门市部租金与其距离马路的远近有关,所以调查人员在两类市场中分别选取距离马路较近和较远的门市部进行随机抽样。运输三轮车包括有牌照和没有牌照两类,后者总数多于前者,调查人员在两类中分别随机抽样,两类样本的比例与总数的比例大致相当。对于家庭作坊,调查人员选取了多个村庄,一些距离市场较近,一些距离市场较远,在每个村庄内随机抽取大致相同数量的样本。对于企业,笔者根据从工业园区管委会获得的信息,将企业进行一定的分类,从中分别随机抽样。2005 年的调研共走访了 140 多个市场主体,最后整理成有效问卷 126 份。2007 年的调研共做了 200 份访谈问卷,获得有效问卷 188 份。此外,2007 年,笔者还从濮院工业园区管理委员会获得了园区内企业的详细统计数据。

下文的分析中,第 7 章的内容基于 2005 年调研,第 8、9 章的内容主要基于 2007 年调研。

6.4　本章小结

本章首先介绍濮院羊毛衫产业集群的演变历史,并且详细分析了该产业集群获得竞争优势的主要原因;然后根据笔者的实地调研,总结了该产业集群中的两种生产组织形式,即“中小企业分工协作制”和“一体化工厂制”,并且介绍了中小企业分工协作制的历史渊源;最后说明数据调研的方式,以及 2005 年和 2007 年两次数据调研在细节上的差异。

本章是随后三章内容的基础。随后的三章将首先建立理论模型,然后利用本章所介绍的濮院羊毛衫产业集群调研资料验证理论模型中的假说。

7 濮院羊毛衫产业集群演化与发展(二):克服资本壁垒

本章将要回答的是,在工业化萌芽阶段,人均财富很少且资本市场很不发达的情况下,企业家是如何克服工业化资本壁垒的?具体而言,本章要检验两个命题:(1)产业集群的生产组织形式降低了工业化初始投资门槛;(2)产业集群利用社会资本降低了运营资本门槛。

7.1 引 言

最低投资规模形成的进入门槛在现实中是广泛存在的(Baumol & Willig,1981)。利用股票市场直接融资或者通过银行间接融资是克服进入门槛的重要方式。但是,如果上述资本市场发展不完善,则许多资本拥有量低于该进入门槛的潜在企业家将无法成为现实企业家(Banerjee & Newman,1993),而资本市场不完善是发展中国家普遍存在的现象。因而,一个发展良好的资本市场被广泛地认为是促进发展中国家经济增长、实现工业化的必需条件(Goldsmith,1969;McKinnon,1973;King & Levine,1993;Rajan & Zingales,1998;Ayyagari,Demirgüç-Kunt & Maksimovic,2006)。但是,建立一个完善的资本市场本身就是一项漫长而艰巨的任务,发展中国家是否必须等待一个完善的资本市场建立起来之后才开始发展?

最近一些针对非洲和拉丁美洲等发展中国家的实证研究似乎对上述问题给出了否定的回答。通过对 7 个非洲国家和 1 个拉美国家微小型企业的研究,Mead 和 Liedholm(1998)发现不完善资本市场并未阻止这些国家微小型企业家的创业活动;McKenzie 和 Woodruff (2006)利用墨西哥微小型企业的详细数据得出了同样的结论。这些研究表明,不完善资本市场并不必然阻碍发展中国家企业家的创业活动。但是这些研究发现的进入门槛非常低的微小型企业主要限于不需要太多技能的个体服务业、建筑业等,而在制造业上依然存在较高的进入门槛。Bergsten 等(2000)进一步发现非洲许多国家的制造业中有中小企业高资本回报率与低投资规模并存的现象,这表明不完善的资本市场使得中小企业面临着比较严重的信贷约束,从而导致了非洲制造业的落后。换而言之,不完善的资本市场可能迫使企业家选择资本投入较低的行业,而回避资本门槛较高的行业,进而阻碍这些国家工业化的发展。

中国的发展经验也许能够更好地回答前面的问题。中国最近 30 年来的快速工业化过程是欧洲两个世纪以来工业化历程的缩影。中国自改革开放以来经济快速发展,1979—2005 年实际 GDP 年均增长率为 9.6%。其中制造业的发展尤其迅猛,被誉为“世界工厂”(Economist,2006)。中小企业是促进这一高速增长的主力军(Che & Qian,1998)。但是,中小企业在发展过程中普遍存在融资困难的现象(林毅夫、李永军,2001;俞建国,2002;王霄、张捷,2003;林毅夫、孙希芳,2005;程海波、于蕾和许治林,2005)。实际上,中小企业融资困难的现象并非发展中国家所特有。但是这一现象在发展中国家尤为严重,原因如下:首先,发展中国家可借贷资本往往非常稀缺,而居民的初始财富又很少,严重缺乏可抵押的资产;其次,发展中国家的信息收集和发布的软硬件设施一般比较落后,信息不对称的程度远高于发达国家,Stiglitz 和 Weiss(1981)指出不完全信息会导致资本市场出现信贷配给现象,Diamond(1984)则发现中介金融机构具有信息收集上的优势,能够降低监督成本,但是发展中国家的银行等中介金融机构的建设远远落后于发达国家;再次,发展中国家的法律制度一般不是很健全,因而合同的执行成本较高,高执行成本会影响信贷市场的运行(Eaton & Gersovitz,1981);最后,一笔贷款的管理成本和贷款额度关系并不大,从单位贷款金额上说,管理一笔小额信贷的成本远比一宗大额贷款要高,发展中国家因为银行体系不发达,银行间往往缺乏充分竞争,因而从供给角度来说,银行没有积极性开展小额信贷业务。上述因素使得发展中国家中小企业融资难的现象特别严重。具体就中国而言,还具有政策上的特殊性,在改革开放后很长一段时间内,中国的国有银行依然扮演着财政的货币分配角色,它们通过行政性信贷配给将众多非国有企业排除在正规信贷市场之外(童士清,2008)。

即使发展到现在,按照国际标准,中国的资本市场依然是很不完善的(Allen,Qian & Qian,2005)。但是,中国的发展经验表明资本市场的不完善并不必然地阻碍发展。那么,中国的中小企业究竟是如何克服资本市场不完善和投资进入门槛限制的?现有的研究强调尽管表面上正规金融体系发展不完善，但非正规金融是相当活跃的，因此非正规金融被广泛认为是中小企业克服资本壁垒的主要秘诀（张仁寿、李红，1990；史晋川、孙福国、严谷军，1998；郭斌、刘曼路，2002；Allen，Qian & Qian，2005；林毅夫、孙希芳，2005）。实际上，中国改革开放后快速工业化过程主要得益于中小企业的集聚发展，而不是大型企业的扩张（Long & Zhang，2008）。尤其是在东南沿海地区，通过产业集群促进中小企业发展的模式是这些地区快速发展的重要秘诀（顾强、王缉慈，2003）。

在不否定非正规金融重要性的基础上，本章沿着上述有关产业集群的研究，从另外一个角度回答上述问题。本章认为，面临资本约束的压力，企业家和地方政府从生产组织形式上进行了一系列创新。具体而言，产业集群在中小企业克服资本壁垒上起了关键性的作用。在一个产业集群内，整个生产流程被分解成许多相对独立的部分，每个部分需要的投资大大降低，从而使拥有有限资金的企业家能够选择相应的分工类型进入工业化生产之中；同时，在产业集群内，企业家通过社会网络获得非正规的金融支持，以及从上下游企业获得信用融资，降低了对日常运营资本的需求。

本章后面部分的结构安排如下：第二节在相关文献综述的基础上，提出利用产业集群降低初始投资门槛和运营资本门槛的理论模型；第三节分析濮院羊毛衫产业集群如何通过分工降低初始投资门槛；第四节分析濮院羊毛衫产业集群如何利用社会资本降低日常运营资本门槛；第五节是统计检验；最后是结论。

7.2 文献综述和理论模型

分工是古典经济学研究的重要内容。Smith（1904）在《国富论》第一章就论述了分工的重要性；Young（1928）认为报酬递增依赖于劳动分工；Marshall（1920）指出产业集群是促进劳动分工的重要途径，并且通过以下三个方面增强了企业的竞争力：劳动力的积蓄和供给、与上下游企业的连接以及知识和技术的扩散。Yang（1999）进一步证明了如果投资能够提高分工和专业化，则会提高未来的生产效率。然而，在一个产业集群内，分工越细，往往协调成本也越高（Becker & Murphy，1992）。但是，尽管存在着较高的协调成本，产业集群在许多发展中国家依然普遍存在（Schmitz & Nadvi，1999）。近年来，对发展中国家的产业集群有许多研究（Schmitz，1995；Hayami，Kikuchi & Marciano，1998；Sato，2000；Sonobe，Hu & Otsuka，2002；Yamamura，Sonobe &

Otsuka,2003;Sonobe & Otsuka,2006),这些研究有助于我们理解产业集群的形成和发展以及它们在推动工业增长中的作用。

除了 Marshall 前述三个观点以外,Hayami、Kikuchihe 和 Marciano(1998)认为产业集群能够降低对新进入者的资本要求,因而非常适合缺乏资本的发展中国家。Schmitz 和 Nadvi(1999)强调产业集群通过将一项大投资分解成若干小的部分,使众多拥有小额资本的企业家能够被吸引到产业集群中,因此产业集群有助于动员人力和金融资源。但这两篇文章的上述观点并未展开,且没有建立在严格的实证研究基础上。

在已有研究的基础上,本章先建立一个概念性模型,然后构建一个数理模型证明其核心思想,最后通过对案例的实证分析,阐明了产业集群是一种帮助中小企业克服资本壁垒的有效生产组织形式。

7.2.1 概念性模型

在发展中国家,只有少量企业家拥有巨额的资本,众多中小企业则不得不为克服资本壁垒而努力。在理论和实践上,常常要求提高银行信贷从而消除金融约束。小额信贷项目就是其中一个例子。作为对金融约束的反应,企业家也可以利用产业集群中的分工协作制重新调整其生产程序。产业集群可以将整个产业运作过程分解成相对独立的许多分工类型,每种分工类型需要的投资,相比于成立一体化企业大大降低了;分工类别越细,每一类分工需要的投资也越低。不同的分工类别需要不同的初始投资。在一个社会中,不同的个体拥有不同的金融资本量。产业集群通过分工使每种分工类别需要的投资变得灵活,从而众多拥有不同资本量的企业家能够进入到工业化生产之中。这是为什么在资本市场并不完善的情况下,产业集群在中国农村地区发展如此迅速的原因之一。

图 7.1 阐明了上述观点,图中横轴同时表示“分工类别”和根据所拥有的资本量而得到的一个“人群排序”,纵轴表示“资本量”。从图 7.1 中可以看出,一体化生产需要的投资很高,只有极少数企业家能够进入。通过产业集群的分工,每类分工所需投资得以降低,不同资本量的人根据自身的资本拥有量选择相应的分工类别。如资本量大于 K_1 的企业家,可以选择分工类别 1;资本量在 K_1 到 K_2 之间的企业家可以选择分工类别 2;资本量非常低的企业家,可以选择所需投资最少的分工类别 N。

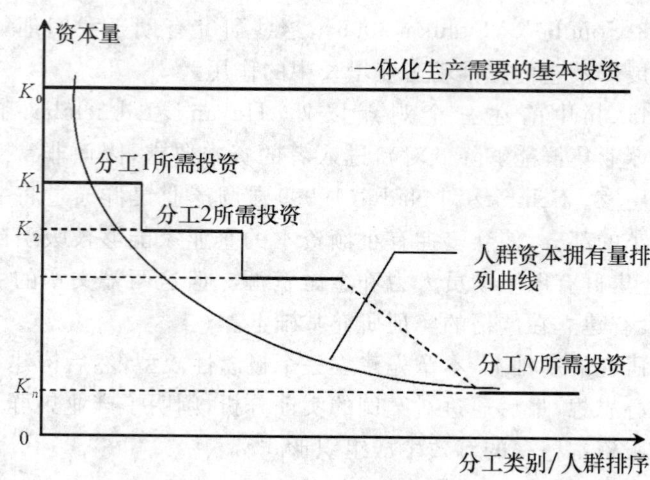

图 7.1　人们根据不同资本量选择不同分工类别

但是分工越深化，交易成本也越高，产业集群利用分工降低进入资本门槛的同时，也提高了交易成本，这些交易成本将会成为新的资本壁垒。因而，在一个产业集群中，随着交易的增加，相互之间的支持和信任对维持企业间的交易变得越来越重要(Humphrey & Schmitz，1998；Schmitz & Nadvi，1999)。中国是一个特别注重关系的社会，社会资本在中国人的日常生活与商业活动中扮演了重要的角色(Zhang & Li，2003)。因而，笔者认为一个强有力的社会关系在产业集群中被充分利用，从而维持着产业集群的发展。这种对社会关系利用的形式主要有私人间的低成本融资、产业链条上的相互赊欠、口头协议对正式合同的替代等。

7.2.2　数理模型

概念性模型直观地阐述了基本思想，笔者进一步利用数理模型证明概念性模型中的核心思想。经济学家已经发展了许多证明企业为何形成集聚的数理模型(如：Krugman，1991；Martin & Ottaviano，2001)。Hotelling(1929)在研究有关竞争的经典文献中对人群有一些简化的假定，受其启发，设想存在这样一个社会：(1)社会中每个人拥有的资本数额 K_i 存在差异，且 $K_i \in [0,1]$，为简化分析，假定 K_i 服从均匀分布；(2)社会人口总数为 P，且 P 足够大；(3)建立企业所需最低资本额(即资本门槛)为 M，M 是产业分工程度 N 的减函数，随着分工不断深化，分工导致的边际最低资本额下降的幅度越来越小，即：$M'(N)<0, M''(N)>0$；(4)该社会是一个二元经济结构的社会，工业部门劳动力工资为 W_i，农业部门劳动力收入为 W_a，且 $W_i > W_a$；(5)对工业部门的投资能够增加工业部门的就业机会,假定投资对劳动力的吸纳比率为 θ;(6)分工会产生交易成本,假定交易成本 TC 是产业分工程度 N 的增函数,随着分工不断深化,分工导致的边际交易成本上升的幅度越来越大,即:$TC'(N)>0, TC''(N)>0$;(7)资本的投资回报率为 r,且进一步假定农业部门是缺乏投资机会的;(8)笔者引入一个度量资本市场完善程度的参数:假定 λ 代表资本市场完善程度,$\lambda\in[0,1]$,λ 越大表示资本市场越发达,动员资本需要的成本越低,笔者假设,将分散的总量为 K 的资本动员起来,去掉各种动员成本,最后获得的有效资本为 λK,显然 λ 越大,得到的有效资本也越多。进一步假定,只有那些资本量低于最低资本门槛 M 的人需要通过资本市场将其资本用于投资,也即整个社会有两种投资形式:一是直接投资,二是通过资本市场进行投资。在这些基本假定下,我们考察整个社会总福利 SW。社会总福利包含投资收益、工业部门工资性收入、农业部门收入,最后还需减去交易成本。

根据前面的假设,人群资本拥有量服从下图的分布:

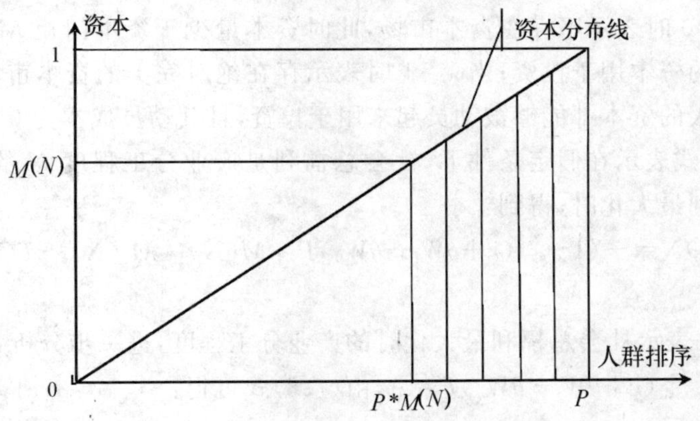

图 7.2 社会中人群拥有资本分布

从图 7.2 可得,直接投资的资本是图中含竖线的梯形的面积:

$$[1+M(N)][P-P*M(N)]/2 \tag{7.1}$$

通过资本市场间接投资的资本是图中三角形的面积:

$$P*M^2(N)/2 \tag{7.2}$$

所以,资本投资的收益为:

$$\{[1+M(N)][P-P*M(N)]+\lambda*P*M^2(N)\}\frac{r}{2} \tag{7.3}$$

工业部门工资收入为:

$$\{[1+M(N)][P-P*M(N)]+\lambda*P*M^2(N)\}\frac{\theta W_i}{2} \tag{7.4}$$

未被工业部门吸收的劳动力从农业部门获得收入为：

$$\left\{P-\{[1+M(N)][P-P*M(N)]+\lambda*P*M^2(N)\}\frac{\theta}{2}\right\}W_a \tag{7.5}$$

交易成本为：

$$TC(N) \tag{7.6}$$

此时的社会福利函数为：

$$\begin{aligned} SW &= \{[1+M(N)][P-P*M(N)]+\lambda*P*M^2(N)\}\frac{(r+\theta W_i)}{2} \\ &\quad +\left\{P-\{[1+M(N)][P-P*M(N)]+\lambda*P*M^2(N)\}\frac{\theta}{2}\right\}W_a \\ &\quad -TC(N) \\ &= \{[1+M(N)][P-P*M(N)]+\lambda*P*M^2(N)\}\frac{(r+\theta W_i-\theta W_a)}{2} \\ &\quad +PW_a-TC(N) \end{aligned} \tag{7.7}$$

当 $\lambda=0$ 时表示不存在资本市场，此时资本量少于资本门槛 M 的人无法将其拥有的资本用于投资；当 $\lambda=1$ 时表示存在绝对完美的资本市场，此时社会中所有人的资本都能够被动员起来用于投资，且其动员成本为 0。

(7.7)式表示在假定条件下，社会总福利是产业分工程度 N 的函数。当社会总福利最大化时，得到：

$$\partial SW/\partial N=-(1-\lambda)(r+\theta W_i-\theta W_a)P*M(N)*M'(N)-TC'(N)=0 \tag{7.8}$$

用 N^* 表示社会总福利最大化时的产业分工程度，进一步分析 N^* 与各参数的关系。令 $(r+\theta W_i-\theta W_a)P=A$，由(7.8)式可得：

$$F(\lambda,N^*)=-(1-\lambda)A*M(N^*)*M'(N^*)-TC'(N^*)=0 \tag{7.9}$$

由隐函数定理可得：

$$\begin{aligned} \partial N^*/\partial\lambda &= -\frac{\partial F/\partial\lambda}{\partial F/\partial N^*} \\ &= \frac{A*M(N^*)*M'(N^*)}{(1-\lambda)A\{[M'(N^*)]^2+M(N^*)*M''(N^*)\}+TC''(N^*)} \end{aligned} \tag{7.10}$$

在 $M'(N)<0, M''(N)>0$，且 $TC'(N)>0, TC''(N)>0$ 的假定下，有以下性质：

性质 1：$\partial N^*/\partial\lambda<0$

该性质表示，资本市场越完善，越趋向于建立大规模的一体化生产性企业。反之而言,资本市场不完善时,人们会增加分工程度以克服资本壁垒。

同理,得到性质 2 和性质 3:

性质 2:

$$\partial N^*/\partial r=\frac{-(1-\lambda)P*M(N^*)*M'(N^*)}{(1-\lambda)A\{[M'(N^*)]^2+M(N^*)*M''(N^*)\}+TC''(N^*)}>0 \tag{7.11}$$

该性质表示,资本投资回报率越高,人们越倾向于增加产业分工程度,以尽可能将所拥有资本用于投资。

性质 3:

$$\partial N^*/\partial W=\frac{-(1-\lambda)P*\theta*M(N^*)*M'(N^*)}{(1-\lambda)A\{[M'(N^*)]^2+M(N^*)*M''(N^*)\}+TC''(N^*)}>0 \tag{7.12}$$

其中 $W=W_i-W_a$ 表示工业部门与农业部门工资的差异。该性质表示,工业部门与农业部门工资差异越大,人们越倾向于增加产业分工程度以使更多的劳动力有机会从农业部门转移到工业部门。

进一步分析社会资本与产业分工程度之间的关系。用 η 衡量社会资本,$\eta\in[0,1]$,η 越大表示社会资本越丰裕,人们之间的信任度也越高,高信任度会降低分工所导致的交易成本,用$(1-\eta)$乘以交易成本表示社会资本对交易成本的影响。此时,社会总福利函数为:

$$SW=\{[1+M(N)][P-P*M(N)]+\lambda*P*M^2(N)\}\frac{(r+\theta W_i-\theta W_a)}{2}+PW_a-(1-\eta)*TC(N) \tag{7.13}$$

与前面求解过程类似,通过求社会总福利最大化的一阶条件,利用隐函数定理,得到性质 4:

$$\partial N^*/\partial \eta=\frac{TC'(N)}{(1-\lambda)A\{[M'(N^*)]^2+M(N^*)*M''(N^*)\}+(1-\eta)TC''(N^*)}>0 \tag{7.14}$$

该性质表示运用社会资本降低分工所导致的交易费用,能够促进产业分工的深化。

以上的数理模型证明了,当资本市场不完善时,人们会通过增加产业的分工程度克服资本壁垒;同时,通过利用社会资本降低分工所导致的交易费用促进产业分工的深化。上述分析没有考虑产业本身的技术特性对分工程度的影响。实际上,产业潜在的可分工程度与其技术特性是密切相关的。我们的分析适合那些在技术上很容易将投资分解成相对独立的小投资的产业。

7.3 产业集群降低初始投资门槛

2005 年 8 月和 12 月，笔者在濮院进行了 2 次抽样调查，共走访了 140 多个市场主体，最后整理成有效问卷 126 份。表 7.1 描述了调查样本情况以及 10 类分工类型的主要特征。不同分工类型之间的数量差异非常大，这是与它们各自的特征紧密联系的。物流公司需要巨大的投资，且具有很强的规模效应，所以在濮院只有一家；染色企业与后整理企业需要的投资也很大，而且涉及政府的污染控制，所以其数量很少；生产型大企业需要建立厂房和购置大型流水线的生产设备，投资较大，其数量也不多；印花作坊和整烫作坊，需要一定的设备投资，整烫作坊还涉及政府的统一管理，所以它们的数量也不多；毛纱销售者、编织家庭作坊、成衣销售门市部以及运输三轮车，他们的投资较小且很少涉及政府的管制，所以数量非常多。

表 7.1　不同分工类型的样本数、总数及主要特征

分工类型	样本	总数	样本比(%)	主　要　特　征
毛纱销售	11	250	4.4	需要毛纱市场门市部
一体化加工企业	14	121	11.5	需要厂房，流水线生产设备，大批量生产
编织家庭作坊	32	3518	0.9	需要租赁家庭厂房，小型设备，小批量生产
染色企业	5	23	21.7	需要厂房，大型设备，政府的污染控制
后整理企业	6	42	14.3	需要厂房，大型设备，政府的污染控制
印花作坊	5	100	5.0	需要家庭厂房，一定的设备，大批量生产
整烫作坊	3	100	3.0	需要家庭厂房，一定的设备，大批量生产
成衣销售	39	5750	0.7	需要成衣销售门市部
运输三轮车	10	2000	0.5	需要电动或者人力三轮车
物流公司	1	1	100.0	需要停车场、运输队，巨大投资和协调能力
合　计	126	11905		

数据来源：作者调研。

不同分工类型初始资本来源存在差异。毛纱销售商、成衣销售门市部以及各类家庭作坊资金主要来自家庭储蓄和亲朋借贷，基本上没有银行贷款；而一体化加工企业、染色企业、后整理企业却有不少初始资本来自银行贷款。表 7.2统计了不同分工类型的初始资金来源情况。

表 7.2 不同分工类型的初始资金来源

	平均金额（万元）	自有（%）	亲戚朋友借（%）	银行贷款（%）	其他（%）
毛纱销售	12.45	83.21	16.79	0.00	0.00
编织家庭作坊	7.31	81.46	15.64	2.90	0.00
印花作坊	10.60	77.36	22.64	0.00	0.00
整烫作坊	3.83	88.26	11.74	0.00	0.00
运输三轮车	0.54	63.28	36.72	0.00	0.00
成衣销售	12.74	80.58	12.47	6.95	0.00
物流公司	4000.00	50.00	0.00	50.00	0.00
一体化加工企业	263.84	59.59	19.28	21.13	0.00
染色企业	340.07	47.50	31.87	20.63	0.00
后整理企业	177.82	29.91	34.14	25.68	10.27

数据来源:作者调研。

不同分工类型其初始投资额也存在很大差异。从表 7.2 中的平均投资额可以看出物流公司、一体化加工企业、染色企业、后整理企业需要较高的初始投资,而其他分工类型的初始投资相对较少。表 7.3 进一步统计了不同分工类型初始投资的基本统计特性。

表 7.3 不同分工类型初始投资

	最大值（万元）	最小值（万元）	中值（万元）	均值/平均工资	方差
毛纱销售	30.00	3.00	10.00	6.25	0.17
编织家庭作坊	43.00	0.22	4.50	3.65	0.70
印花作坊	20.00	6.00	10.00	5.30	0.10
整烫作坊	4.50	3.00	4.00	1.90	0.01
运输三轮车	1.20	0.05	0.45	0.25	0.34
成衣销售	50.00	2.00	10.00	6.35	0.21
物流公司	4000.00	4000.00	4000.00	—	—
一体化加工企业	863.36	11.11	220.38	131.90	0.43
染色企业	876.75	68.51	200.00	170.05	0.37
后整理企业	548.05	55.53	65.27	88.90	0.46
全部差距					1.75
组内差距					0.38
组间差距					1.37
组间差距/全部差距					78.29%

数据来源:作者调研。

综合表 7.2 和表 7.3 可以发现，平均所需初始投资最少的是运输三轮车，从事三轮车运输的人只需要购买一辆电动车或人力三轮车就可以进入集群的生产链条，三轮车的价格从几百元至几千元不等，从事三轮车运输的主要人群是来自河南、安徽等地的外省人。整烫门市部平均需要的资金接近 4 万元，整烫门市部的位置由政府统一规划、统一供汽，相互之间的投资差异很小。编织家庭作坊的平均投资额是 7 万多元，其生产规模的变化非常灵活，内部的投资差异很大，资本少的只要买一台 1000 多元的二手机器就可以进行生产，资本多的可以购买更多、更高档的机器。印花作坊需要的机器比编织的机器复杂和昂贵，其平均投资额是 10 万多元，投资差异主要来自购买的机器数量不同。毛纱销售者的投资主要是房租和存货，如果是替厂家代销所需资金较少；若是根据自己对市场状况的判断进货然后销售，则所需投资稍多些。成衣销售门市部的投资类似于毛纱销售者，主要也是房租和存货，大部分成衣销售门市部类似于虚拟企业的总部，通过它调动起产业链条中的各个环节。染色企业和后整理企业都需要大型的生产设备，且适合大批量处理，所以大投资和大规模是它们的特性。一体化加工企业包含多道生产工序，一般有自有品牌或为外地大厂商进行 OEM 生产，它们需要建立大型厂房，购置流水线生产设备，投资额比较大。物流公司需要大型停车场、装卸场、运输队以及强有力的协调组织机构，需要巨额投资。表 7.3 的下半部分报告了全部样本、分工类型内以及分工类型间的差距系数，从中可以看出产业集群内部的初始投资存在很大差异，而这些差异主要是由不同分工类别间的差异导致的。

笔者将濮院羊毛衫产业集群中 10 类分工类型平均所需要初始投资描绘在图 7.3 中。从图 7.3 可以很明显地看出，不同分工类别之间存在着投资差异，它们形成一个类似于阶梯的形状；同时，还可以发现物流公司、染色企业、一体化加工企业和后整理企业所需的投资额远高于其他的分工类别；联系表 7.1中不同分工类别的总数，成衣销售、毛纱销售、编织家庭作坊、印花作坊、整烫作坊以及运输三轮车，这些投资额较低的分工类别个体数量占集群中个体总数的 96%以上，由此表明，濮院羊毛衫产业集群通过分工大大降低了初始投资，使得大量低资本拥有量的企业家进入到产业生产之中。这证实了笔者在理论模型中提出的假说。

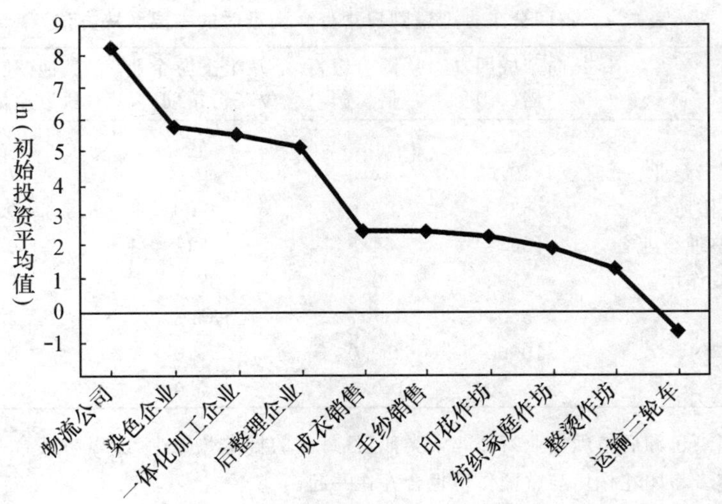

图 7.3 不同分工类型初始平均投资额变化

资料来源:作者调研。

7.4 产业集群降低运营资本门槛

产业集群通过分工降低了进入资本门槛,但是进入产业集群之后,还会面临日常运营资本的困难。中国的国有商业银行很少会将资金借贷给中小企业,以个体户形式存在的家庭作坊、市场门市部则更难得到银行的资金支持。

在濮院羊毛衫产业集群中,众多小资本的企业家是如何克服运营资本门槛的? 表 7.4 显示的是在日常经营中当碰到资金困难时人们寻求不同解决办法的比较。从表 7.4 可以看出,毛纱销售、编织家庭作坊、印花整烫作坊、成衣销售门市部和运输三轮车,这些数量最多的小资本的企业家在碰到资金困难时,最主要的融资渠道是“向亲戚朋友借”和“从上下游企业处获得帮助”。生产型大企业和染色后整理企业除了向银行借贷外,也会寻求亲戚朋友的帮忙。“亲戚朋友”是个人社会关系的主要组成部分,属于个人的社会资本;而“上下游企业”之间的关系是从产业集群内部产生的,属于集群内生的社会资本。

表 7.4　不同分工类型遇到日常资金困难时的主要解决方法

分工类型	向亲戚朋友借(%)	从国有银行借(%)	从上下游企业处获得帮助(%)	其他(社会集资、民营金融)(%)
毛纱销售	63.6	0.0	27.3	9.1
一体化加工企业	50.0	42.9	0.0	7.1
编织家庭作坊	53.0	0.0	47.0	0.0
染色、后整理企业	36.4	54.5	9.1	0.0
印花、整烫作坊	62.5	0.0	37.5	0.0
成衣销售	56.4	7.7	33.3	2.6
运输三轮车	100.0	0.0	0.0	0.0
物流公司	0.0	100.0	0.0	0.0

注:因染色和后整理企业特征非常类似,且每类的样本数较少,所以将其合并在一起;同样的,笔者将印花作坊与整烫作坊也合并在一起。

数据来源:作者调研。

7.4.1　应用个人社会资本解决运营资本困境

中国是一个特别注重私人关系的社会。在中国社会中,亲属关系经常被利用来组合社群,经营各种事业(费孝通,1985)。从表 7.4 可以看出,在濮院羊毛衫产业集群中,毛纱销售者、编织家庭作坊、印花整烫作坊、成衣销售门市部和运输三轮车这五种分工类型在碰到日常资金困难时,50%左右主要求助于亲戚朋友;生产型大企业以及染色、后整理企业,虽然能够获得银行贷款,但也依然有超过 1/3 的企业从亲戚朋友等处获得私人融资以解决资金困难。由此可见,个人社会资本提供了私人融资,为解决运营资本困境作出了重要的贡献。

同时,个人社会资本还提供了市场信息、决策能力的共享,降低了运营风险,避免了陷入运营资本困境。在濮院羊毛衫产业集群中,有明显的社会关系在空间上集聚的现象。从实地调查中,笔者发现来自同一个地方的老乡常常聚集在一起从事相似的生产工作。调查样本中生产型大企业业主主要来自省内的 4 个地方:桐乡、温州、台州以及绍兴;编织家庭作坊主要是外地人,以湖南人和安徽人为主,在调查样本中,湖南人的比例占到了 1/3,安徽人的比例接近 1/5。这种基于地缘关系而产生的社会资本,使得他们能够常常在一起交流市场信息,共享生产决策,降低运营风险。

7.4.2　应用集群内生社会资本降低运营资本需求

"从上下游企业处获得帮助"属于集群内生的社会资本。上下游企业间存在多方面的联系,本章关注的焦点是资金流动上的联系。

(1)通过上下游企业间的资金赊欠,将资金压力传递给了大型企业和国有商业银行。在濮院羊毛衫产业集群中,资金赊欠现象从毛纱采购环节就开始了。毛纱销售者到外地毛纱生产厂家采购毛纱时,最初的交易一般是不存在赊欠行为的,但当进行了几次交易之后,双方建立了相互信任,毛纱销售者就可以先拿货后付款了;同样的,成衣销售门市部组织生产时,他先到毛纱市场采购原料,一般他会选择熟悉的毛纱销售者,也是先拿货后付款;成衣销售门市部将原料或者半成品交给编织家庭作坊、染色企业、后整理企业、印花作坊和整烫作坊加工时,基本上是先加工后付款;直到成衣销售门市部最终将产品卖掉或者有充裕的资金时,他才会将加工费付给编织家庭作坊、染色企业、后整理企业、印花作坊和整烫作坊,同时将原材料货款付给毛纱销售者,然后毛纱销售者将毛纱款付给外地的毛纱厂商。表 7.5 统计了调查样本中,不同分工类别在日常经营中存在赊欠情况的比例。从表 7.5 可以看出,大部分市场主体存在着资金赊欠情况。

表 7.5　不同分工类型在日常经营中的赊欠情况

分工类型	赊欠上游企业的比例(%)	被下游企业赊欠的比例(%)
毛纱销售	100.00	90.91
一体化加工企业	92.86	85.71
编织家庭作坊	—	100.00
染色企业	—	80.00
后整理企业	—	100.00
印花作坊	—	100.00
整烫作坊	—	100.00
成衣销售	94.88	76.92
运输三轮车	—	10.00
物流公司	—	0.00

注:对于从事中间加工工序的分工类型而言,将产品交给它加工的,既可以认为是它的上游企业,也可认为是它的下游企业,作者统一将与它们交易的其他分工类型定义为下游企业。

这种普遍的资金赊欠行为,将产业集群内部各个环节的资金压力,传递给了集群之外的大型企业和国有商业银行,使得集群内部对日常运营资金的需求大大降低。成衣销售门市部通过赊欠加工作坊以及毛纱销售者,可以用很低的运营资本组织生产;而毛纱销售者通过赊欠外地毛纱生产企业,将资金的压力传递给了毛纱生产企业;毛纱生产企业一般是大型企业,这样的企业资本雄厚,很容易获得银行贷款,毛纱生产企业通过向银行借贷,将一部分资金压

力传递给了国有商业银行。从这样的资金压力传递链条中,笔者发现,产业集群充分利用了上下游企业间的关系,变相地获得了银行的资金支持,从而大大降低了对日常运营资本的需求。但是这种模式也孕育着巨大的风险,一旦出现大的金融危机,信用崩溃会迅速传递到产业链的中下游,影响众多的中小企业,尽管中小企业很少直接从国有银行得到贷款。

(2)灵活的欠款结算方式保障了赊欠情况下生产链条的正常运行。上下游企业间的赊欠降低了对日常运营资金的需求,但是赊欠被不断累加,生产链条中的某个环节有可能不堪重负而崩溃。所以,欠款的结算方式对维持生产链条的正常运行非常重要。濮院羊毛衫产业集群中的欠款结算方式可以概括成四种:第一种是按照一定时间结算一次,主要包括1个月、3个月、半年甚至一年;第二种方式是按照累计金额结算,例如当金额累积到10万元时结算一次;第三种方式是按照欠款企业与被欠款企业的资金情况进行结算,当欠款企业资金宽裕时就会跟被欠款企业结算一次,当被欠款企业急需资金时(例如要给工人发工资时),欠款企业会尽量结算一部分以解被欠款企业的燃眉之急;第四种方式是按照一个生产批次结算一次。表7.6统计了2004年各类市场主体最主要的欠款结算方式。在濮院羊毛衫产业集群中,不同批次的生产常常交织在一起,所以各种结算方式并存;每一个市场主体在面对不同对象或者在不同的时期,会灵活选择结算方式。这种灵活的欠款结算方式,直面了社会现实的复杂性,它使得小资本的市场主体能够相互之间进行融资,并且使得整个生产链条能够最大限度地实现赊欠,而又不至于使链条中的某个环节断裂,从而保障了赊欠情况下生产链条的正常运行。

表7.6　2004年不同分工类型经营中最主要的欠款结算方式

分工类型	按时间结算(%)	按累计金额结算(%)	根据双方的资金状况结算(%)	按生产批次结算(%)
毛纱销售	36.4	9.0	45.6	9.0
一体化加工企业、染色和后整理企业	80.0	0.0	0.0	20.0
编织家庭作坊、印花与整烫作坊	60.0	7.5	27.5	5.0
成衣销售	30.8	5.1	61.5	2.6

注:运输三轮车和物流公司很少存在赊欠情况,故不统计在内;一体化加工企业、染色和后整理企业特征类似,将其合并在一起;同样的,编织家庭作坊、印花与整烫作坊合并在一起。

(3)口头协议对正式合同的替代降低了集群内部的交易费用,节约了运营资本。在一个分工很细的产业集群中,如果不同分工类型之间在每次交易中都采用正式合同,则会带来巨大的交易费用。而产业集群通过充分利用社会资本,在大部分的交易过程中,用口头协议替代正式合同降低了运营资本。

表7.7显示的是集群内不同分工类型在与上下游企业发生纠纷时所采用的主要处理方式。从表7.7中可以看出,大企业会较多地应用法律渠道解决问题,而大量的小投资市场主体却主要采用私下协商的办法解决纠纷,在问及不通过打官司解决纠纷的原因时,他们的回答常常是这样的:"没有正式合同,无凭无据的,打不了官司,而且也耗不起那精力。"由此可以推断出,在濮院羊毛衫产业集群中,大企业在经营过程中会较多地签订合同;而众多的小投资市场主体却很少签订正式合同,他们用口头协议替代了正式合同。

但是,小投资市场主体之间口头协议的执行如何得到保障?在濮院羊毛衫产业集群中,各类小投资的市场主体大量存在,这是一个接近于完全竞争的市场,如果其中一方违背了口头合同,则它会失去一个稳定的合作伙伴,并且市场中存在各种各样的正式、非正式信息传递渠道,具有不良声誉的市场经营者会逐渐被市场逐出。因而,基于各自长期利益的考虑会形成一种博弈均衡,从而维系着濮院羊毛衫产业集群中普遍存在的、用口头协议替代正式合同的行为。

表7.7　不同分工类型与上下游企业发生纠纷时主要的处理方式

分工类型	打官司(%)	私下协商解决(%)	相关协会调解(%)
毛纱销售	0.0	90.9	9.1
一体化加工企业染色、后整理企业	56.0	40.0	4.0
编织家庭作坊印花、整烫作坊	0.0	97.5	2.5
成衣销售	10.3	89.7	0.0
运输三轮车	0.0	100.0	0.0

注:见表7.6注。

7.5　统计检验

本章前几部分讨论了濮院羊毛衫产业集群如何克服资本壁垒。在这一部分,笔者将利用调查样本的数据进行相关的统计检验。

濮院羊毛衫产业属于一种低技术产业,不同市场主体经营形式上的差异在本质上属于资本与劳动力组合程度上的差异；而企业家选择不同分工类型进入产业集群，根本上是根据其金融资本、人力资本、社会资本状况选择的不同资本与劳动组合类别。笔者对资本与劳动力数量的比例取对数，然后用 Kernel Density Estimate 画出分布图，如图 7.4。从图 7.4 中可以看出，样本数据中资本与劳动力组合很明显地集中在两个部分，笔者据此将样本区分成资本密集型与劳动密集型两类。

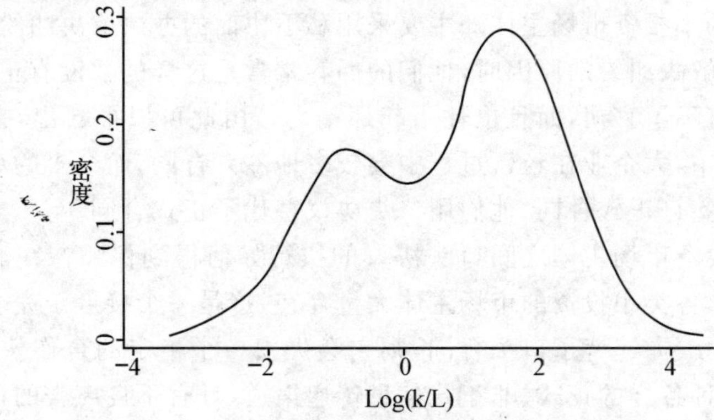

图 7.4　样本数据根据资本与劳动力比例为指标的分布

资料来源：作者调研。

笔者将初始投资资本、有无银行贷款归类为金融资本；教育程度、年龄和从事的年限代表人力资本；是否本省人以及日常解决资金困难的途径反映社会资本。表 7.8 是笔者对这 3 类资本在 2 类企业类型上差异的统计检验结果。

表 7.8　统计检验

		劳动密集型	资本密集型	*P* 值
金融资本	投资资本取对数(均值)	0.7967	3.5223	0.0000
	银行贷款占比	6.28%	33.33%	0.0010
人力资本	从事的年限(均值)	5.8409	6.9136	0.1673
	教育程度(均值)	8.7273	10.1481	0.0008
	年龄(均值)	34.6591	38.4691	0.0076

续表

			劳动密集型	资本密集型	P 值
社会资本	本省人占比		13.64%	72.84%	0.0000
	日常主要融资渠道	亲戚朋友占比	61.36%	55.56%	0.0050
		国有银行占比	0.00%	18.52%	
		上下游企业占比	38.64%	22.22%	
		其他占比	0.00%	3.70%	

注:P 值表示的是各类资本均值在不同企业类型上差异的显著性统计检验结果。

劳动密集型与资本密集型两类企业在投资资本上有着显著的差异,这表明投资资本是人们选择进入产业集群不同分工类型的关键因素;在银行贷款上,两类企业的差异也很明显,资本密集型企业更加容易获得银行贷款,而劳动密集型企业则很难获得银行贷款。检验结果表明,金融资本状况对人们选择进入资本密集型还是劳动密集型有着重要的影响,金融资本高、较易获得银行贷款的,倾向于选择资本密集型分工类型,反之则倾向于选择劳动密集型分工类型。

在从事该行业的年限上,两类企业业主差异不显著;但是在所受的教育程度上,两类企业的业主存在着显著差异,资本密集型的企业业主教育程度显著高于劳动密集型的企业业主;在年龄上,资本密集型企业业主也明显高于劳动密集型的企业业主。检验结果表明,人力资本因素也显著影响着人们对所从事产业集群的分工类型的选择。

本省人与外省人在选择不同企业类型上有着显著差异,本省人因为能够动用更多的社会资源,因而能够进入资本密集型的分工类型;在解决日常资金困难的主要途径上,两者也有着显著的区别。这两项检验结果表明,社会资本影响着人们对所从事产业集群的分工类型的选择。

综上所述,在一个产业集群中,人们综合考虑自身的金融资本、人力资本与社会资本状况,选择相应的分工类型进入产业集群的生产链条之中。金融资本、人力资本与社会资本相互融合、相互替代,形成一个人的综合能力资本。产业集群以其灵活的组织形式,为人们提供了与其综合能力资本相适应的集群进入和运转通道,克服了工业化资本壁垒。

7.6 本章小结

中国近30年的经济发展创造了一个奇迹。从小城镇以及农村地区逐渐发展起来的、数量众多的中小型民营企业，在其中扮演了重要的角色。传统的工业化理论强调资本的重要性，而中国的国有商业银行很少将资金借贷给小的创业者。所以，要理解中国经济发展的奇迹，就必须理解众多的中小企业是如何克服资本壁垒进入工业化生产的。

与一般采用非正规金融解释不同，本章提出一种新的解释，并通过对濮院羊毛衫产业集群的研究，认为产业集群在中小企业克服资本壁垒上起了关键性的作用。

首先，产业集群通过分工，降低了每一类分工类别的资本进入门槛，使得不同的人根据自己的资本拥有量选择相应的分工类别进入集群的生产链条之中。濮院羊毛衫产业集群与生产直接相关的分工类别主要有10类，其资本进入门槛从几千元至上千万元不等，这样的分工形式使得1万多个市场主体能够找到各自的进入通道，融入到产业生产之中。

其次，产业集群内部各主体在日常经营中，通过充分运用社会资本解决了日常运营资本的困难。各市场主体通过个人的社会关系获得私人融资，解决暂时的资金困难；集群内部各生产链条之间通过相互赊欠，将资金压力传递给了集群之外的大企业和国有商业银行，使得集群内部的小投资者变相地获得了银行的资金借贷；集群内灵活的欠款结算方式，保障了赊欠情况下生产链条的正常运行；日常经营过程中，口头协议对正式合同的替代降低了集群内部的交易费用，节约了运营资本。

濮院羊毛衫产业集群演化与发展(三):资本回报

上一章从理论和实证上阐述了基于产业集群的生产组织形式能够降低资本门槛。本章进一步研究资本市场发展是如何诱致企业家选择产业集群生产组织形式的,以及这种生产组织形式与资本回报率间的关系。本章着重检验 Baumol 假说在产业集群中是否成立。本章将证明在一个分工很细的产业集群内,不同技术类型的进入门槛与资本回报率之间存在正相关关系,高资本回报率能够激励企业家不断成长,即不同的技术类型形成了一条企业家成长通道。本章的实证部分基于笔者 2007 年的调研,在第 6 章中,笔者介绍了 2007 年调研和 2005 年调研的一些差异,因而本章所采用的分工类型与前一章有微小差异,但这些差异不会影响本书的分析结果。

8.1 理论模型与待检验假说

有一些研究注意到了资本市场发展程度与生产组织形式之间存在一定的关系。有研究发现当资本市场不完善时,资本量较少的潜在企业家很难创办小企业,因而生产组织形式会趋向一体化大企业(Rajan & Zingales,1998;Kumar,Rajan & Zingales,1999)。但是,相反的结论也同样存在,如 McMillan 和 Woodruff(1999)认为当资本市场不完善时,企业家只能进行很少的投资,因而会阻碍一体化企业的成立。考虑到生产技术的最低进入门槛是影响企业家投资决策的重要因素(Banerjee & Newman,1993),本章将资本市场发展与生产技术的进入门槛结合起来,考虑两者对生产组织形式选择和资本回报的影响。

在进入理论分析之前,让我们先观察部分典型国家的工业化发展模式。在一些发达国家,如美国,资本市场发展很完善,人口密度较低,劳动力成本很高，因而企业家倾向于投资利润较高的、资本密集型的一体化大企业（Piore & Sabel，1984）。在日本和意大利，资本市场也很发达，但因为这些地区人口密度较高，许多企业倾向于采用基于产业集群的中小企业分工协作制（Piore & Sabel，1984；Lazerson，1990）。处于工业化初期的发展中国家，资本市场不完善所导致的信贷约束是一个普遍性的问题（Freedman & Click，2006）。这些发展中国家在一定的阶段内曾经采用建立一体化大企业制的发展方式，如改革前的中国；也有一些采用了基于产业集群的中小企业分工协作制，如部分东亚新兴国家和地区，以及改革开放后的中国东南沿海地区。表 8.1 总结了上述发展模式。

表 8.1　不同资本市场发展程度下选择不同生产组织形式的结果

			资本市场发展程度	
			完善	不完善
生产组织形式选择	一体化大企业制	进入门槛高	特征：一体化大企业，企业家数量较少，雇佣的工人数量较多。 典型国家：美国。	特征：少数垄断性的一体化大企业，企业家数量非常少，雇佣的工人数非常少。 典型国家：改革前的中国大陆。
	中小企业分工协作制	进入门槛低	特征：大量中小企业，企业家数量很多，雇佣的工人数量很多。 典型国家：意大利、日本。	特征：大量的中小企业，企业家数量很多，雇佣的工人数量也很多。 典型国家和地区：中国台湾、改革后的中国大陆。

本书关注的焦点是资本市场不完善情况下发展中国家的发展模式选择，也即表 8.1 右边的内容。如表 8.1 右边所示，在资本市场不完善时，可以选择建立资本密集的一体化大企业，但这往往需要通过国家力量或其他方式来动员非常有限的资金，中国大陆在改革开放之前选择的就是这种发展模式，当代一些发展中国家也曾经尝试过这种发展模式。然而，这种发展方式与大部分发展中国家的比较优势是相背离的，发展中国家一般人口密度较高而资本相对缺乏，相对于投资劳动密集型企业，投资资本密集型的一体化大企业对全社会来讲效益是较低的，也是很难持续的（Lin，2007）。面临资本市场不完善时，发展中国家还可以有另一种发展模式。如果能够选择基于产业集群的中小企业分工协作制，那么进入门槛很高的资本密集型生产技术被分解成进入门槛

很低的劳动密集型生产技术,许多本来受资本制约无法成为现实企业家的人因而能够成为企业家,并且雇佣了更多的劳动力。中国改革开放后东南沿海地区的快速工业化过程主要依靠的就是这种模式。然而,这种通过生产组织形式的选择绕开不完善资本市场和高进入门槛生产技术约束的工业化发展模式,长期以来在发展经济学的文献中被忽视了,除了 Leff(1978)和 Hayami(1998)是两个例外。

Evans 和 Jovanovic(1989)发展出了一个经典的模型(以下简称"EJ 模型")解释企业家在资本约束下的选择行为,本章在该模型基础上,引入生产技术的进入门槛参数,从企业家自我选择的角度,探讨资本市场发展与生产组织形式选择间的关系。沿着 EJ 模型的思路,笔者假设企业家的收益函数为:

$$y=\theta k^{\alpha}\varepsilon \tag{8.1}$$

其中,k 是投资的资本,ε 是一个服从对数正态分布的随机项,θ 是生产技术的技术水平参数,α 是资本产出弹性,$\alpha\in(0,1)$。与 EJ 模型不同的是,我们不考虑企业家才能上的差异。

假设企业家拥有的初始财富为 z,如果所投资的资本 k 大于 z,则企业家需要从资本市场借贷资金,当然他需要为此支付成本。假设市场利率为 r,忽略随机项 ε 的影响,则企业家的净收益为:

$$\pi=y-r(k-z)=\theta k^{\alpha}-r(k-z) \tag{8.2}$$

在风险偏好中性的假设下,企业家的最优投资取决于下式:

$$\mathrm{Max}[\theta k^{\alpha}-r(k-z)] \tag{8.3}$$

通过求一阶条件得到最优投资额为:

$$K^{*}=\left(\frac{r}{\theta\alpha}\right)^{1/\alpha-1} \tag{8.4}$$

与 EJ 模型的假设类似,笔者假设企业家能够动员的最大资本额是其本身财富的一个比例 λz,其中 $\lambda\geqslant 1$。λ 是一个反映资本市场发展程度的参数,如果资本市场发展越完善,则 λ 越大。我们进一步引入生产技术的最低进入门槛 K_b。在上述假设下,企业家要想选择最优投资,其最优投资额必须大于投资门槛,并且小于所能动员的最大资本额。即最优投资额需要符合下式:

$$K^{*}\in[K_b,\lambda z] \tag{8.5}$$

初始财富为 z 的潜在企业家面临下述三种选择:(1)当 $\lambda z<K_b$ 时,潜在企业家所能动员的资本低于进入门槛,因而无法成为企业家;(2)当 $K_b\leqslant\lambda z<K^{*}$ 时,潜在企业家所能动员的资本高于进入门槛,但是无法达到最优投资额,他成为受资本约束的企业家,其投资额为所能动员的最大资本额 λz;

(3)当$\lambda z \geqslant K^*$时,潜在企业家可以选择最优投资额 K^*,成为不受资本约束的企业家。

现在考虑不同资本市场发展程度对潜在企业家选择的影响。假设存在两个发展程度差异很大的资本市场,λ_1 表示资本市场非常发达的情形,λ_2 表示资本市场很不发达的情形,则 $\lambda_1 > \lambda_2$。假设潜在企业家的初始财富服从正态分布。让笔者用图 8.1 进行讨论。图 8.1 中横轴表示潜在企业家的财富拥有量,正向的纵轴表示投资额。从图 8.1 中可以看出,在资本市场非常发达的情况下,财富很少的潜在企业家也可以获得较多的银行贷款,因而大部分潜在企业家能够动员的资本高于最低资本门槛 K_b,而且绝大多数企业家都可以达到其最优投资 K^*;相反的,在资本市场很不发达的情况下,只有财富拥有量非常高的人才可以成为企业家,并且大部分企业家不能达到其最优投资,只能成为受资本约束的企业家。

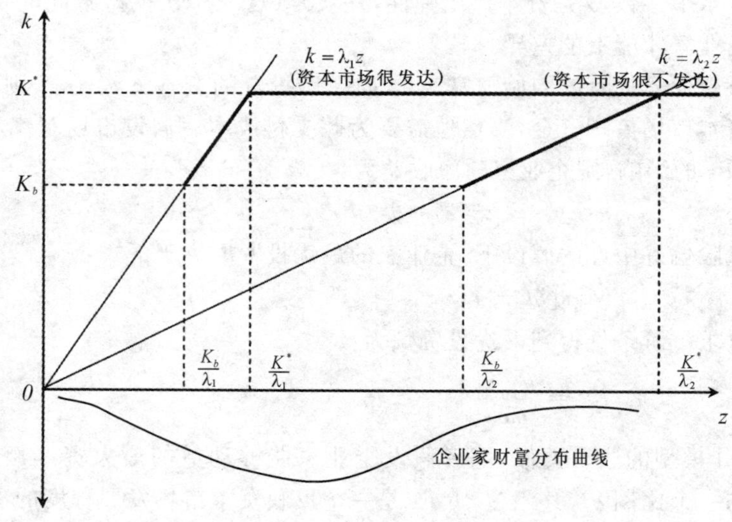

图 8.1 进入门槛、资本市场发展与企业家的选择行为

我们关注的焦点是资本市场很不发达的情况,即图 8.1 中 λ_2 的情况。在 λ_2 下,大部分潜在企业家无法成为现实的企业家,如果成为企业家的预期收益很高,追逐利润的天性会使众多的潜在企业家不断尝试,他们就有可能形成一种分工合作关系。这种分工合作将高进入门槛的生产技术分解成了低进入门槛的生产技术。这一过程在一定的外在因素推动下(如市场需求的快速增加、地方政府的积极扶持等)将很快实现。一些案例研究从经验上支持了这一

观点(Huang,Zhang & Zhu,2008)。

假设没有被分解的生产技术为生产技术 2,其进入门槛很高,被分解后的生产技术为生产技术 1,进入门槛很低。图 8.2 表示了两种生产技术下企业家的选择。因为生产技术 1 的进入门槛非常低,因而即使 λ 非常小,依然使得大多数潜在企业家可以达到最低投资门槛。当企业家所能动员的财富 λz 大于生产技术 2 的进入门槛时,企业家就有可能从生产技术 1 跳跃到生产技术 2,这种跳跃取决于 θ_2 相对于 θ_1 的差异程度,显然 θ_2 越比 θ_1 大,越早从生产技术 1 跳跃到生产技术 2。

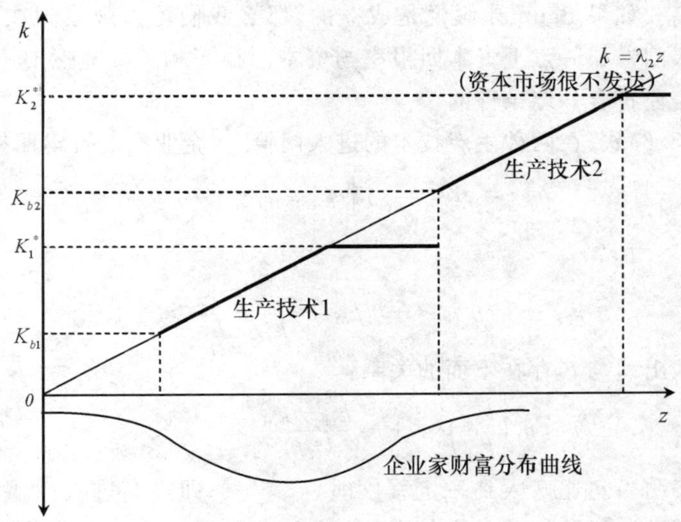

图 8.2　进入门槛、不同技术类型与企业家的选择行为

进一步考察不完善资本市场下,生产技术选择与资本回报间的关系。在(8.2)式基础上,假设两种生产技术的净收益函数为:

$$\pi_i=\theta_i k_i^{\alpha}-r(k_i-z) \tag{8.6}$$

其中,$i=1$ 表示生产技术 1,对应 π_1、θ_1、k_1,且 $k_1 \geqslant K_{b1}$;$i=2$ 表示生产技术 2,对应 π_2、θ_2、k_2,且 $k_2 \geqslant K_{b2}$;并且 $\theta_2 > \theta_1$,$K_{b2} > K_{b1}$。

显然,如果资本市场很发达,一种技术类型内所有的企业家将选择同样的投资额,即这种技术水平下的最优投资额,如此则观察不到资本回报与资本额变化之间的关系了。但是发展中国家广泛存在的资本市场不完善,使得大部分企业家是受到资本约束的,企业家无法选择最优投资,而只能选择其所能动员的最大投资额,也即在图 8.2 中,大部分企业家是在斜线 $k=\lambda_2 z$ 上进行投资,即企业家根据自身财富 z 选择 λz 作为投资额。这种情况下,在一种技术类型内资本回报率为：

$$r_i=[\theta_i k_i^\alpha - r(k_i - z)]/k_i \tag{8.7}$$

其中 $z=k_i/\lambda$，在 $\alpha\in(0,1)$ 的假定下得到：

$$\partial r_i/\partial k_i=\theta_i(\alpha-1)k_i^{(\alpha-2)}<0 \tag{8.8}$$

(8.8)式表明，在资本市场不完善的前提下，一种技术类型内部，资本回报率随着资本额的增加而减少。

有关资本回报与进入门槛关系的经典研究来自 Baumol(1959)。Baumol 认为：如果进入门槛与资本投资密切相关的话，那些投资越高的企业其资本回报率也越高。如果 Baumol 假说是成立的，那么我们可以观察到在不同生产技术的进入门槛那一点上资本回报率与资本门槛正相关。显然 Baumol 假说的成立是需要符合一定条件的。

根据(8.6)式，在两种生产技术的进入门槛上，企业家的资本回报率为：

$$r_i=[\theta_i k_{bi}^\alpha - r(k_{bi} - z)]/k_{bi}=\theta_i k_{bi}^{\alpha-1}-r+\frac{rz}{k_{bi}} \tag{8.9}$$

当 $r_2>r_1$ 时，

$$r_2-r_1=\theta_2 k_{b2}^{\alpha-1}-\theta_1 k_{b1}^{\alpha-1}+\frac{rz}{k_{b2}}-\frac{rz}{k_{b1}}>0 \tag{8.10}$$

可以推出 θ_1 与 θ_2 存在下面的关系：

$$\theta_2>\theta_1\left(\frac{k_{b2}}{k_{b1}}\right)^{1-\alpha}+rz\frac{k_{b2}-k_{b1}}{k_{b2}^\alpha k_{b1}} \tag{8.11}$$

上式表明当 θ_2 比 θ_1 大到一定程度时，$r_2>r_1$。即当高进入门槛的生产技术效率比低进入门槛的生产技术效率高出一定程度时，Baumol 假说才成立。

在(8.8)式和 Baumol 假说同时成立的前提下，笔者可以将资本市场发展、生产技术选择与资本回报间的关系表示在图 8.3 中。

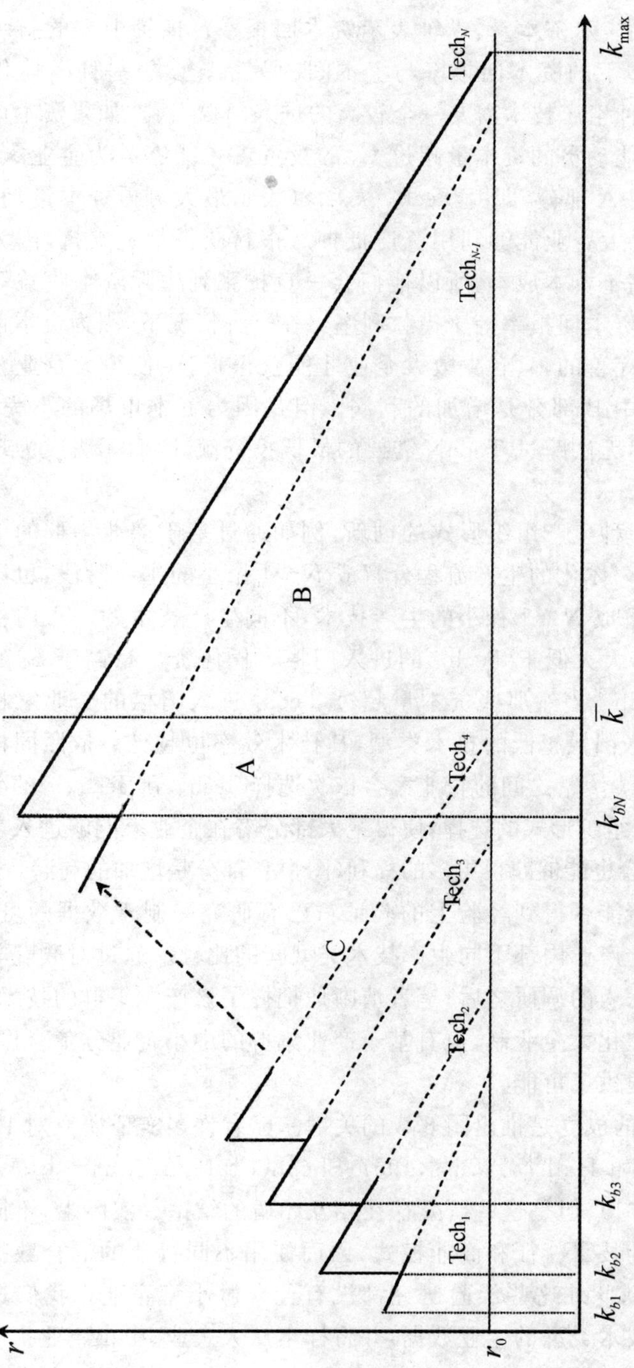

图 8.3 资本市场发展、生产技术选择与资本回报间的关系

注:横轴表示资本量;竖轴上 r 表示资本回报率,r_0 表示银行利率。

图 8.3 中横轴表示资本量,纵轴表示资本回报率。横轴上方的斜线表示 N 种生产技术类型下的资本回报率与资本间的关系。设想一种一体化的生产技术 $Tech_N$,这种生产技术需要一个较高的进入门槛 k_{bN}。如果资本市场不存在,则只有那些能动员的资本量超过 k_{bN} 的投资者才能够成为企业家,因而社会总利润是图中 A 部分,即由 $Tech_N$、k_{bN}、$\bar{k}$(表示最大可得资本量)和横轴组成的区域。如果大企业能够利用资产抵押从银行获得信贷支持,因为他们的边际资本收益高于资本成本,所以他们会一直扩张到边际资本收益等于借款成本的程度,即资本回报率等于借款利率。在这种情况下,因为资本市场的存在(虽然它是不完善的,只有少数大企业才能获得贷款)使得大企业获得了更多的利润,即图中 B 部分是增加的利润。但是因为资本市场的不完善,众多潜在企业家依然无法跨过 TechN 需要的最低投资额,因而无法成为现实的企业家。

现在假设有一种生产组织形式的创新,例如通过基于产业集群的中小企业分工协作制,将一体化的生产流程分解成 $N-1$ 个小的生产阶段,也即将生产技术 $Tech_N$ 分解成 $N-1$ 种小的生产技术,不同生产技术的进入门槛从很低的 k_{b1} 到 $k_{b(N-1)}$,大大低于 $Tech_N$ 的进入门槛。任何资本量高于 k_{b1} 的企业家都可以选择 $Tech_1$,当然那些资本量超过 $Tech_2$ 进入门槛的企业家将会选择 $Tech_2$,因为进入门槛越低的技术类型,其技术效率也越低。依照同样的逻辑,资本量在 k_{b3} 到 $k_{b(N-1)}$ 之间的企业家会依次选择 $Tech_3$ 到 $Tech_{N-1}$ 的生产技术。通过这种生产组织形式的选择,使得绝大部分潜在企业家能够进入工业化生产之中,整个社会也能够获得更多的福利(图中 C 部分是增加的利润)。

上述理论分析能否得到经验上的验证?已有研究受制于数据的可得性,很少有关于同一个产业内部不同生产技术类型间的比较。通过对濮院羊毛衫产业集群长期而深入的调研之后,笔者清晰地把握了该产业集群的技术特点,该集群内既有一体化大企业制,也有基于产业集群的中小企业分工合作制,这为检验上述理论提供了可能。

Baumol 假说的成立是推出图 8.3 的关键。已有许多实证研究对 Baumol 假说进行了检验(如 Hall & Weiss,1967;Shepherd,1972;Amato & Wilder,1985;Dhawan,2001),但是这些研究存在相互矛盾的结论。实际上,不同的行业类型有着不同的技术特征和商业模式,因而使用不同行业的混合数据很难检验 Baumol 假说;此外这些经验研究都没有包含微小型企业。我们选择同一个行业内不同技术类型的企业数据,并将样本从大企业、中小企业扩展到了微型企业,这为检验 Baumol 假说提供了可能。如果 Baumol 假说在产业集群中成立,那么表明基于产业集群的中小企业分工协作制能够为企业家提供一条成长通道,因为较高资本门槛的生产技术伴随着较高的资本回报率,那么企业家将被高资本回报率所激励,不断将利润投入到生产中,从而逐渐地从低资本门槛的生产技术类型上升到高资本门槛的生产技术类型,即在产业集群内部形成一条成长通道,激励企业家不断成长。因而 Baumol 假说在发展中国家农村产业集群中是否成立,对发展中国家农村工业化发展路径将有着非常重要的影响。本章的第 1 个假说是:

假说 1:在资本市场不完善情况下,在同一个行业内,不同技术类型之间的资本进入门槛与资本回报间存在正向关系。

在(8.8)式中,本章从理论上推出当资本市场不完善时,一种技术类型内部的资本回报率与资本量负相关。现实中,中小企业面临信贷约束而大企业能够获得信贷支持的情形是同时存在的。因而,本章的第 2 个假说是:

假说 2:在一个包含了各种技术类型企业的行业内,如果只有大企业可以得到银行贷款,资本回报率与资本存量之间则存在倒 U 型的关系;如果控制不同生产技术类型的进入门槛,资本回报将依然遵循边际回报递减的法则。(该假说的含义是图 8.3 中不同生产技术曲线均向右下方倾斜,但所有曲线中实线部分组合在一起会形成倒 U 型形状)。

8.2 数据来源与统计特性

笔者在第 6 章中详细介绍了濮院羊毛衫产业集群的两种生产组织形式:一种是中小企业分工协作制,另一种是一体化工厂制。针对这两种生产组织形式,笔者从两个渠道获得了相关数据。一体化企业的数据来自濮院工业园区管理委员会。笔者从工业园区管理委员会获得了 2006 年工业园区内企业数据,包含一体化工厂以及染色后整理企业。去除 2006 年之后投产以及部分数据不全的样本,得到 118 家有效企业样本,其中一体化加工企业 94 家,染色后整理企业 24 家。官方没有对利用中小企业分工协作制组织起来的商人和家庭作坊的销售、生产情况进行统计。因而,本章所用的商人和家庭作坊的数据来自笔者的调查。笔者在 2007 年 6—7 月在濮院羊毛衫产业集群进行了问卷调查。调查对象包含了毛纱经销商、成衣销售商和从事加工生产的家庭作坊。整个调查共做了 200 份访谈问卷,获得有效问卷 188 份。其中毛纱经销商 58 份,成衣销售商 62 份,生产型家庭作坊 68 份;生产型家庭作坊样本数又具体包含电脑制版 10 份,编织 14 份,缝合套口 12 份,钉扣锁眼 10 份,印花 11 份,整烫 11 份。

8.2.1 主要变量说明

1. 劳动力

我们假定所有的劳动力都是同质的，也就是说如果一个商人雇佣了一个工人，那么统计该样本的劳动力人数为 2 人；许多家庭作坊只是在生产旺季(5 个多月时间)时雇佣工人，我们将只是在生产旺季时雇佣的一个工人作为 0.5 个工人来处理。

2. 资本存量

对于商人而言，他们没有机器设备，因而无法用一般的计算固定资产存量的方法来计算其资本存量。但是他们需要店铺以及维持库存的资金作为运转生意的基础。笔者将店铺的现值和其平均维持库存的资金作为对一种生产设备的投资，因而对于商人资本存量的定义是店铺的现值和其平均维持库存的资金。对于家庭作坊，资本存量包含所使用的房屋的现值、机器设备的现值。机器设备的现值是无法通过直接询问得到的，调查人员详细询问机器的购买时间、购买时的价格，然后利用固定资产投资价格指数和折旧率计算 2006 年时该机器的现值。

3. 利润

从工业园区管理委员会获得的企业数据中包含了净利润的数据，该数据的含义是企业的收入扣除了各种费用、工人的工资以及税收之后的余额，因而有一些样本的数据是负的。为了尽可能利用已有的样本信息，我们将工人的工资和税收重新加到净利润上，得到一个经济学含义上的利润。利用中小企业分工协作制组织生产的商人和家庭作坊的利润信息完全来自笔者的调查。笔者在预调查中发现，如果直接询问被调查者的利润，会碰到两个困难：其一是调查者的回避心理，其二是被调查者对利润会有不同的理解。笔者在深入理解了商人和家庭作坊的经营特性之后，采用迂回的方式获得利润的数据。对于商人，调查人员先了解其经销的商品档次，问询平均的单价，问询单位数量(一件或一吨)能够赚多少钱，然后再问询一些与利润无关的问题，在问卷快结束时再回头问询他在 2006 年的销售量。通过这样的调研方式，调查人员比较准确地把握了不同档次商品的单位毛利润和 2006 年总销售量。利用同样的方式，笔者通过调查家庭作坊单件的加工费以及 2006 年的加工量，获得了家庭作坊 2006 年的收入。笔者还调研了商人以及家庭作坊的各种费用、工人工资以及税收。将销售量(或加工量)乘以单位毛利润(或加工费)然后减去各种除工人工资、税收和房租之外的费用，就得到了与工业园区内企业利润相对应的利润数值。

8.2.2 统计性描述

1. 不同技术类型工人数比较

表 8.2 左半部分比较了不同技术类型企业雇佣的工人数。毛纱商和成衣销售商一般以夫妻店为主，当需要搬运货物的时候，可以随时在市场中找到三轮车夫；电脑制版作坊也是以夫妻店为主，一到两台电脑外加打印机、扫描仪等设备就可以运转了；编织家庭作坊人数可多可少，总体上规模要大于其他的家庭作坊，我们的调查样本中编织家庭作坊平均的工人数是 13.21 人；其他缝合套口、钉扣锁眼、印花以及整烫作坊的平均工人数都在 5 人以下。相比而言，工业园区内的一体化企业和染色后整理企业的平均人数在 60 人以上。将由调查样本计算出的每类技术类型的平均工人数乘以该类型总数就可以估计出该类型雇佣的工人总数，利用这种方法笔者计算出濮院羊毛衫产业集群中，中小企业分工协作制雇佣的工人总数约 55000 人，而大企业雇佣的工人总数约为 12000 人。由此可见，中小企业分工协作制提供了大量的就业岗位。

表 8.2 不同技术类型的工人数、资本存量和银行信贷情况比较

	总数	样本数	样本工人数(人)			总工人数	资本存量(万元)			得到银行贷款(%)
			最大	最小	均值		最大	最小	均值	
中小企业分工协作制										
毛纱	250	58	3.0	1.0	2.14	535	176.00	39.60	92.23	58.62
成衣销售	5750	62	4.0	1.0	2.11	12133	130.00	26.00	64.74	30.65
电脑制版	20	10	2.0	1.0	1.80	36	18.62	8.92	12.98	10.00
钉扣锁眼	300	10	8.0	2.5	4.40	1320	13.07	8.20	10.17	0.00
整烫	100	11	4.0	2.5	3.18	318	7.46	5.12	5.97	0.00
套口	300	12	6.5	2.0	3.63	1088	11.38	4.58	6.93	8.33
印花	100	11	15.0	2.0	5.00	500	121.29	10.59	36.10	0.00
编织	3000	14	60.0	2.0	13.21	39630	78.43	6.04	38.01	28.57
一体化工厂制										
染色后整理企业	60	24	155	16	59.46	3567	6937	100	1442.46	90.91
一体化加工企业	136	94	573	10	60.69	8254	15353	14	1254.01	71.43

资料来源：作者调研。

2. 不同技术类型资本存量比较

表 8.2 右半部分比较了不同技术类型的资本存量。中小企业分工协作制中的毛纱商和成衣销售商的资本存量相对较多，因为这两种类型需要一定的存货，而且他们的门市部位于中心市场，转让价较高；家庭作坊的资本存量相对较少，像整烫作坊、缝合套口作坊需要的机器比较简单，且不需要维持存货，作坊的位置可以选择稍微偏僻些的地方，因而平均资本存量较少；其他家庭作坊需要的机器和厂房面积大些，资本存量也相对多些。形成鲜明对比的是一体化工厂制的高资本存量，其平均资本存量超过 1000 万元。

无论从雇佣工人数量还是从资本存量的角度都可以看出，利用中小企业分工协作制组织起来的各技术类型相对于一体化工厂制在规模上要小得多。

3. 不同技术类型平均资本回报率比较

表 8.3 比较了不同类型的平均资本回报率。其中 r_1 表示企业主及其家里人与其他工人一样工作 8 小时的利润。而 r_2 表示考虑企业主及其家里人每天工作 10 小时的情况。从 r_1 和 r_2 可以看出，中小企业分工协作制度中平均资本回报率高于一体化工厂制。这一结论与 McKenzie 和 Woodruff(2006) 在墨西哥的发现是一致的，但我们同时注意到有一些家庭作坊的利润率对作坊主及其家庭成员的劳动时间比较敏感，这些家庭作坊表现出较高的利润率很重要的原因是作坊主与其家庭成员的高强度劳动①。

表 8.3　不同技术类型的平均资本回报率和资本与劳动比率

	r_1	r_2	K/L
中小企业分工协作制			
毛纱	0.32	0.31	44.11
成衣销售	0.38	0.36	31.18
电脑制版	0.46	0.39	7.81
钉扣锁眼	0.31	0.22	2.59
整烫	0.31	0.18	1.91
套口	0.24	0.08	2.03
印花	0.25	0.22	7.18
编织	0.26	0.24	7.44
平均	0.32	0.25	13.03

① 这与笔者实地调研时的观察是一致的，许多小作坊主和其家庭成员劳动时间和努力程度远远超过一般工厂的工人。

续表

	r_1	r_2	K/L
一体化工厂制			
染色后整理企业	0.13	0.13	25.53
一体化加工企业	0.06	0.06	24.10
平均	0.09	0.09	24.82

注:r_1 表示企业主和其家里人与普通工人工作小时一样;r_2 假定企业主和其家里人比普通工人工作小时多 25%。

8.3 假说检验

本节首先讨论资本市场不完善的前提是否成立,然后检验两个假说。

1. 资本市场不完善的前提是否成立?

本章两个假说的前提是资本市场不完善,也即小企业难以获得银行贷款,而资产达到一定规模的大企业可以获得银行贷款。许多实证研究支持了这一前提,杨思群(2002)发现工人数少于 51 人的企业贷款申请被拒绝的比率高达 78.92%;农业部乡镇企业局(2002)的调研发现,年收入 500 万元以下的企业认为贷款难的比重高达 86.5%;安康市乡镇企业局(2006)在调研报告中提道:“……工行对新建立信贷关系的企业,要求净资产必须在 1000 万元以上,建行对老客户 300 万元以下、新客户 100 万元以下的贷款原则上不予受理,中小企业与其打交道连门都进不了……”对银行放贷政策的研究也支持这一前提,中国银行 1998 年制定的中小企业贷款指导意见上注明对规模较小的个体企业限制支持(中国银行,1998);中国工商银行中小企业信贷政策中将中小企业划分为中型企业、小型企业和微型企业,其中对微型企业的规定是个体工商户和融资金额低于 200 万元的小企业[①],其信贷条例更加严格;而农业银行规定企业需要提供“近三年度财务报告和近期财务报告”,这对微小型企业基本上是不可能的[②]。

---

① 如果抵押率是 100%的话,也即固定资产 200 万元以下的企业属于微型企业。

② 上述银行的信贷政策,除了中国银行是以正式文件对外公布之外,其他银行的信贷政策没有以正式文件对外公布,但是笔者从一些地方政府的网站上搜索到了相关信息,其中《中国工商银行中小企业信贷政策》来自“金张掖公众信息网”:http://www.zhangye.gov.cn/qybszn/rdzcjd/200709/50628.html。《农业银行借贷规定》来自大理中小企业网:http://www.smeyndl.gov.cn/readnews.asp?newsid=212。濮院所在的桐乡市,2004 年才有了第一家地方性商业银行:嘉兴商业银行。

本章的数据也从不同层面支持了这一前提。表8.2最后一列比较了不同技术类型获得过银行贷款的比例。从中可以看出，一体化大企业接受银行贷款的比例远远高于分工协作制中的中小企业。中小企业分工协作制中毛纱商和成衣销售商接受贷款的比例相对较高，而钉扣锁眼、印花以及整烫作坊的调查样本均没有接受过银行贷款。这表明中小企业分工协作制获得正式金融机构的支持远远小于一体化工厂制。此外，在理论上如果资本市场是完善的，资本回报率将与资本投资水平无关。而表8.2和表8.3中显示中小企业分工协作制中较高资本回报率与较低资本存量以及较低银行贷款比率共存的现象，暗示着资本市场的不完善，中小企业分工协作制中的各技术类型面临着较严重的信贷约束，而一体化工厂制面临的信贷约束相对较低。Bergsten等(2000)在研究非洲国家微小型企业的资本回报时有着类似的发现和推断。

2. 对假说1与假说2的检验

利用计量模型检验假说之前，让我们先观察一下两种生产组织形式的资本密集度。从表8.3中的资本与劳动比率可以看出，一体化工厂制的资本劳动比率很高，分解后的中小企业分工协作制度中，除了商人之外，其他加工类型的资本劳动比率大大降低。从整体来看，中小企业分工协作制中的资本劳动比率远远低于一体化工厂制，这表明通过中小企业分工协作制的分解，资本密集型的生产技术被分解成了劳动密集型的生产技术。考虑到中小企业分工协作制总的雇佣工人数是一体化工厂制的5倍，中小企业分工协作制是比较适合人口密集的发展中国家的。

假说1提出不同技术类型之间的资本进入门槛与资本回报间存在正向关系。假说2提出当资本市场不完善时，包含了各种技术类型企业的资本回报率与资本存量之间存在倒U型的关系；如果控制不同生产技术类型的进入门槛，资本回报将依然遵循边际回报递减的法则。

本章用下面的计量模型检验假说1与假说2：

$$r=c+\alpha k+\beta k^2+\lambda X+\varepsilon \tag{8.12}$$

此处，r表示资本回报率，c是截距项，k是企业资本存量的对数值，k^2是k的二次项，X是不同技术类型的控制变量(笔者使用两类控制变量：一类是不同技术类型最低投资门槛，另一类是使用哑变量作为不同类型的控制变量)，ε是误差项。α,β,λ是相应的参数。

假说1如果成立的话，笔者希望当控制变量是不同技术类型进入门槛时，λ为正且显著。假说2如果成立的话，笔者希望当不包含控制变量时，β为负且显著;当包含了控制变量后,α 为负且显著,但 β 不显著。表 8.4 报告了 r_1 作为因变量时的各个回归结果。

表 8.4 中前面 6 个回归(R_1 至 R_6)没有考虑样本权重,直接将所有样本放到回归中。后面 6 个回归(R_7 至 R_{12}),笔者使用每种类型样本数占该类型总体的比率的倒数作为该类型的权重。R_1 和 R_7 只选择 k 作为自变量,在这两个回归中系数均为负,在 R_1 中显著但在 R_7 中不显著。当加入 k 的二次项之后,二次项的系数 β 在 R_2 中显著为负,这支持了假说 2 的前半部分,即资本回报率和资本存量存在倒 U 型关系;但在 R_8 中,尽管二次项的系数依然为负,但不显著,这表明对假说 2 前半部分的支持并不是很稳健。

在回归 R_3、R_4、R_9 和 R_{10} 中,笔者增加了不同技术类型最低投资门槛作为控制变量。在 R_3 和 R_9 中,控制变量系数为正且显著,表明资本回报率与资本进入门槛之间存在正相关关系,支持了假说 1,同时 k 的二次项系数变得不显著。在 R_4 和 R_{10} 中,笔者去掉 k 的二次项,此时,k 的系数为负且显著,表明当控制了最低进入门槛之后,资本的回报率递减,这一结果与笔者的假说 2 后半部分是吻合的。在 R_5、R_6、R_{11} 和 R_{12} 中,笔者用不同生产类型的哑变量替代最低进入门槛以控制不同技术类型,得到了同样的结果。

表 8.4　以 r_1 为因变量的回归结果

	未使用权重						使用权重					
	R1	R2	R3	R4	R5	R6	R7	R8	R9	R10	R11	R12
k	−0.061	0.052	−0.027	−0.073	−0.210	−0.095	−0.023	0.089	−0.029	−0.076	−0.126	−0.093
	(3.18)**	(1.29)	(0.34)	(7.33)***	(2.00)*	(6.56)***	(1.20)	(0.78)	(0.33)	(5.64)***	(1.24)	(14.87)***
k^2		−0.011	−0.004		0.011			−0.015	−0.006		0.005	
		(3.01)***	(0.62)		(1.28)			(1.30)	(0.57)		(0.31)	
最低 k			0.060	0.072					0.118	0.122		
			(2.33)**	(2.63)**					(11.66)***	(7.81)***		
毛纱					0.456	0.335					0.341	0.330
					(3.44)***	(9.05)***					(14.76)***	(20.64)***
成衣销售					0.507	0.397					0.406	0.393
					(4.29)***	(12.71)***					(13.85)***	(29.14)***
电脑制版					0.39	0.349					0.355	0.347
					(9.33)***	(39.05)***					(15.97)***	(90.17)***
钉扣锁眼					0.160	0.131					0.137	0.131
					(5.61)***	(22.47)***					(8.22)***	(51.74)***
整烫					0.061	0.071					0.069	0.071
					(6.53)***	(37.52)***					(12.20)***	(87.28)***
印花					0.260	0.186					0.194	0.183
					(3.35)***	(9.75)***					(7.15)***	(22.26)***
编织					0.293	0.216					0.223	0.213
					(3.60)***	(10.50)***					(8.89)***	(24.00)***
染色后整理企业					0.516	0.416					0.37	0.406
					(3.35)***	(5.81)***					(2.47)**	(13.13)***

续表

	未使用权重						使用权重					
	R_1	R_2	R_3	R_4	R_5	R_6	R_7	R_8	R_9	R_{10}	R_{11}	R_{12}
一体化加工企业					0.459 (3.34)***	0.367 (5.93)***					0.33 (2.73)**	0.358 (13.42)***
常数项	0.559 (5.55)***	0.317 (3.09)***	0.335 (1.85)*	0.405 (4.34)***	0.575 (3.39)***	0.394 (14.27)***	0.441 (5.76)***	0.244 (0.93)	0.233 (1.25)	0.308 (4.44)***	0.437 (3.14)**	0.39 (32.75)***
Observations	306	306	306	306	306	306	306	306	306	306	306	306
Adjusted R-squared	0.120	0.132	0.142	0.144	0.170	0.167	0.005	0.015	0.098	0.099	0.103	0.105
AIC	132.972	129.495	126.936	125.532	104.857	104.787	−8.094	−10.208	−36.02	−37.326	−49.99	−51.806
Omitted variable test	0.001	0.007	0.268	0.119	0.255	0.183	0.044	0.082	0.02	0.147	0.008	0.055

注:采用稳健性检验,*、**和***分别代表在10%、5%和1%的水平上显著。

表 8.5　以 r_2 为因变量的回归结果

	未使用权重						使用权重					
	R_1	R_2	R_3	R_4	R_5	R_6	R_1	R_2	R_3	R_4	R_5	R_6
k	−0.044	0.140	0.057	−0.060	−0.159	−0.088	0.015	0.200	0.084	−0.040	−0.011	−0.056
	(1.80)	(3.31)***	(0.62)	(5.12)***	(1.31)	(5.30)***	(0.64)	(1.73)*	(0.93)	(2.11)*	(0.12)	(3.56)***
k^2		−0.018	−0.011		0.007			−0.025	−0.016		−0.006	
		(4.60)***	(1.37)		(0.68)			(2.11)**	(1.50)		(0.44)	
最低 k			0.063	0.093					0.116	0.127		
			(2.21)*	(2.65)**					(10.66)***	(5.10)***		
毛纱					0.542	0.468					0.372	0.387
					(3.58)***	(11.05)***					(21.58)***	(9.61)***
成衣销售					0.593	0.526					0.44	0.457
					(4.39)***	(14.73)***					(20.01)***	(13.48)***
电脑制版					0.459	0.433					0.402	0.413
					(9.55)***	(42.45)***					(21.05)***	(42.66)***
钉扣锁眼					0.217	0.199					0.178	0.186
					(6.61)***	(29.78)***					(12.34)***	(29.33)***
整烫					0.096	0.102					0.109	0.106
					(8.96)***	(47.56)***					(22.12)***	(52.07)***
印花					0.338	0.293					0.236	0.251
					(3.81)***	(13.45)***					(10.88)***	(12.14)***
编织					0.367	0.32					0.261	0.275
					(3.94)***	(13.61)***					(13.27)***	(12.31)***
染色后整理企业					0.604	0.542					0.433	0.386
					(3.48)***	(6.63)***					(2.72)**	(4.96)***

续表

	未使用权重						使用权重					
	R_1	R_2	R_3	R_4	R_5	R_6	R_1	R_2	R_3	R_4	R_5	R_6
一体化加工企业					0.55 (3.55)***	0.494 (6.99)***					0.396 (3.05)**	0.359 (5.35)***
常数项	0.451 (3.52)***	0.056 (0.52)	0.075 (0.35)	0.251 (1.96)*	0.328 (1.68)	0.217 (6.88)***	0.262 (2.63)**	−0.064 (0.24)	−0.074 (0.38)	0.124 (1.46)	0.093 (0.74)	0.157 (5.23)***
Observations	306	306	306	306	306	306	306	306	306	306	306	306
Adjusted R-squared	0.061	0.100	0.111	0.103	0.154	0.155	0.000	0.033	0.112	0.100	0.122	0.124
AIC	148.29	136.299	133.435	135.146	106.116	104.849	−0.699	−9.858	−34.911	−32.076	−50.788	−52.455
Omitted variable test	0	0.007	0.048	0.107	0.024	0.164	0.003	0.036	0.297	0.007	0.002	0.032

注:采用稳健性检验,*、**和***分别代表在10%、5%和1%的水平上显著。

图 8.4 描述了在 95%置信区间内所有 10 种技术类型的企业的资本回报率(r_1)与资本存量 k 的对数值之间的关系。从图中可以明显地看出，两者之间存在倒 U 型关系。资本回报率先随着资本存量的增加而增加，到达一定数值时候，又随着资本存量的增加而减少。这再次验证了假说 2 的前半部分。图 8.5 描述了不同技术类型截距项与该类型最低投资门槛之间的关系。该图显示出两者存在很强的正相关关系，这支持了 Baumol 假说。

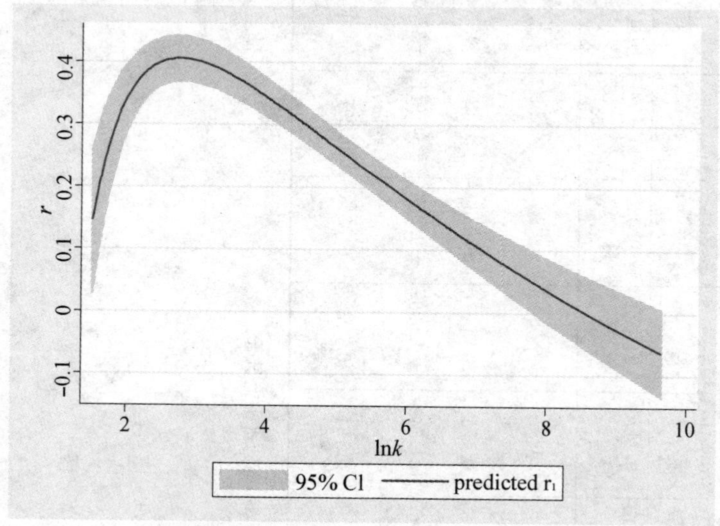

图 8.4　所有企业的资本回报与资本存量的关系

资料来源：作者计算。

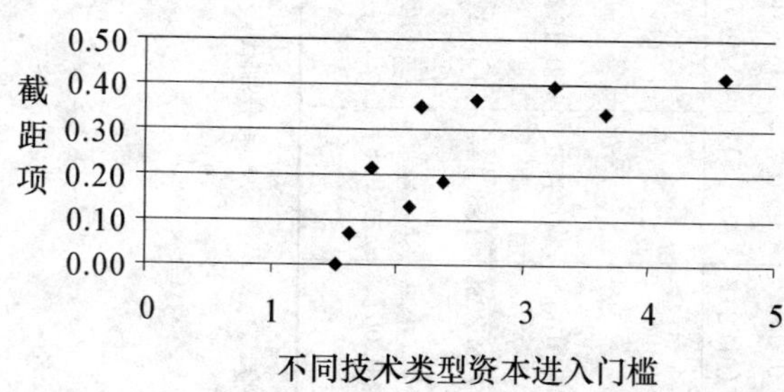

图 8.5　不同技术类型截距项与进入门槛的关系

注：纵轴表示不同技术类型的截距项，数据来自表 8.4 中的 R_5；横轴表示不同技术类型的最低投资额(对数值)。"缝合套口"作为默认的基准组，图中将其值设为 0。

笔者在前文提到,有关企业规模与资本回报率之间关系的实证研究有着矛盾的结论,本章的结论表明企业是否存在信贷约束以及企业所处的技术类型对资本回报率均有影响,上述矛盾的结论在一定程度上是因为没有考虑这两个因素而产生的。

为了检验回归结果对改变企业主及其家庭成员的工作时间是否稳定,笔者用 r_2 代替 r_1 做了同样的回归,表 8.5 报告了这一结果,前述结论依然成立。

8.4 本章小结

本章沿着 Evans 和 Jovanovic(1989)的思路,从企业家选择的角度阐明了资本市场发展与产业集群生产组织形式选择之间的关系,进而用调研数据验证了 Baumol 假说的存在性。Baumol 假说的成立表明在产业集群内,不同技术类型的进入门槛与资本回报率存在正相关关系,高资本回报率能够激励企业家不断将利润转化成资本,从而使低进入门槛的生产技术升级到高进入门槛的生产技术,即产业集群内不同的技术类型形成了一条企业家成长通道。

本章与前一章是紧密联系的,综合这两章内容,笔者得出如下结论:发展中国家的企业家在面临资本约束时,可以通过生产组织形式的选择,绕开资本市场不完善与生产技术进入门槛的制约。具体而言,面临资本约束的潜在企业家通过基于产业集群的中小企业分工协作制,将高进入门槛的资本密集型生产技术分解成低进入门槛的劳动密集型生产技术。不同的资本进入门槛有着不同的资本回报率,企业家在一个动态发展的过程中,可以逐渐从低资本回报率的生产技术跨越到高资本回报率的生产技术,并且在进一步发展中,当资本规模扩展到一定程度时,该企业家从受资本约束跳跃到不受资本约束的状态。即在资本市场不完善的环境下,企业家通过对生产组织形式的选择,不仅创造了进入工业化的机会,还创造了成长的通道。这两章的研究结果表明,在经济发展中,不仅要考虑去除主要的限制因素,而且还应考虑到如何充分利用制约因素作为创新的动力。

当然,笔者并不是否定完善资本市场对工业化的重要性。如果可以在发展的起点处,突然外生出一个完善的资本市场,那将是发展的最优选择。但是这种最优选择在现实中是不存在的。发展不能是一个等待的过程,而应该是往前一点、再往前一点的过程,是一个逐渐模仿、创新、适应的过程(Alchian,1950)。实际上,大家目前所观察到的西方国家完善的资本市场是在其工业化发展历史中逐渐成长起来的，完善的资本市场本身就是发展的一个产物(Robinson，1952；Greenwood & Jovanovic，1990)。因而，在工业化早期，利用生产组织形式的创新避开不完善资本市场的制约是一种符合实际的发展模式，也被中国30年来东部沿海地区快速农村工业化历史证明是可行的。

9 濮院羊毛衫产业集群演化与发展(四):企业家才能

9.1 引 言

企业家①才能是促进经济发展和实现工业化的重要因素(熊彼特,1997;张培刚,2002)。具体而言,企业家才能可以增加就业,提高劳动生产率,促进创新,并且在一定的区域内能够产生积极的知识外溢效应(Van-Praag & Versloot,2007)。但是,在发展中国家的工业化早期阶段,企业家才能是一种非常稀缺的资源,而且企业家往往因为缺乏实践的机会而无法培育和增进其才能。因而,发展中国家有可能因为无法有效地动员和培育企业家才能而陷入到经济停滞的困境中。然而,改革开放后中国东部沿海地区基于产业集群模式的快速农村工业化过程,表明上述停滞的困境是可以避免的。

产业集群一个重要特点是企业在空间上聚集,并且相互之间形成紧密的分工合作关系(王缉慈,2001)。Garofoli(1992)认为在一定区域内已有的企业家密度越高越容易促使新企业家的诞生;Zander(2004)进一步指出产业集群能够为企业家提供更多的创业机会;Schmitz 和 Nadvi(1999)注意到产业集群通过分工能够充分动员人力资本,因而非常适合发展中国家。沿着上述思路,笔者认为产业集群通过分工将一种企业家才能要求较高的一体化生产组织形式,分解成了企业家才能要求较低的分工协作的生产组织形式。具体而言,产业集群的分工协作制使每一位企业家只从事少数几道工序的管理,因而对单

① “企业家”是经济学上一个非常重要的概念,不同学者分别从创新、把握市场机会、承担不确定性等角度给出了不同定义,详见《新帕尔格雷夫经济学大辞典》的“企业家”词条。

个企业家才能的要求降低了；而且，不同工序的管理复杂性存在差异，对企业家才能的要求也不一样，因而才能禀赋各异的潜在企业家可以根据自身的状况选择相应的工序进入；此外，企业家才能具有溢出效应，基于产业集群的分工协作制使得企业家才能较强的人能够将部分能力共享给企业家才能较弱的人，使得所有企业家均能从中获益。通过这种机制，发展中国家稀缺的企业家才能被充分动员起来，并且在一个动态的过程中，企业家才能得到了培育。本章首先建立一个分析框架阐述上述思想，然后利用濮院羊毛衫产业集群的案例调研材料例证其中的基本思想。

9.2 理论分析框架

假设企业家在进入工业化生产时有两种生产组织形式选择：一种是一体化的生产组织形式，在这种形式下，全部的生产工序被包含在一个企业内，企业家需要处理原材料采购、生产、销售等所有事务，因而这种生产组织形式对企业家才能的要求是非常高的。而另一种生产组织形式是基于产业集群的分工协作制，在这种形式中，企业家们将一体化的工序分解成许多相对独立的工序，每一位企业家只需要负责其中一道工序，因而对单个企业家的才能要求大大降低。图 9.1 进一步阐述了上述思想。假设一个社会中企业家才能是服从正态分布的，图 9.1 的左边表示企业家才能的分布情况。图 9.1 的右边表示不同生产组织形式对企业家才能的要求，在一体化生产组织形式下，需要的企业家才能很高，只有才能高于 θ_0 的少量企业家可以进入。相反地，如果采用基于产业集群的分工协作制，则被分解后的工序对企业家才能的要求大大降低，工序 1 需要的企业家才能是 θ_1，工序 2 需要的企业家才能是 θ_2，而工序 n 需要的企业家才能只需 θ_n。在这种基于产业集群的分工协作制下，企业家才能高的人可以选择那些对才能要求较高的工序，如工序 1；而才能较低的人，可以选择才能要求较低的工序，如工序 n。通过这种选择，能力各异的企业家找到了各自的机会，才能较强的企业家负责比较复杂的工序，如产品销售、研发，而才能稍差些的企业家则负责简单生产的工序。而且，在相互合作中，企业家才能得到了共享，稀缺的企业家才能被充分动员了起来。此外，基于产业集群的分工协作制不仅给了众多企业家融入工业化的机会，而且使得企业家能够在生产实践中慢慢培育出新的才能。

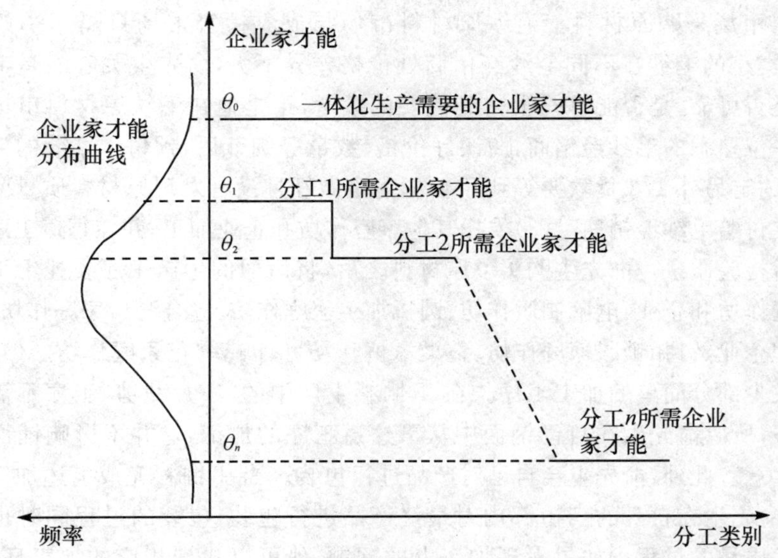

图 9.1　基于产业集群的分工协作制与企业家才能

9.3　企业家的分工协作与能力共享

本书第 6 章详细介绍了濮院羊毛衫产业集群中的两种生产组织形式,本节将利用社会学的研究方法,通过访谈资料着重研究基于产业集群的中小企业分工协作制中,不同的企业家究竟是如何分工协作以及如何共享企业家才能的?以下材料来自笔者 2007 年在濮院羊毛衫产业集群进行的访谈调研,访谈对象包含了分工协作制中所有不同类型的企业家。

9.3.1　市场成衣销售商(访谈对象:羊毛衫市场一区沈阳街,俞先生)

俞先生在濮院羊毛衫市场销售一区拥有一个 15 平方米左右的铺面,从事成衣的销售,但俞先生所从事的活动不仅仅是销售本身,其范围要广得多。(1)通过模仿,设计出新款式。2007 年春节刚过不久,俞先生决定投资生产一批夏季的羊毛 T 恤衫,T 恤衫作为一种季节性很强的流行服饰,其款式、颜色等因素对销售有着决定性的影响,俞先生自己并不是专业的设计人员,不具备设计新款式的能力,但俞先生通过观察市场中其他销售门市部,尤其是外地大厂商代销处新出的夏季 T 恤衫的样式和颜色,结合自己去年的销售经验,决定今年生产某种样式和颜色的 T 恤衫,以供即将到来的夏季销售。(2)到毛纱市场采购原材料。在完成了新款式 T 恤衫的构思之后,俞先生需要到毛纱原材料市场采购原材料。毛纱原材料市场与成衣销售市场只隔了一条国道线，同类型的毛纱在不同毛纱经销商处价格差异不大，俞先生关心的是毛纱的质量是否可靠，是否能够马上得到需要的数量，于是他在毛纱原材料市场中找到了一位熟悉的毛纱经销商，商谈好价格、数量等细节后，预付了2/3的毛纱货款，并约定另外1/3货款要等到T恤衫完全做好且没有发现原材料质量问题之后才支付给毛纱经销商。(3)委托其他家庭作坊和企业加工，并在每道工序加工完成后检验质量。俞先生购买了原材料之后，将后面的生产工序委托给下面这些家庭作坊和企业：电脑制版作坊、圆机加工家庭作坊、缝合套口家庭作坊、染色后整理企业、钉扣锁眼家庭作坊、整烫家庭作坊和印花绣花家庭作坊。(4)自己从事较少部分简单的加工工序。在T恤衫生产中的"布片裁剪"工序不需要机器设备，所以俞先生在自己铺面中从事这道工序的加工，这并不影响铺面中的销售生意。此外，俞先生会自己对产品进行包装。当T恤衫完成上述加工环节之后，俞先生在自己的门市部内对最终产品进行包装，包装的过程同时也是检查加工质量的过程。如果发现加工上的问题，他可以找到相应的加工环节，一般通过协商解决问题。(5)销售。当所有的生产工序都完成后，俞先生需要将这些成品销售给外地的批发商，一般会有往年的一些老顾客来购买；同时，市场聚集效应带来的川流不息的客商都是俞先生的潜在客户，俞先生不需要做广告，只需要在铺面里挂上新款式T恤衫的样品，然后等客商上门讨价还价。

9.3.2 毛纱销售商(访谈对象：南方毛纱市场，张先生)

张先生是桐乡人，最初筹集了50万元开始经商。张先生在毛纱市场中从事毛纱销售工作，拥有一个20平方米左右的铺面，毛纱存货堆放在仓库中。毛纱市场门市部主要有两类经营形式：其一是外地毛纱厂设立的经销处、代销处；其二是从外地毛纱厂采购毛纱然后销售。替外地厂商代销，所需流动资金较少，风险较小，但利润很薄；自己采购然后销售需要占用较多的流动资金，且风险较大，但利润丰厚；张先生以自己采购毛纱然后销售为主，但也兼营代销。张先生的工作主要有：(1)到毛纱企业采购毛纱。桐乡本地生产毛纱的企业不多，而在江苏等地较多，张先生根据濮院的市场需求情况到毛纱企业进货。如果一个批次的进货量太少，张先生无法迅速、足量地满足客户(例如成衣销售门市部的俞先生)的需求，那么张先生就有可能错失市场机会，所以，张先生在流动资金许可的范围内，会尽量考虑多进些货。张先生日常流动资金大概需要100万元。(2)将毛纱销售给市场成衣销售商。

9.3.3 电脑制版作坊主(访谈对象：大大城，陶先生)

市场成衣销售门市部的俞先生模仿构思出的新款式，需要在电脑中完成制版,才能在加工中实现预定的构想。大大城离俞先生的销售门市部有2公里,是一处电脑制版和圆机加工的集中地。陶先生是嘉兴人,3年前开始从事电脑制版业务,拥有一个10多平方米的店面,一个人,两台电脑,一台扫描仪,专门为客户提供制版服务。陶先生的工作是在客户的要求下,利用一套专门的电脑针织制版软件设计出符合客户要求的样品图。

9.3.4 圆机加工作坊主(访谈对象:大大城,肖先生)

市场成衣销售门市部的俞先生在购买好毛纱和完成电脑制版后,需要将毛纱从纱线纺织成布片。大大城的肖先生就是专门替客户编织布片的。大大城是一个圆机加工的聚集地,总共有600多台圆机,200多个家庭作坊。肖先生拥有两间平房,面积大概30平方米,一间放有两台圆机,另一间供生活起居用。肖先生的工作是在接到客户(例如俞先生)的加工任务后,根据客户的要求利用圆机将纱线纺织成布片,并且要随时关注机器的运转。当客户要求加工的量很大且时间很紧时,肖先生就得连夜开着机器加工。

9.3.5 缝合套口作坊主(访谈对象:义路街,何先生)

圆机加工完成的布片在裁剪之后,需要用专门的机器进行缝合套口。在距离羊毛衫市场大概1公里的义路街上聚集着许多缝合套口家庭作坊。来自重庆的何先生在一间大概40平方米、灰暗的老房子中从事缝合套口加工的业务。何先生有三台小型的机器设备和一辆三轮车,他的工作是在接到客户(例如俞先生)的加工要求后,用三轮车将客户已经裁剪好的布片运到作坊内,利用套口机和拷边机将布片缝合成一件衣服。

9.3.6 染色后整理企业主(访谈对象:工业园区,桐鑫漂染有限公司总经理,李先生)

完成缝合套口后,羊毛T恤衫已经初具雏形了,但这时的衣服还是白色的(即毛纱本来的颜色),需要染成符合市场需求的颜色并进行一些其他的处理。所以,市场成衣销售门市部的俞先生需要将衣服送到染色后整理企业进行处理。染色后整理企业需要较大的投资,并且受政府污染排放量的限制,所以它与整个生产链条上其他家庭作坊差异很大,需要大的厂房、车间,雇佣较多的工人。工业园区内的桐鑫漂染有限公司就是专门从事染色处理的企业。染色后整理企业的工作主要是:(1)接受客户的委托,给客户的衣服(或毛纱)进行染色后整理处理;(2)购买染色用的原料。

9.3.7 钉扣锁眼作坊主(访谈对象:永联村汤家滨,徐女士)

完成染色的羊毛T恤衫还需要钉上纽扣,所以俞先生需要一家专门钉扣锁眼的家庭作坊为其服务。在濮院工业园区南侧的永联村聚集了很多钉扣锁眼专业加工户。徐女士是濮院本地人，在一间15平方米左右的作坊内有5台小型的钉扣锁眼加工机器。徐女士的工作是从市场成衣销售门市部接到钉扣锁眼的活，然后在自己的家庭作坊内完成加工任务。

9.3.8 整烫作坊主(访谈对象:新整烫区，钱女士)

完成钉扣锁眼的羊毛T恤衫还需要通过整烫工序，整烫需要锅炉供汽，地方政府出于安全考虑，在工业园区内建立了整烫作坊区，由热能公司统一供汽。钱女士在新建立的整烫区内拥有一间大概10平方米的铺面，有三个熨斗，自己备有一辆三轮车。她的工作是从市场成衣销售门市部里接到整烫的活，然后在自己的家庭作坊内完成加工任务。

9.3.9 印花绣花作坊主(访谈对象:红星村，姚先生)

完成整烫的羊毛T恤衫，有些需要在胸口绣上一些标志和图纹，这就需要印花绣花工作。红星村的姚先生是专门从事绣花的。姚先生在160平方米的家庭作坊内拥有5台机器，他的工作是从市场成衣销售门市部那里接到绣花的工作，然后在自己的作坊内完成加工。

上述9类企业家通过基于产业集群的分工协作制完成了羊毛衫的生产。在这样的生产流程中，哪些企业家需要较高的企业家才能？谁是整个流程的核心？如果可以采取准确的量化指标度量企业家才能，那么我们可以很清晰地观察到不同工序需要的企业家才能情况。但是企业家才能是难以直接量化的，因而笔者从几个维度考察企业家日常活动所包含内容的差异，从这些差异上识别出不同工序对企业家才能的要求，进而判断出谁是整个生产流程的核心。

笔者从下述5个维度考察不同工序企业家的活动:(1)原材料采购。在整个生产流程中主要涉及两类原材料:一是毛纱，二是染色用的颜料。共有三次原材料采购，首先是毛纱销售商张先生到毛纱企业采购毛纱，其次是市场成衣销售商俞先生到张先生处采购毛纱，最后是染色后整理企业的李先生采购染色用颜料。(2)协调生产和质量控制。整个生产流程中，主要是市场成衣销售商俞先生在协调不同工序间的生产，以及每道工序生产完成后的质量检验。(3)从事具体加工工作。电脑制版的陶先生、圆机加工的肖先生、缝合套口的何先生、染色后整理企业的李先生、钉扣锁眼的徐女士、整烫家庭作坊的钱女士和印花绣花家庭作坊的姚先生都从事具体的加工任务。(4)销售最终产品。市场成衣销售商俞先生是最终产品的销售者。(5)需要投入较多流动资金的工序。从事中间一道工序加工任务的个体，除了染色企业，不需要投入很多的流动资金。而市场成衣销售商俞先生、毛纱销售商张先生以及染色企业,因为需要采购原材料,在生产流程中需要投入较多的流动资金。

总的来说,在濮院羊毛衫产业集群的分工协作制中,起了关键作用的是市场成衣销售商、毛纱销售商以及染色后整理企业。其中,市场成衣销售商是整个生产流程中最核心的人物,他组织、协调、控制着整个生产流程。其他一些工序从事的活动相对比较简单。因而在这样的分工协作制中,企业家才能较强的潜在企业家可以选择成衣销售的工序,而企业家能力较弱的潜在企业家就可以选择钉扣锁眼之类比较简单的工序。因而这种分工协作制给了众多能力各异的企业家进入工业化的机会,从而将广大农村地区稀缺的企业家才能动员起来;同时,才能较强的企业家将部分才能共享给了才能较弱的企业家;此外,企业家可以在动态过程中不断培育出新的企业家才能。

表 9.1 企业家主要日常活动的差异

类 型	采购原料	协调生产	控制质量	从事具体加工	需要投入较多流动资金	销售最终产品	起关键作用的企业家
市场成衣销售商	√	√	√		√	√	★
毛纱销售商	√				√		★
电脑制版作坊主				√			
圆机加工作坊主				√			
缝合套口作坊主				√			
染色后整理企业主	√			√	√		★
钉扣锁眼作坊主				√			
整烫作坊主				√			
印花绣花作坊主				√			

资料来源:作者调研。

9.4 企业家才能使用与生产效率

企业家才能是一个非常难以量化的指标,在真实世界的商业活动中,企业家才能是多项能力的综合,这些能力包含了天赋、教育、培训以及实践经验等[1]。因而,在实际调研中难以准确地量化企业家才能。鉴于此,笔者将忽略个体企业家才能上的差异,而着重从企业家数量的角度探讨企业家才能使用

① 一些研究将受教育年限作为企业家才能的代理变量,但是在农村产业集群中,大部分的商人和家庭作坊主所受的教育程度普遍不高,教育年限上的差异非常小,因而这个变量无法充分衡量企业家才能。

强度与生产效率的关系。

本书第 6 章详细介绍了 2007 年濮院羊毛衫产业集群调研的数据来源和统计特性。笔者将利用同样的数据估算濮院羊毛衫产业集群中两种生产组织形式的 Cobb-Douglas 生产函数，然后计算每种分工类型的边际资本回报率，进而考察不同分工类型的企业家才能使用强度与边际资本回报率的关系。

9.4.1 Cobb-Douglas 生产函数与边际回报率

笔者用总利润作为被解释变量，解释变量是资本存量和劳动力。中小企业分工协作制中，商人和家庭作坊在经营特点上存在着较大差异，因而笔者分别估算销售（包含毛衫商、成衣销售商）、生产（包含电脑制版、编织、缝合套口、钉扣锁眼、印花、整烫）以及销售加生产的生产函数，然后与一体化工厂制的生产函数进行比较。表 9.2 报告了 Cobb-Douglas 生产函数的估计结果。首先，不考虑不同分工类型的虚拟变量，笔者估算了四类生产函数 R_1、R_2、R_3 和 R_5；然后引入反映分工类型的虚拟变量之后，估计了两类生产函数 R_4 和 R_6。从表 9.2 中可以看出，对于中小企业分工协作制中的销售类型，其资本的产出弹性很大，而加工类型的劳动力产出弹性很大；将销售和生产放在一起，其资本的产出弹性大于一体化工厂制企业，而劳动力产出弹性小于一体化工厂制企业。

表 9.2 两种生产组织形式的 Cobb-Douglas 生产函数比较

	包买商制				一体化工厂制	
	销售	加工	销售＋加工	销售＋加工		
	R_1	R_2	R_3	R_4	R_5	R_6
常数项	0.942	0.467	−0.061	0.238	0.686	0.975
	(2.52)**	(1.82)*	(−0.23)	(−1.01)	(4.24)***	(4.55)***
ln(劳动力)	0.074	0.803	0.346	0.724	0.777	0.779
	−0.24	(13.85)***	(7.14)***	(12.00)***	(9.86)***	(10.44)***
ln(资本存量)	0.55	0.208	0.707	0.325	0.191	0.174
	(5.65)***	(2.44)**	(11.04)***	(4.42)***	(5.27)***	(5.18)***
销售				1.145		
				(7.05)***		
一体化加工企业						−0.273
						(2.26)**
R-squared	0.26	0.91	0.61	0.77	0.79	0.80
样本数	120	68	188	188	118	118

注：(1)采用稳健性检验，括号中是相应的 t 检验值，*、**、*** 分别表示在 10%、5%、1%水平上显著；(2)因为不同类型的样本数与总数的比率不一致，笔者在用 STATA 软件进行回归分析时，控制了权重的影响。

利用上面估算的产出弹性,可以计算两种生产组织形式的边际回报率。表 9.3 报告了这一结果。从表 9.3 可以看出,一体化工厂制的边际劳动产出高于中小企业分工协作制中除了“电脑制版”之外的加工类型,但低于销售类型;一体化工厂制企业的边际资本产出低于中小企业分工协作制中的所有类型。

表 9.3　边际回报率比较

	(1)		(2)
	劳动回报率	资本回报率	资本回报率
中小企业分工协作制			
毛纱商	11.45	0.12	0.20
成衣销售商	10.01	0.16	0.27
电脑制版	3.21	0.22	0.14
钉扣锁眼	1.37	0.27	0.17
整烫	1.35	0.32	0.20
套口	1.23	0.29	0.18
印花	1.93	0.16	0.10
编织	1.77	0.22	0.14
平均	4.04	0.22	0.18
一体化工厂制			
染色后整理企业	4.09	0.05	0.05
一体化加工企业	2.20	0.09	0.10
平均	3.15	0.07	0.08
两组差异的显著性 P 值	0.7818	0.0214	0.0341

注:(1)基于表 9.2 中的 R_4、R_6;(2)基于表 9.2 中的 R_1、R_2、R_5,因 R_1 中的劳动力不显著,所以笔者只计算了边际资本回报率。

9.4.2　边际资本回报率与企业家使用强度的关系

企业家才能是一种无形但却对生产效率有着重要影响的因素。中小企业分工协作制和一体化工厂制在企业家才能的使用上存在巨大差异。设想这样的例子,一家一体化企业包含 10 道生产工序,由一个企业家带领 99 个工人生产;假如10道生产工序被分解成10家独立的企业,每家企业由1个企业家带领9个工人生产,则在这种情况下共有10个企业家。

在中小企业分工协作制中,企业家数量的增加使得对劳动力的监督变得容易。如果采用计件制,商人不用监督生产者,因为计件制本身就给了生产者激励。濮院羊毛衫产业集群中的商人委托家庭作坊生产都是采用计件制。商人不用监督家庭作坊,许多工人与家庭作坊主存在亲戚或老乡关系,吃住在一起,相互非常了解,因而企业家和工人之间的信息非常透明,这使得家庭作坊内部的劳动力监督成本大大降低。另外,企业家本身是不需要监督的,剩余索取权对企业家形成了巨大的激励,他会挖空心思提高生产效率。笔者在上文的 Cobb-Douglas 生产函数中没有引入企业家才能的因素,因而实际上企业家才能回报被包含在资本回报中了。

笔者首先比较两种生产组织形式中企业家使用情况的差异,表9.4报告了这一比较结果,从中可以看出创造同样的产出,中小企业分工协作制中使用的企业家数量是一体化工厂制的4倍多。

表9.4 两种生产组织形式企业家数量的比较

	估计的最终产出(亿元)	工人总数(千人)	企业家数量(个)	每亿元最终产出企业家数量(个)	每千个工人占有企业家数量(个)
分工协作制	195.64	55.67	9820	50.19	176.39
一体化工厂制	16.01	12.00	196	12.24	16.33

注:中小企业分工协作制最终产出由所调查的成衣销售门市部的平均销售额乘以市场中总的成衣销售门市部数量获得。

企业家才能使用在不同分工类型之间也存在着差异。同时考虑中小企业分工协作制中的8种类型和一体化工厂制中的2种类型,在每一种类型中,笔者用企业家数量除以总工人数,再除以平均资本量,得到的数字的含义是:该类型中单位工人和单位资本所占有的企业家数量,值越大表明该类型使用的企业家才能的强度越高。因为不同类型这一数值差异很大,为使它们能够显示在一个图形中,笔者对这一数值乘以10000之后再取自然对数,得到的数值即为本章的企业家才能使用强度指标;笔者将表9.3中的两类边际资本回报率取平均值作为边际资本回报率;图9.2表达了10种类型的边际资本回报率和企业家使用强度的关系,从图9.2中可以看出边际资本回报率与企业家使用强度存在强正相关关系,R^2 达到了0.7819。

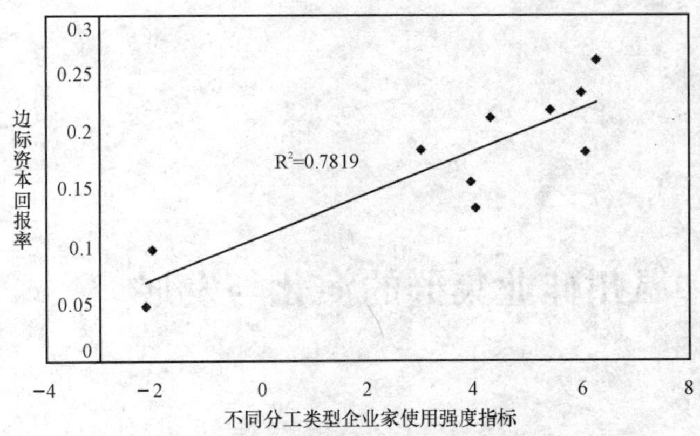

图 9.2 边际资本回报率与企业家使用强度间的关系

企业家才能使用强度的差异对产出影响的程度与产品市场特性是密切相关的。羊毛衫产业具有服装产业流行期短、需求变动异常迅速的特点。“……面对口味变换越来越快的消费者,羊毛衫产品的流行速度大大缩短。这一季新推的毛衫,往往是到了季末就已不能适应市场的需求。”[①]快速变动的市场需求为企业家才能的使用提供了舞台,中小企业分工协作制中的企业家通过灵活组合,可以迅速进行任何批量、款式产品的生产;而一体化工厂制在转化产品款式和调整产量水平上反应较慢。

9.5 本章小结

本章首先从理论上阐明基于产业集群的中小企业分工协作制是如何动员企业家才能的。产业集群通过分工,将企业家才能要求很高的一体化生产组织形式,分解成了企业家才能要求较低的分工协作生产组织形式,才能禀赋各异的潜在企业家可以根据自身的状况选择相应的分工类型进入工业化。通过这种机制,发展中国家稀缺的企业家才能被充分动员起来,并且在动态过程中,企业家才能得到了培育。

随后笔者利用 2007 年的调研资料,详细分析了濮院羊毛产业集群中不同分工类型在企业家才能使用上的差异以及企业家才能共享机制。最后本章检验了企业家才能使用强度与生产效率间的关系,基于产业集群的中小企业分工协作制之所以有效的一个重要原因,是因为它高强度地使用了企业家才能。

① 同黎娜:《“濮院毛衫”的 8 大解读》,《中国服饰报》,2006 年 4 月 7 日,第 A12 版。

10 温州鞋业集群的演化与发展

10.1 引 言

温州地处浙江省东南部，改革开放之初经济发展的初始条件极为恶劣。1978 年温州全市人口 561.26 万人，而耕地总面积只有 290 万亩，人均耕地只有 0.52 亩，只及同期全国平均的 1/3。由于地处台海前沿，不管是中央政府还是浙江省政府都不愿投资于温州的基础设施和产业。以国家投资为例，1949—1981 年间国家对温州固定资产投资总共为 6.55 亿元，平均每年只有 0.2 亿元，不及同期宁波的 1/4（张仁寿、李红，1999）。因为远离上海、杭州等大城市，与最近的杭州也有 400 多公里，一面临海，三面隔江、环山，而且交通落后，全靠一条狭窄的盘山公路运送人员和物资[①]，因此也得不到城市工业的辐射。在人多地少，自然资源和区位优势缺乏，电力、通讯和交通等基础设施薄弱，制度和金融体系很不完善，国有投资又严重不足的初始条件下，经过改革开放后 30 年的发展，温州却成为了中国经济增长最快、私营经济最具活力的地区。特别是温州制鞋业，从默默无闻发展成为了中国乃至世界范围内都有巨大影响力的产业集群之一，这不能不说是一个奇迹。

根据诺斯等众多经济学家的理论，高度明晰的产权、完善的法律和保障合同实施的司法制度、良好的金融体系以及良好的基础设施是经济发展的关键要素。然而直到现在，不要说是 20 世纪 80 年代，上述的各种要素在中国都还有待进一步的改进[②]。在那么不利的初始条件下，温州鞋业新进入者是如何

---

① 直到 1990 年和 1998 年，温州机场和金温铁路才分别建成。

② 参见“经济增长的秘密”，news. bbc. co. uk/hi/english/static/road_to_riches/prog6/north. stm。

成功克服技术、创始资本、产权等进入壁垒的限制并开始产业集聚过程的？从这一成功案例可以得到哪些启示？本章通过对温州140家不同规模鞋业企业的调查研究，试图揭示出温州经济快速发展背后的推动力量。

10.2 温州鞋业集群概况及调查设计

制鞋业作为一种传统产业，在温州已有500多年的历史。早在明朝时期，温州靴鞋因艺精质优，被列为朝廷贡品。到了清末民国初，温州皮鞋业渐兴。在城内府前街，鞋店多达数十家，集中形成皮鞋专业一条街。

1950年，温州市区皮鞋行业共43家，从业人员103人，多数属个体作坊（章志诚，1998）。其后，温州鞋业经历了社会主义工商业改造和手工业合作化运动，许多私人作坊和工厂都被国有化或停业关门。到1978年，温州市区只剩下鞋厂19家，皮鞋产量49.68万双[①]。这19家企业实际上充当了"种子企业"的作用。1978年改革开放后，温州鞋业迅速恢复了生机。随着原有国营、集体鞋业企业的逐渐没落，这些企业原有的员工纷纷独立创建个体鞋厂，形成了一股"皮鞋热"。至1981年年底，光是温州鹿城区个体制鞋户就达到了99家[②]。其后，随着专业化分工和各类专业市场的建立，温州鞋业企业的数量快速增加，1994年高峰时达到了6000多家，这还不包括生产鞋底、鞋饰等各类配套产品的上千家配套企业。

经过30年的发展，目前温州已成为中国最主要的鞋业生产基地，号称"中国鞋都"。如图10.1所示，温州已经自发形成了一个具有高度专业化分工与协作的产业集群，集群内部现有4000多家制鞋企业（其中年产值在亿元以上的龙头企业有30多家）、200多家制革企业、380多家鞋底企业、200多家鞋机企业、168家鞋楦企业、100多家鞋饰企业、50多家鞋样设计室以及大量的家庭代工户，此外还有专门的鞋类信息服务部、制鞋职业培训学校和鞋类测试研究所等专业服务机构。连接这些企业、机构和家庭的，是诸如温州"鞋城"、河通桥鞋料市场、浙南鞋料市场、生皮市场、皮革机械市场、皮革化工市场等众多的专业市场。2004年，整个温州鞋业集群各类鞋产量高达8.35亿双（其中皮

① 见俞雄：《百年沧桑温州鞋——鹿城鞋业历史溯源与崛起历程》，《鹿城文史资料（第13辑）》，第106页。

② 见俞雄：《百年沧桑温州鞋——鹿城鞋业历史溯源与崛起历程》，《鹿城文史资料（第13辑）》，第108页。

鞋 45298 万双，布鞋 344 万双，胶鞋 37863 万双)(《温州统计年鉴》，2005)，从业人员超过了 40 万[①]。

为了解释本章第一部分提出的问题，浙江大学中国农村发展研究院(CARD)和国际食物政策研究所（IFPRI）对温州鞋业集群进行了联合调查，调查工作包括收集有关的文献资料，并大量走访当地行业协会负责人、政府主管部门领导以及业内的老前辈和知情人。与此同时，我们通过与一些鞋业企业负责人的非正式访谈，设计和完善了调查问卷。2005 年 7 月到 10 月，我们组织了正式的实地调查，调查地域范围覆盖了温州市鹿城区“中国鞋都”工业园、鹿城区双屿工业区、永嘉县瓯北镇、瑞安市莘塍镇等主要的鞋业生产基地。我们根据当地政府或工业园区管理部门提供的名单随机抽取要调查的企业，调查时由一名调查员与被调查企业的主要负责人进行面对面的访谈，并填写调查问卷。我们共调查了 140 家包括生产最终鞋产品和中间产品或配套产品在内的、正在经营的鞋业企业[②]，约占温州鞋业集群企业总数的 2.77%。表 10.1表示的是这次调查的样本情况。

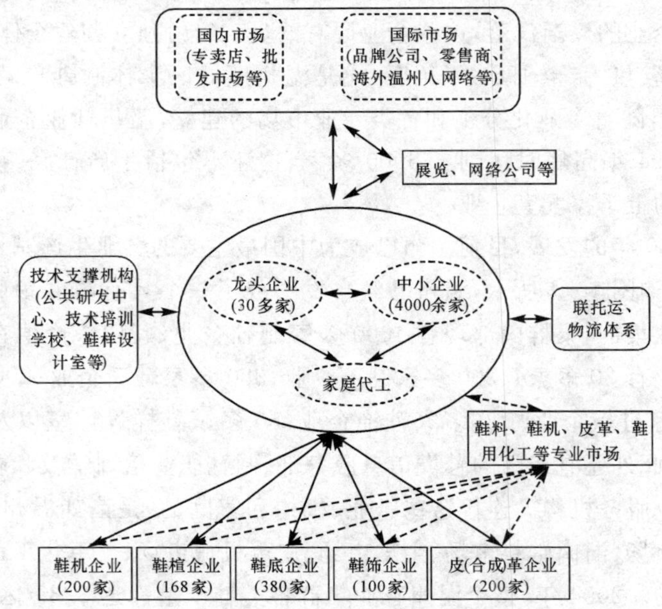

图 10.1　温州鞋业集群构成

资料来源：温州市鞋革行业协会、温州市鞋料商会和作者实地调查。

① 数据来自温州市鞋革行业协会。

② 我们也曾试图对已消失或转行的鞋业企业创始人进行调查，但最终由于实在太困难而放弃了。

表 10.1 调查的样本情况

产品类型	样本数	企业总数	调查比例	最小值	最大值	平均	标准差
最终产品	121	4000	3.03%	3	3500	459	547
鞋底	4	380	1.05%	30	1100	570	612
鞋楦	2	168	1.19%	10	80	45	49
皮革	4	200	2.00%	8	170	62	74
鞋饰	7	100	7.00%	30	200	75	66
鞋机	2	200	1.00%	90	500	295	290
合计	140	5048	2.77%	3	3500	427	531

注：最终产品指皮鞋、休闲鞋、劳保鞋和童鞋等成品鞋；最小值、最大值、平均、标准差指的是 2004 年末的员工数统计量。

资料来源：作者实地调查。

10.3 技术壁垒的克服

10.3.1 企业创始人特征

表 10.2 显示的是样本企业数、创始人的平均教育年限和在外闯荡[①]年限以及创始人进入鞋业时的职业背景情况。

表 10.2 企业创始人的特征

	1980 以前	1981—1985	1986—1990	1991—1995	1996—2000	2001—2005
样本企业数	4	18	27	31	38	22
教育年限	6.25	7.97	8.02	9.03	9.70	9.18
在外闯荡年限	5.00	7.38	8.50	9.68	11.16	14.53
职业背景 1(%)						
农民	0.00	11.11	18.52	16.13	13.16	13.64
工人	50.00	27.78	37.04	29.03	13.16	9.09
经销人员	25.00	33.33	25.92	35.48	50.00	54.54
工程技术人员	0.00	16.67	0.00	6.45	10.53	9.09
管理人员	25.00	11.11	7.41	3.23	5.26	13.64
其他	0.00	0.00	11.11	9.68	7.89	0.00
职业背景 2(%)						
与制鞋业有关	75.00	77.78	22.22	48.39	42.11	59.09

注：教育年限和在外闯荡年限分别是每一小组的平均值。

资料来源：根据温州实地调查数据计算。

① 指到外地参军、经商或打工等。离开学校后，随亲戚朋友到各地打工或学做生意，是温州人的一个非常重要特点。通过在外闯荡，可以积累人力资本和社会资本，并获取宝贵的市场信息。

从表10.2我们可以得到一些有趣的发现:(1)创始人的平均教育年限稳步提高,这一点与Sonobe等(2003)在温州乐清低压电器集群研究中的发现基本相同。(2)新进入者在创立企业之前,在外闯荡的年限一般较长,并在80年代中期逐步超过了教育年限。这一点对温州鞋业集群的形成是至关重要的。大量温州人长期在外闯荡,不仅提高了其创业的人力资本和社会资本积累,往往也能抢先获得有关的市场需求信息,从而把握住市场机遇,获得发展先机。(3)从新进入者的职业背景看,也有一些值得关注的地方。

首先,新进入者中原来是农民的比重一直比较低①,而原来是工厂工人和经销人员的新进入者所占比重则发生了显著的变化。在早期的进入者中,原来是工厂工人的比重很高而后总体上逐步下降,而原来是经销人员的比重则刚好与之相反,呈现出先低后稳步提高的特征。这表明在早期的鞋业生产中,由于当时市场供给严重不足和消费者对产品质量要求不高的特定市场环境,市场营销和开发能力尚未成为行业进入的要件,而较高的操作技术和技巧则构成了鞋业早期进入者的主要进入壁垒。事实上,由于早期温州鞋业还缺乏专业化分工与协作,这时的进入者通常摆起鞋摊或建起家庭作坊式的皮鞋加工厂,生产完整的鞋类产品。相对而言,整鞋生产技术要求高,所以这时的新进入者往往是一些原先国有或集体企业的技术工人,他们通常采用少量设备,以手工制作的方式生产皮鞋。正是这一技术壁垒的存在,使得普通农民因缺乏相应技术而难以进入该行业,但原先的工厂工人则由于具有较为熟练的技术而较易在早期进入该行业。随着鞋业生产的发展和生产技术的扩散,一些特定的生产工艺流程开始分离出来,形成了大量专门从事某种工艺加工或某道工序生产或某一配套产品生产的、以“中间产品”或“配套产品”为主业的企业,分化出了诸如乐清白石鞋底生产基地、永嘉黄田鞋饰生产基地等鞋业配套“子集群”。随着分化过程的不断深化,技术壁垒效应逐步减弱,但另一方面,随着鞋类生产企业的增加和产品供给能力的大幅提高,市场环境开始发生根本的变化,在这种情况下,市场营销能力对于新的行业进入者来说是至关重要的,只有那些具有营销渠道和营销能力的新进入者才能得以生存和发展。这就是为什么在我们所访问的新进入者中原来曾是经销人员的比重越来越高的重要原因。

其次,从新进入者原来所从事工作是否与鞋业有关这一角度来看,也呈现

---

① 这一点不同于Sonobe等(2002)的另一项研究成果。在他们2002年对湖州织里服装集群的研究中发现,在早期的进入者中农民的比重较高。这表明不同行业起步时的技术门槛并不一样。

出先高后低的趋势。在1985年以前的早期进入者中，其原先的工作大多与鞋业有关，而后这一比例陡然下降，特别是20世纪80年代中后期受早期介入者赚钱效应影响，大量原先经历与鞋业无关者进入了这一行业，并导致了温州鞋业产品的质量危机。其后，与鞋业有关的介入者所占的比例有所回升，但总体保持在相对低的水平。

10.3.2 制鞋技术和知识的扩散

改革开放后，随着传统的国营和集体鞋业企业的逐渐没落，原先鞋厂的熟练技工、销售人员、管理人员及退休离职人员，纷纷自己独立创建个体鞋厂；而后，通过以师带徒、企业分家等方式，制鞋技术迅速扩散到了社会。图10.2粗线条地显示了改革开放后温州鞋业生产与技术扩散的过程。这一扩散过程主要包括几个方面：

(1)熟练技工、销售人员、管理人员及退休离职人员离开传统国有或集体企业，自己创业。中国的20世纪80年代初，正是计划经济向市场经济过渡的初期，鞋类产品供给相对短缺，强大的市场需求和经济利益诱使不少国营或集体鞋厂的员工，特别是一些技术工人，纷纷脱离企业，自行摆起鞋摊或建立家庭作坊式的皮鞋加工厂。比较有代表性的是国营东方红皮鞋厂，从该企业就先后衍生出了吉尔达鞋业、澳伦鞋业和大顺鞋机这三家较有行业影响力的企业和泰隆鞋楦厂等众多其他企业。表10.3显示的是上述四家衍生企业创始人原先的工作背景。

(2)通过以师带徒的方式，促进了温州鞋业生产和技术的扩散。比较典型的是吉尔达鞋业的创始人余阿寿先生，他共收了十六个嫡传弟子，其中有十五个弟子都曾创办自己的企业，成为鞋厂的老板(袁亚平，2003)，只有一个弟子成了他的女婿而留在了吉尔达鞋业工作。

表10.3 东方红皮鞋厂四家衍生企业创始人原先工作背景

企业名称	创始人	创业前在东方红皮鞋厂的工作
吉尔达鞋业	余阿寿	东方红皮鞋厂车间主任
澳伦鞋业	姚万福	东方红皮鞋厂主管生产
大顺鞋机	夏正义	东方红皮鞋厂负责机修
泰隆鞋楦厂	黄永斌	东方红皮鞋厂资深技术员

资料来源：作者实地调查。

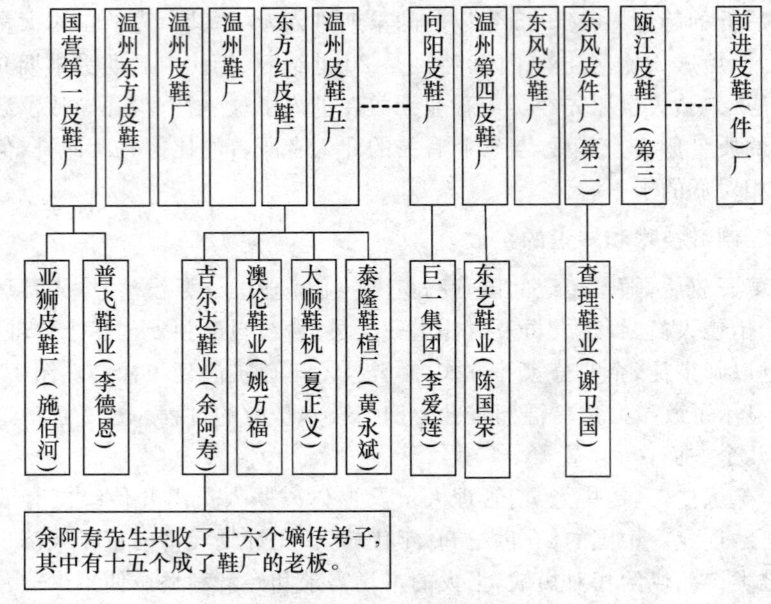

图 10.2　温州鞋业生产技术与知识扩散过程

资料来源:作者实地访谈和袁亚平著的《世上温州人》。

(3)通过他人模仿和企业分家,进一步推动了鞋业生产和技术的扩散与传播。事实上,产业集群的形成也是一个生产和技术通过他人模仿而扩散和传播的过程。一家企业创办成功往往就会诱使周边人的模仿,由此,大量的企业就像雨后春笋般地被快速衍生"复制"出来。从温州鞋业的扩散和传播路径看,这一过程基本上是沿着血缘、亲缘、地缘和朋友关系完成的(朱康对,2005)。由于这类关系,特别是朋友之间的合作,往往难以持久。因此,发展到一定程度就会出现企业分家,但这反而推动了产业的扩散,促进了温州鞋业集群的形成①。

10.3.3　通过分工降低技术门槛

通常人们认为专业化分工可以提高生产效率,然而,往往忽视了专业化分工在突破产业进入壁垒方面的作用。调查中我们发现,专业化分工使得复杂

① 这其中奥康和红蜻蜓这两家企业的形成较为典型。同为木工出身的王振滔和钱金波一起外出打工,而后一起在外地卖鞋,1988 年又一起创办了皮鞋厂。1995 年,由于两人性格上的差异导致了企业分家,随后两人分别成立了现在的奥康集团和红蜻蜓集团。分立后,这两家企业都取得了跳跃式的发展,先后成为中国皮鞋行业的龙头企业。

产品生产简单化，不仅降低了鞋业生产的技术壁垒和进入的资金门槛[①]，而且还充分利用了企业家才能。

首先，通过专业化分工把原本非常复杂的鞋类产品分解为众多的中间产品，从而为没有鞋业工作背景或不具备鞋业生产全部技能的家庭提供了介入的可能。如表10.4所示，可以把一双鞋的生产分解为七大类数十种中间产品，新进入者可以根据自身的技术能力选择某一中间产品进行生产。

表10.4 鞋类中间产品

大类产品	细分中间产品
鞋面	皮革、PU革、PUC革等
鞋底层	鞋底用原液、鞋底、鞋跟、中底、鞋垫
鞋内层	鞋面内里、前衬、后衬、套里、海绵
成鞋材料	线材、鞋胶(贴合胶、成型胶)
配套产品	鞋楦、鞋拔、鞋擦布
鞋饰配件	鞋扣、拉链、花边、鞋带、鞋沿条等金属配件和塑料配件
包装材料	鞋盒、商标、吊牌、条形码标签、包装纸、干燥剂

资料来源：作者实地调查。

其次，通过专业化分工把原本相当复杂的鞋类产品生产过程分解为大量相对简单的生产工序，从而大大降低了生产的技术难度。鞋业生产过程中的一些辅助性生产工序，甚至能把那些老、弱、残的劳动力也融入到生产中来。我们在温州永嘉县的一些农村调查时，就经常可以看到农妇在农闲时使用简单的工具，装搭来自黄田镇的鞋饰、鞋扣等小五金配件。

第三，专业化分工充分利用了企业家才能。不同进入者的企业家才能是不同的，企业家才能丰富的进入者可以通过纵向一体化把更多的生产工序纳入到企业中来或扩大企业规模，而企业家才能贫乏的进入者可以选择某一道或几道工序、以合适的规模来组织生产。因此，通过专业化分工充分利用农村企业家的才能，把具备不同企业家才能的进入者纳入到鞋业生产链条中来，使每个进入者或多或少的企业家才能转化成了现实的收益。

① 通过专业化分工可以明显降低该行业的资金进入门槛，即把一条鞋业生产链分解为资本投入量不等的许多道工序，不同家庭就可以根据自身拥有的资本存量多少、融资能力及风险承受能力的大小选择不同的工序进入生产链，这样甚至可以把那些资本存量极少的家庭吸收到诸如钉鞋扣等只需要有一定劳动力即可的生产环节中来。

10.4 资本壁垒的突破

缺乏足够的创始资金及其来源通常被认为是阻碍中小企业创立和发展的主要障碍。许多文献都强调，对于多数中小企业来说，从正式金融渠道获得资金支持是非常困难的。特别是创办中小企业时，由于创始人往往缺少足够的抵押物，也没人愿意或不敢为其提供担保，银行一般不会给予企业创始资金的贷款。我们对温州鞋业企业创始资金来源情况的调查也证实了这一点。在我们所调查的140家企业中，明确表示企业创建时得不到银行贷款的有113家，未回答资金来源的有24家，回答资金来源不明确的有1家，而只有2家企业表示创始资金中获得了少量的银行贷款。一家创建于1996年，投资额为50万元，其中有40%资金来自于银行贷款；另一家创建于2000年，投资额也是50万元，其中有20%来自于银行贷款。在正式金融渠道难以满足创始资金需求的情况下，温州鞋业企业是如何克服资金进入壁垒的呢？在我们所调查的140家企业中，对创始资金或其来源问题未回答或回答不明确的企业有20家，2005年新成立的企业有2家，去掉这22家企业后，共剩下118家企业。我们以这118家企业来分析初始资金的门槛及其来源。

上述118家企业合计投入创始资金1970.11万元人民币，每家企业平均为16.70万元人民币。从表10.5可以看出，这118家鞋业企业的创始资金差异较大，最小的只有0.05万元[①]，最大的为356.74万元，原因在于其初始的生产规模和所介入的环节不同。从不同时期创始资金的最小值、最大值和平均值来看，虽然随着时间的推移，总体上创始资金需要量在不断提高，表明该行业进入门槛有所提高。但各个时期所需的最低投入额仍比较低，这表明进入该行业的创始资金需求是非常低的，一般家庭通过一定的自身积累并借助于非正式金融就完全能以适当的规模选择适当的环节进入。

① 初始投资额只有0.05万元的是康奈集团，该企业成立于1980年，现已发展成为中国最大也是最优秀的鞋业企业之一，拥有14条先进的自动流水线，2004年产值已达12亿元人民币。

表 10.5 118 家鞋业企业不同时期的创始资金进入门槛 单位:万元

年份	样本数	最小值	最大值	平均值	标准差
1980 及以前	4	0.05	7.07	2.09	3.35
1981—1985	14	0.09	22.53	3.50	6.11
1986—1990	25	0.25	31.27	6.61	9.17
1991—1995	27	0.05	27.21	6.49	7.22
1996—2000	32	1.11	356.74	24.62	61.27
2001—2005	16	0.89	309.57	49.03	91.45
所有样本	118				

注:(1)所有初始投资额已根据浙江省历年的固定资产投资价格指数进行调整;(2)在1996—2000 年创办的企业中,有一家创始资金高达 356.74 万元,在 2001—2005 年期间创办的企业中有两家创始资金分别高达 249.99 万元 和 309.57 万元,如剔除这三家企业的影响,则两个时期创始资金的平均值分别只有 13.90 万元和 16.07 万元。

资料来源:根据作者实地调查数据计算。

表 10.6 所示的是以各个企业不同来源资金所占的比重为权数计算的各种不同来源资金在创始资金中所占的金额和比重。数据表明,温州鞋业企业的创始资金中 66.37%来自于创始人的个人投资,其次有 24.94%来自于创始人的直系亲属和亲戚朋友,另有 8.35%来自于社会集资或其他来源,而来自银行贷款的资金只占 0.34%,几乎可忽略不计。

表 10.6 118 家鞋业企业创始资金及其来源

	创始资金	创始人	直系亲属	亲戚朋友	银行贷款	社会集资	其他
加权金额	1970.11	1307.48	287.00	204.40	6.79	43.58	120.86
比重(%)	100.00	66.37	14.57	10.37	0.34	2.21	6.14

注:所有初始投资额已根据浙江省历年的固定资产投资价格指数进行调整。

资料来源:根据作者实地调查数据计算。

上述结果有两点值得我们关注:一是在得不到银行等正式金融支持的情况下,温州鞋业企业的创始资金主要来自于创始人的个人投资;二是来自非正式金融渠道的创始资金中,主要又来源于基于亲情和朋友关系的渠道,而更为一般意义上的、市场化的非正式金融渠道，如社会集资等并没有发挥多少作用①，这表明温州鞋业企业创始资金的筹集，基本上是按照血缘、亲缘和朋友关系展开的，社会资本在其中发挥了重要的作用。

前面我们分析了企业初始资金的门槛及其来源，接下来我们进一步分析它们是如何克服流动资金困难的。表 10.7 表示的是碰到流动资金困难时，选择不同首选途径的企业数及其所占比例。我们发现企业碰到流动资金困难时，首先选择亲戚朋友的企业比例高达 44.29%，其次是商业银行的占 20%，而相对关系更为紧密的直系亲属只占 10.71%，选择社会集资的比例也非常少。

表 10.7　选择不同首选途径的企业数及其所占比例

首选途径	直系亲属	亲戚朋友	商业银行	社会集资	其他途径	未碰到困难	合计
企业数	15	62	28	4	16	15	140
比例(%)	10.71	44.29	20.00	2.86	11.43	10.71	100.00

资料来源：根据作者实地调查数据计算。

为什么会出现这种情况呢？通过进一步分析我们发现，直系亲属的资金通常不需要支付利息，并且通常也没有明确的偿还限期，除非有特殊原因，否则企业可以较长期的使用，所以此类资金一般被用在初始资金或扩大规模时的固定资产投资上。当需要流动资金融通时，企业主更愿意借助于源于上下游企业间普遍存在的、基于相互信任和承诺基础上的"延缓性支付"。上下游企业之间因为长期业务关系而形成了相对稳定的朋友关系，由于大家都是做同类产品的，每个个体的信誉度和企业发展前景都较为清楚，加上居住在同一区域所形成的多边信誉(惩罚)机制，企业主之间能以赊账的方式来计付各种费用，从而形成资金方面的互助支持和融通。表 10.8 显示的是我们对 140 家鞋业企业是否可赊欠上游供应商货款的情况。结果显示，绝大多数被调查的鞋业企业都可以赊欠上游供应商货款，赊欠的期限一般不超过 3 个月。这表明这种"延缓性支付"已成为温州鞋业企业克服流动资金困难的一个重要途径。另一方面，由于已有初始投入所形成的固定资产作为抵押，银行相对愿意给予企业流动资金贷款。因此，也有部分企业在面临流动资金困难时首先选择向银行贷款。

① 表 10.6 所示的 118 家中，只有 6 家企业运用了社会集资的方式来筹集创始资金，所占比例分别在 20%～67%之间。

表 10.8 企业是否可赊欠主要上游供应商货款

	允许赊欠(赊欠时间)					不允许	回答不明确	合计
	1个月及以下	1～2个月(含2个月)	2～3个月(含3个月)	3～6个月(含6个月)	6个月以上			
企业数	78	17	17	7	2	12	7	140
比例(%)	55.72	12.14	12.14	5.00	1.43	8.57	5.00	100.00

资料来源:根据作者实地调查数据计算。

10.5 体制性壁垒的突破

温州鞋业集群的形成过程,也是中国改革开放政策的探索与深化过程。在改革开放初期,温州鞋业企业创始人面临的体制性障碍主要来自两个方面:一是私人产权保护不足带来的产权风险;二是法律体系建设滞后导致的履约风险。

10.5.1 规避产权风险

改革开放初期,中国的市场经济制度尚未建立,产权制度的实际供给仍然受到政治的约束,特别是当时的政府高层对改革方向还存在着一些不同意见,姓"社"姓"资"之争使得这一时期的个体私营经济活动常常被认为是"非法的市场经营活动"而受到政策压制。因此,对于这一阶段的温州鞋业进入者来说,如何规避产权风险,争取个体经济自由是他们面临的一个巨大难题。为了避开与当时的正统体制和意识形态的正面冲突,寻求政治上的合法化保护,减少所谓的"非法的市场经营活动"所带来的较高交易成本和效率损失,不少个体私营鞋业企业采取了"挂户"经营或戴上集体所有制的"红帽子"的变通方法来规避当时的产权风险。通过这些变通方法,不仅给私营企业披上了合法的外衣,而且有效扩大了企业资金的来源。而对于民间的这些自主创新,当地政府的作用也不可忽视,正是由于他们的默许甚至支持,温州鞋业企业成功突破了当时的产权制度壁垒,规避了至关重要的产权风险。

10.5.2 降低履约风险

在法律体系总体上还不很完善、信用制度尚未建立的环境背景下,通过法院等司法途径来实施合约的成本很高,而且由于交易价值相对于诉讼成本来说可能太小,所以往往不切实际。因此,在这种情况下,单纯依靠体制性的力量来提高市场运作效率、降低履约风险和交易成本是很不现实的。我们在调查中,对温州鞋业企业一般如何解决企业间合同纠纷的问题进行了访问,表 10.9显示的是我们分析的结果。

表 10.9 一般采用什么方式解决企业间发生的合同纠纷

解决方式	打官司	相关协会调解	私下协商解决	其 他	未回答	合计
企业数	4	9	94	7	26	140
比例(%)	2.86	6.43	67.14	5.00	18.57	100.00

资料来源:根据作者实地调查数据计算。

被调查的 140 家企业中,有 94 家企业明确表示发生合同纠纷时一般通过私下协商方式来解决纠纷,只有 4 家企业采用"打官司"的方式。由于法律体系尚不健全,在中国打官司不仅费钱费精力,而且即使打赢了官司也可能没什么用,因此私下协商就成为保障正式合约执行的一种替代方式。在这样的情况下,温州鞋业参与者又是如何解决履约风险问题的呢？我们发现,求助于市场自身的力量,通过创造性地建设鞋料市场、生皮市场、皮革机械市场、皮革化工市场等各类专业市场进行集中交易,可能是一个重要的方面。在产业集群形成早期阶段,地方性市场在促进新企业进入方面起到了关键性作用。专业市场的功能除了实现交易和减少内生交易费用之外,还可以保持对交易伙伴的压力,从而减少交易失败的风险。专业市场中可选择的潜在交易伙伴越多,交易的可替代性就越强,即使原交易伙伴不履行合约带来的风险损失也比较小,而竞争者之间的可替代性也促进了交易效率的提高(杨小凯、黄有光,1999)。因此,专业市场的形成和发展不仅解决了温州鞋业的"产品市场"和"信息"问题,还有效降低了改革开放初期中国信用制度不完善、法律环境较差状况下的交易成本,提高了交易效率,从而有力地推动了温州鞋业集群的形成。

10.6 本章小结

作为中国私营经济的主要发源地,温州在中国乃至世界经济发展史上创造了奇迹。通过对温州鞋业集群的实地调查,我们发现,由于人多地少、资源匮乏等不利条件,大量的温州人在强大的生存压力下,不得不外出闯荡或私下从事一些小商品的生产,从而具有了较强的市场观念和一定的产业基础。改革开放后，凭借大量外出温州人带回的市场信息，温州企业家抢先一步把握住了市场机遇，并克服了所面临的技术壁垒、资本壁垒和体制性壁垒，获得了令人瞩目的发展。从这一案例中，我们可以得到如下启示。

温州鞋业集群的形成与发展过程，对新制度经济学的理论范式是一种贡献。法律、私人产权和有效的市场常常被看作是经济发展的必要前提条件，然而温州鞋业集群的形成过程表明，高度明晰的产权、完善的法律和保障合同实施的司法制度以及良好的金融体系等对经济发展而言是重要的，但并不是决定性的。从某种意义上说，这些因素与其说是经济发展的前提，不如说是经济发展的结果。另一方面，非正规制度的作用不容忽视。依靠企业家的一些非正规制度方面的创新，比如"遇到红灯绕道走"等变通做法可以弥补正规制度性因素的不足而实现经济的发展。其实，经济发展的过程，本身就是一个不断面临新壁垒、发现新问题的过程。通过企业家的创新活动，可以不断克服这些新的壁垒和问题，从而推动经济的螺旋式发展。因此，我们认为，对于转型经济来说，创造一个能够充分发挥企业家创新能力的良好环境，从某种意义上来讲，或者在一定时期中，要比构建一个完善的产权制度、法律体系和金融体系更为重要。

温州鞋业集群的形成过程表明，不利的初始发展环境既是一种限制，但也往往孕育着发展机会。温州处于浙南一隅，面海环山，耕地资源严重不足，同时，路途险阻，地理位置和交通条件相对不便，这样的初始条件对于经济发展显然很不利，然而正是这种极为不利的资源与区位环境才培育了独特的温州区域社会文化，如传统的重商文化、强烈的对外开拓、不怕吃苦和冒险精神、极其重视乡土性的社会关系等。这些因素在温州鞋业形成过程中起到了很大的作用。因此，从某种意义上说，温州模式是被逼出来的。因为温州农村人多地少，人均耕地不足半亩，劳动力大量过剩，而城市工业基础又非常薄弱，农村社队集体企业得不到传统大工业的有力支持和帮助，进而发展不快。在强大的生存压力下，温州人只好大量外出闯荡，或私下从事那些国有企业和大集体企业看不上眼的小商品生产，而这些实践活动恰恰培育了温州人强烈的市场观念，同时也为温州积累了一定的产业基础。改革开放后，这些市场观念和产业基础就迅速转化成一种先行者的先发优势，使温州经济得以迅速崛起。

从体制改革和经济转型的角度看，在中国改革开放初期的特定条件下，交通不便的劣势反过来也是一种优势。因为在信息不发达的情况下，地处偏远、交通不便的地区，中央政府的影响力和控制力也相对不足，这就使得一些处于探索阶段，或者暂时不被允许存在的事物，能够有个局部的制度生存空间和存活与发展的希望。这一点,应该说是中国改革开放初期温州自发式的民营经济发展和市场化取向改革得以生存和发展的一个重要原因。它的重要意义在于,由于这一希望的火种的不断燃烧和蔓延,进而为官方逐步认可和推崇,温州模式和经验成了引领和推动整个中国市场化改革与经济发展的一股不可估量的重要力量。从这一意义上讲,不仅研究与观察温州鞋业集群的形成和演变很富有意义,而且该产业形成和演变过程中所体现的体制与制度变迁,对于了解和解释中国经济的发展与体制转型,也具有很重要的价值。

11 织里童装产业集群的演化与发展

11.1 引 言

大量有关发展中国家产业集群形成和演化的研究主要基于回忆式的调查，很少能追溯到企业一个较长时间的发展历程(Sonobe & Otsuka，2006)。在本章中，我们将用浙江织里童装产业集群 2000 年和 2008 年两轮调查来深入观察市场结构和生产率的演化。30 年前，织里镇的居民大部分是农民，以种植水稻为生[①]。如今，织里镇已经成为中国乃至世界最大的童装生产基地，有报道称织里镇拥有超过 5000 家的童装生产企业(Wu，Yue & Sim，2006)。在这个产业集群里，童装的生产被分为几个不同的阶段，大量生产任务被委托给家庭作坊。近年来，因为劳动力和土地成本的上升，很多企业已经开始逐渐把一些生产任务转包给邻近的安徽省的童装生产企业。本章提供的这一有关农村工业化演化的深度案例研究，能够帮助我们理解究竟是什么原因造就了过去几十年内中国的快速工业化进程以及生产率的提高，同样也可以从中观察到是哪些原因限制了企业的发展。

自 20 世纪 70 年代后期的改革开放以来，中国早期的工业化发展道路一直都是劳动密集型的(Lin，Cai & Li，2003)。最近几年中，技术型劳动力的短缺已经成为企业所面临的一个亟待解决的难题。在本调查的最近一些年份中，我们发现利润的下降不仅是由于受到产品市场竞争的影响，同时还受到不断上涨的劳动工资的影响。这些压力导致企业在产品设计、品牌、质量标准认证(ISO)和质量改进上进行更多的投入，以扩大产品价值链。另一个降低成本的补偿性措施是进行更为专业的生产分工，同时展开一些生产外包。在下

① 参考 Sonobe、Hu 和 Otsuka(2002)第一轮调查的相关描述。

一节，我们将描述织里童装产业集群的概况；第三节将概括 1990 年以来织里童装产业集群演化的主要情况；第四节得出结论以及阐明对中国经济发展的意义。

11.2 织里童装产业集群的历史简述

织里镇位于浙江省北部，靠近杭州和上海之间的太湖。历史上，织里镇曾是丝绸制品的生产中心。"织里"的中文意思即"纺织之城"。织里的人口密度几百年来都非常高。在计划经济时代，由于耕地有限，家庭农业收入并不足以养家糊口，许多农民就开始在家里生产枕套和被套以获得额外收入，这种行为在当时被称为"资本主义尾巴"，属于违法行为。尽管当地政府试图去抑制这种私人工业活动，但是织里镇作为床上用品生产中心的声誉却慢慢流传开来。中央政府在 20 世纪 70 年代后期开始采取改革措施后，当地政府一改往日对私营经济的反对态度，于 20 世纪 80 年代早期，在织里镇建立了床上用品交易市场。

到 20 世纪 80 年代中期，床上用品市场已经逐渐开始饱和。一些在全国专门销售床上用品的织里商人发现童装的供应却很缺乏，他们将此消息带回家乡。结果，很多农民开始在自己家中生产童装。一部分家庭成员在家里制作衣服，其他家庭成员则远赴全国各地寻找销售商机。当邻居观察到童装生产获利颇丰后，也开始在自己家中进行模仿生产。80 年代后期，织里镇已经有超过 10 个村开始生产童装。不断增长的市场供应量，吸引了一批专业的商人在织里镇进行收购，然后销售到中国的其他地区。同时，童装批发市场在织里镇逐渐建立了起来。①

自 20 世纪 90 年代以来，生产过程已经日益变得专业化。许多农民将他们的生产迁移到织里镇中心地带。他们买或者租三层楼的房子用以生活和工作。一楼一般作为商铺，有时也用于生产，二楼主要是用于生产，而工人们则睡在三楼。尽管织里镇中心的房租远远高于临近的村庄，但这些成本却得到了产业集聚所带来的优势的补偿，这些优势包括良好的市场信息、交易成本的节约以及更方便的劳动力市场。此外，拥有店铺也能向采购商传递出良好的信用和质量的信号。截至 1999 年，织里镇已经大约有 1800 家这类"三合一"

① 织里的这一发展过程体现了产业发展与劳动分工之间的关系，对这一关系的深入理解可以参考 Stigler(1951)的论文。

式的家庭作坊。这些作坊主要销售它们自己的产品，这些产品的质量一般要超过附近村庄生产的产品。

织里镇商业模式的成功吸引了大量商人到童装批发市场与有门面的家庭作坊订购童装。1999年，批发市场销售了7500万套童装，创下14亿元的销售额。2000年，为了满足产业快速发展的需求，县政府建立了8个批发市场。相对于镇中心有店面的作坊而言，临近村庄生产的质量稍差的产品主要是通过这些批发市场进行销售。但激烈的竞争导致了批发市场更低的价格和边际利润，于是更多的生产者开始进入到镇中心。当然，对好店铺的日益增多的需求也抬高了房租的价格，房租在1995年和2000年之间大约翻了两番。因此，资金进入壁垒出现了大幅度上涨。

除了批发市场迅速发展外，相关的商机也不断涌现。比如羊毛和拉链生产作坊、电脑设计工作室、机器销售和维修店，以及包装和货运服务中心等开始快速发展。镇中心从过去只是一条一里长的狭窄大街扩展到4平方公里的面积，包括了两栋3星级的酒店、30多家旅店以及数百家餐馆。截至2005年，织里镇已经有超过6000家企业从事与童装相关的生产，雇佣了20多万工人，大约占据了该行业全国三分之一的雇工数量。

然而，从2005年开始，织里童装产业集群开始面临新的挑战。企业主纷纷抱怨劳动力的短缺，尤其是技术型劳动力。更为严重的是，在2006年9月14日和10月19日，两起重大的火灾分别导致了14人和8人的死亡。这些灾难引发了广泛的社会关注，也促使当地政府采取了更为严格的安全措施，尤其是在“三合一”式的作坊里，被强制要求安装消防阀。其他严格的安全标准同样被强制实施[①]。不断上涨的劳动力工资已经大幅度提高了这些作坊的成本，而这些新的标准又进一步提高了成本。当地的企业通过不同的方式来解决这些难题，一部分企业引进了资本密集型的生产线来减少对劳动力的需求，同时对产品质量进行升级，其他企业则向临近工资水平较低的安徽省进行生产外包。

当地政府帮助企业不断调整以适应环境和提升它们在国内外市场上的竞争力。其中最为重要的是建立了一个新的质量监控中心，随机地检查产品以便严格控制产品质量；此外，地方政府还给予拥有著名商标的企业以优惠，如以较低的价格获得土地使用权等。

---

① 参考 http://news.sohu.com/20060914/n245347537.shtml 和 http://news.eastday.com/eastday/node81741/node81763/node167187/u1a2391492.html。

11.3 织里童装产业集群的基本特征

表 11.1 展示了织里镇纺织服装行业的基本特征，并与全国、浙江省以及湖州市在 2004 年全国经济普查中的纺织服装行业的情况进行了对比①。比较 2004 年全国经济普查的数据与作者的调查数据，可以发现 2004 年全国经济普查涵盖了更多规模较大的企业，而作者的调查数据对 2004 年全国经济普查来说，有很重要的补充意义——我们的调查涵盖了更多中小规模的企业。比如，湖州市(织里镇位于湖州市辖区内)的经济普查涵盖了 1492 家经营纺织品和服装的企业，2004 年出口额的中值为 246.6 万元。而在织里镇，就有至少 5000 家作坊参与到童装的生产，2005 年的销售额中值就有 84.5 万元(织里镇政府，2009)，达到湖州市企业平均出口额的三分之一(数据均为实际值，以 1990 年为基期)。如果企业规模按照产品附加值，或者雇工人数来衡量，织里镇和湖州市整体情况之间的这种差异并不是很突出的。织里镇企业的产品附加值中值是湖州市产品附加值中值的 82%，雇佣人数中值是湖州市相应雇用人数中值的 67%。产品附加值中的工资比率在织里镇、湖州市乃至全国都差不多。

一般而言，较低的企业家风险必然带来的是较低的收益水平。但很难从历史调研数据中提炼出企业家所面临的准确的风险水平。我们利用 Kolgomorov-Smimov 方法对 1999 年和 2007 年样本企业成立时间进行检验，无法推翻原假设：即在两套样本的企业中，企业成立时间的分布不存在显著的差异。如果不考虑集群中企业新进和退出数量的信息，仅仅是企业成立时间的信息依然不能清晰和准确地估计出企业家所面临的风险水平。

从数据中可以发现，凡是市场中生存下来的企业的平均产量都增长得较快。到 2007 年为止，企业的平均产量比 2000 年增长了 75%。在 20 世纪 90 年代，这种增长也十分明显，虽然显著性程度有所降低，在样本调查期间增长了大约 46%。

样本数据表明，在织里童装产业集群中存在大量的小企业，它们的企业规模和生产特征并没有随时间作出大的变动。样本中 1990 年的雇佣工人数的中值是 8 个，1999 年为 26 个。1999 年，那些经营较好的企业(产值在所有企业中排在前四分之一)所雇佣的工人数是经营较差的企业(产值在所有企业中排在

---

① 显然大量的小作坊没有被包括在内。为了将 2000 年和 2008 年的调查连接起来，我们试图找出 2000 年调查的那些企业，但许多小的店铺已经关闭，有的被新的作坊所代替。

后四分之一)的 4 倍;2007 年时,这一比例接近 11;出口额的差异甚至更大,在 1999 年较好企业与较差企业的出口额比值等于 30,2007 年这一比值接近 33。

表 11.1 基本统计性描述

	地区或年份	企业数	产值(千元)	产品附加值(千元)	资本/劳动力(千元/人)	工资/附加值	企业总雇工量	年工资(千元)
均值(2004)	中国	118841	6832	1242.92	109.71	0.71	99.88	5.15
	浙江	24563	7221	1320.40	140.69	0.67	79.74	5.80
	湖州	1492	7833	1216.71	146.36	0.58	68.38	6.11
中值(2004)	中国	118841	1648	280.44	54.55	0.59	35.00	4.58
	浙江	24563	1857	295.28	71.93	0.57	30.00	5.29
	湖州	1492	2466	335.11	85.53	0.52	30.00	5.55
	2008 织里镇调查							
均值	2000	60	904	378.02	14.84	0.53	28.2	7.42
	2005	116	2508	718.91	25.81	0.51	45.5	9.15
	2006	123	2703	758.52	24.33	0.53	50.0	9.62
	2007	135	3015	884.20	23.81	0.55	50.8	11.08
中值	2000	60	599	217.91	7.01	0.49	20	7.20
	2005	116	845	275.58	16.02	0.54	20	8.95
	2006	123	967	340.96	15.65	0.55	26	9.87
	2007	135	929	291.55	16.80	0.56	26	11.16
	2000 织里镇调查							
均值	1990	34	390	119.29	7.34	0.39	9.1	5.23
	1995	81	413	118.04	8.03	0.40	11.2	4.60
	1997	100	513	134.13	11.94	0.48	13.2	5.00
	1999	120	565	118.34	16.86	0.56	16.0	5.19
中值	1990	34	300	81.40	6.30	0.28	8.0	4.80
	1995	81	292	72.00	7.21	0.37	10.0	4.39
	1997	100	348	81.80	11.10	0.50	12.0	4.88
	1999	120	401	74.78	15.76	0.57	13.0	5.11

注:中国、浙江和湖州的数据是由作者根据 2004 年中国经济普查的数据计算得到,包含纺织品和服装的企业;织里镇的样本只包含童装的生产企业。

产业集群内企业的一个显著特点是其进入壁垒非常低。如表 11.2 所示,2000 年的调查中于 20 世纪 80 年代起步的企业初始投资中值大约是 7700 元;2008 年的调查表明这一投资额大概是 36200 元。2000 年的调查中 20 世纪 90 年代时起步的企业初始投资中值为 16000 元,大约是一个工人一年半的工资收入;2008 年的调查表明这一投资额大概为 75000 元。在 2000 年调查的企业中,企业所有的初始资金都来源于个人或者亲戚。在 2008 年调查的企业中,来源于正规银行的初始资金比例也十分低。然而,初始投资资金中从银行贷款的比例随时间逐步上涨,从 1990 年几乎为 0 上涨到 2007 年的 13%。这些发现与本书所研究的另两个产业集群:濮院羊毛衫产业集群与温州鞋业集群的状况非常类似。这些现象表明产业集群由于较低的进入壁垒可以让更多的潜在企业家变成现实的企业家。

表 11.2　初始投资量

年份	新企业数量	初始投资(10000)		银行贷款 初始投资(%)
2008 调查		均值	中值	
1982—1990	8	4.07	3.62	0.00
1991—1995	10	14.79	3.40	3.30
1996—2000	41	5.94	4.01	1.70
2001—2007	75	25.06	7.50	4.10
2000 调查				
1980—1990	35	1.11	0.77	无
1991—1995	47	1.33	1.02	
1996—1999	39	2.45	1.60	

注:通过折算以后的固定资本的初始投资,浙江 1990＝1.00,参见 Fleisher、Li 和 Zhao (2009)。折算指数为:1982—1990, 0.689;1991—1995, 1.47;1996—2000, 1.87;2001—2007, 2.0;1980—1990, 0.65;1996—1999, 1.87。

表 11.3、图 11.1、图 11.2 以及图 11.3A 与 11.3B 描述了工资和利润的特征。两轮调查的样本表明工资在产品附加值中的比例都有明显的增加,但原因却不同。1990 年至 2000 年之间,我们调查的产业集群内的企业平均月工资上涨速度小于浙江省集体所有制企业的平均工资,但是 1999 年至 2007 年这两类企业的工资上涨速度逐渐趋于一致。在 2000 的样本中,工资水平相当稳定,但产品市场的竞争压力明显使产出实际价格下降了 60%。2008 年这段时期的调查结果呈现出极大的不同,产品价格相当稳定(实际价格仅下降了 4%),平均工资却上涨了 40%。不断下降的利润反映了生产方式和产品质量的演化过程,我们将在下文进行讨论。

表 11.3 工资和价格

	月工资（元）		产品价格(前一年＝100)
	男	女	
2008 调查			
2000	72.2	72.7	104
2005	90.8	90.7	104
2006	93.1	92.2	101
2007	100.0	100.0	100
2000 调查	所有员工		
1990	100.8		172
1995	88.6		113
1997	96.4		107
1999	100.0		100

注:基期为 1990 的工资和价格;工资指数是根据所有样本企业的平均工资计算;2008 年调查的产品价格是 2008 年产品的平均单位价格;指数是根据每个企业平均所得到的;最上面一栏中 2000 年调查的产品价格是产量最大产品的平均价格。

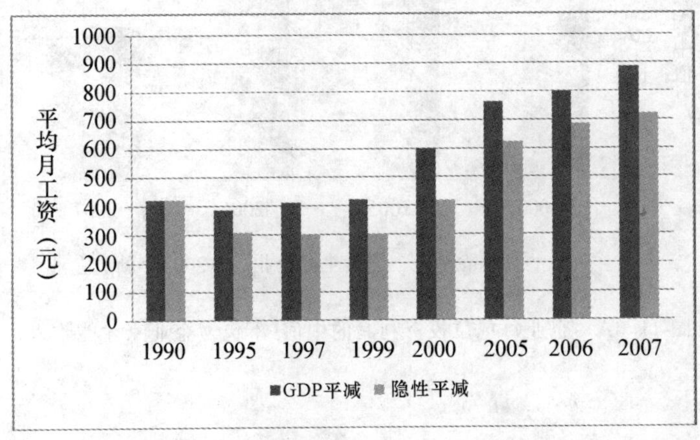

图 11.1 实际月工资

注:该图反映了两轮调查中每年的月工资平均水平;“GDP 平减”表示以《浙江省统计年鉴》中以 1990 年为基期的 GDP 平减指数进行的平减,而“隐性平减”表示以《浙江省统计年鉴》中的名义工资与实际工资数据推导出的平减指数进行的平减。

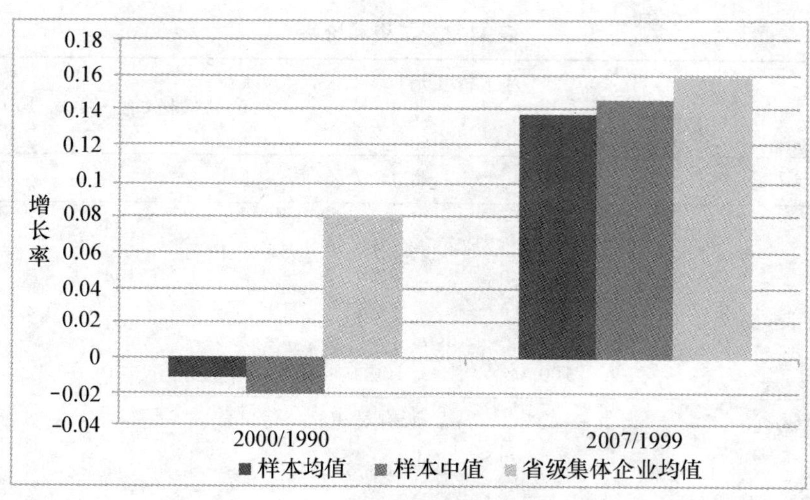

图 11.2　年工资增长率

注：已用《浙江省统计年鉴》的 GDP 平减指数以 1990 年为基期进行了平减。

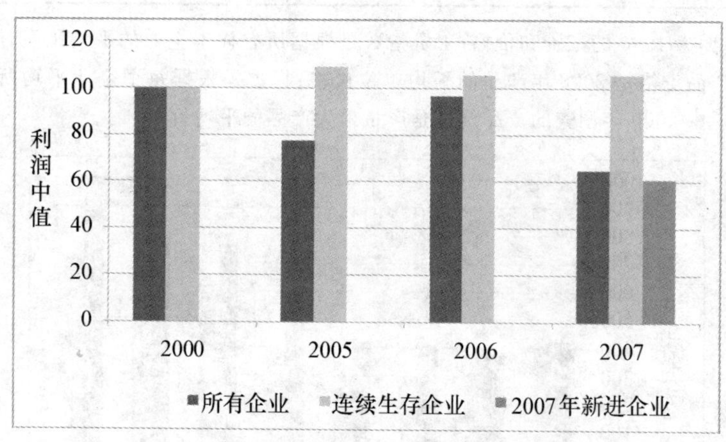

图 11.3A　企业每单位投资利润的中值(不包含企业家才能收入)

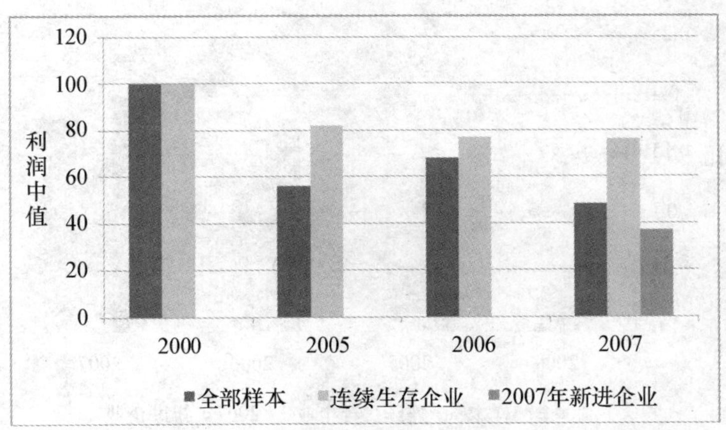

图 11.3B 企业每单位投资利润的中值(包含企业家才能收入)

注:图 11.3A 计算方法如下:利润=总收入—成本—企业家才能收入;图 11.3B 计算方法如下:利润=总收入—成本;假设企业家才能收入是雇佣工人平均年工资的 1.5 倍;所有的价格和工资都通过浙江省 GDP 平减指数平减到以 1990 年为基期,并将 2000 年的利润值设置为 100。

11.4 织里童装产业集群的演化历程

在本节,我们将讨论织里童装产业集群的产业结构和生产方式的变迁。

11.4.1 生产外包

图 11.4 反映了 2008 年调研的企业样本中从事外包的企业的比例,从中可以看到有快速上涨的趋势。2000 年和 2006 年之间,样本中有外包的企业比例从 2.5%上涨到 12.5%,2007 年中企业外包的比例是 18%。

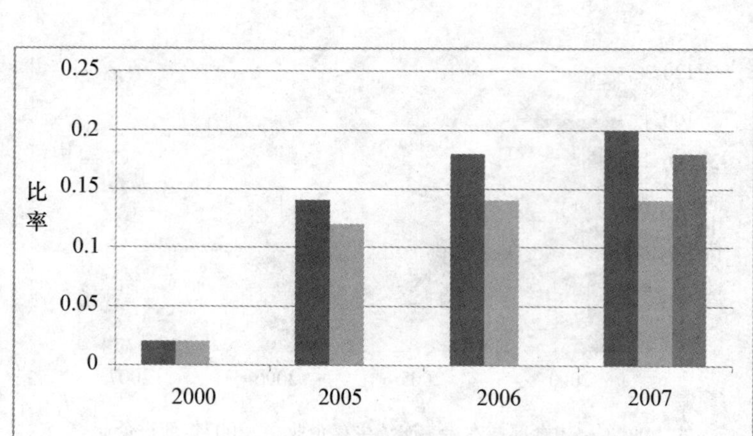

图 11.4　企业外包的比率

注:该图反映了每年参与外包生产活动(包括向外发包与从其他承包过来两种)的企业所占比例。

11.4.2　品牌和质量

如前所述,不断加剧的市场竞争压力导致更低的企业利润,也促使企业去降低成本,通过更新设备和提高产品质量以摆脱成为行业内的落后者以免遭淘汰。在 2008 年的样本中,2008 年的名义利润比 2000 年的名义利润仅高出 19%,虽然实际产出翻了三倍。2008 年的实际利润比 2005 年的低。当企业家觉察到利润较低时,会推动品牌建设和进行国际质量标准认证,以展现产品质量和信誉。品牌和质量认证需要企业家在时间和金钱上的投入。同时,它们还向市场传递了信号,如果生产的产品不能达到质量要求,企业的投资就将付诸东流。更重要的是,它们为那些低成本低质量的竞争对手创造了壁垒。图 11.5 至图 11.8 展示了 2008 年调查中已经获得注册商标和国际质量认证标准(ISO)的企业比例。调查中拥有商标的企业比例从 2000 的 10%上升到 2007 年的 29%。在 2000 年没有一家企业拥有 ISO 认证,尽管少量企业已经开始申请。到 2007 年大约 10%的企业已经获得 ISO 质量标准认证。值得注意的是,在 2007 年新进企业的样本中,只有不到 10%的企业申请商标,也大概只有 10%左右的企业注册了商标。ISO 认证的申请也出现了类似的情况。我们将这作为生产过程中日益分工的更重要的标志——有大量的企业将成为半成品的供应商,此举深化了生产的链条,而不仅仅是依靠商标或者是 ISO 质量认证来建立他们在顾客中的声誉。

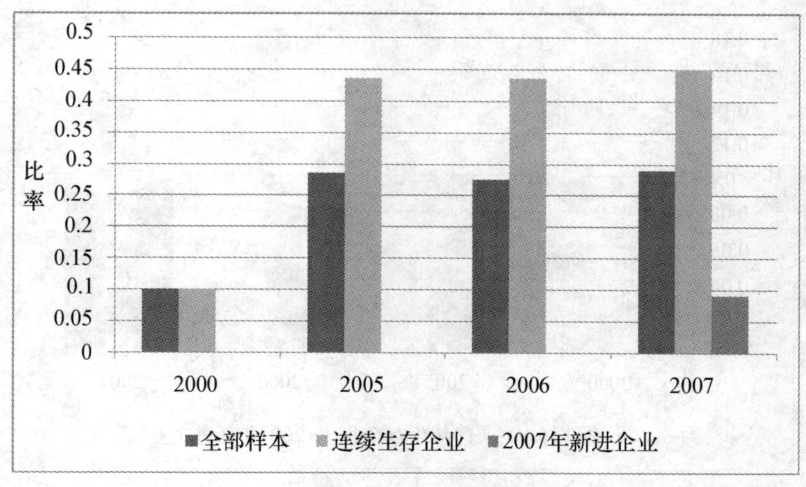

图 11.5　有注册商标的企业比率

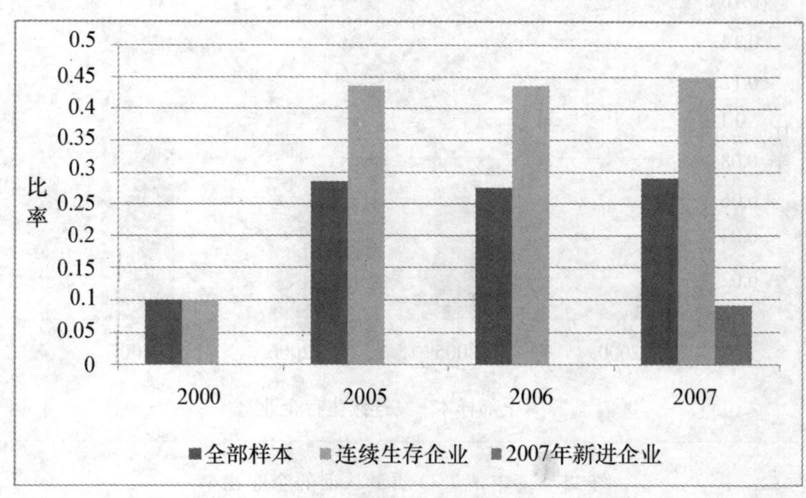

图 11.6　申请注册商标的企业比率

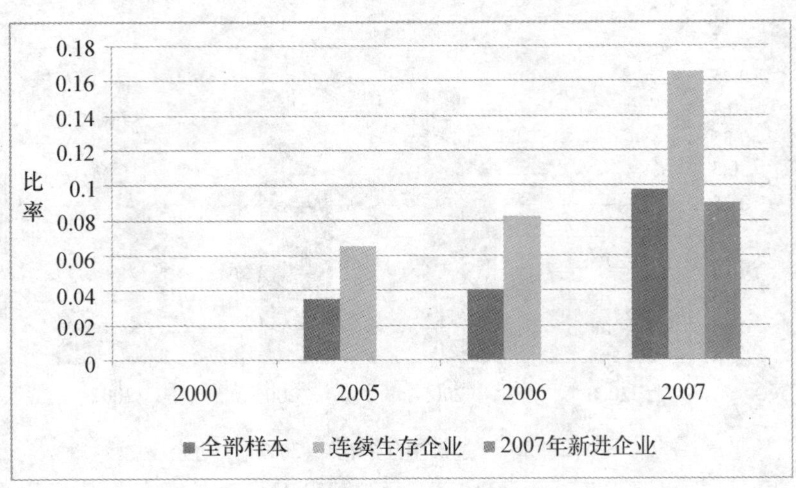

图 11.7　通过 ISO 认证的企业比率

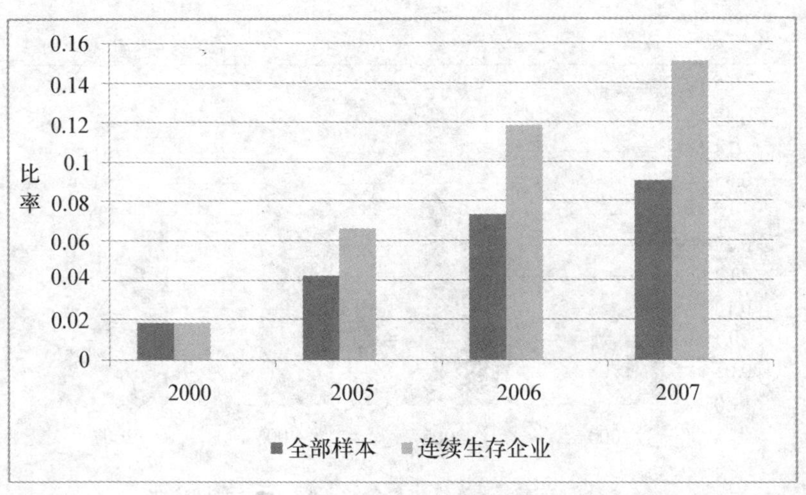

图 11.8　申请 ISO 质量认证的企业比率

图 11.9 描述了 2000 年至 2007 年期间企业在产品设计方面的平均投资水平。产品设计的平均投资从 2000 年到 2005 年上涨了 64%，从 2005 年到 2007 年又上涨了 11%。

图 11.9 产品设计的平均投资

注：该图反映 2000 年和 2007 年之间产品设计投资的平均水平，以 1990 年为基期的 GDP 平减指数平减。

11.4.3 绩效

我们用两种评价指标来讨论企业的绩效：(1)每单位投资收益；(2)生产函数的参数大小。生产函数的估计建立在 2008 年的调查数据上。尽管 2008 年和 2000 年的调查都是针对相同的信息，但是 2008 年调查的一些内容并没有包含在 2000 年的调查中，比如产品设计的支出数额以及资本存货的相关信息。

假设生产函数符合 Cobb-Douglas 函数：

$$PQ_{it}=AL_{it}^{\alpha}K_{it}^{\beta}\prod_{n}X_{it}^{\gamma_n}+u_{it} \tag{11.1}$$

其中，PQ_{it} 表示企业 i 在第 t 年的产出；L 和 K 分别表示劳动力和资本；X 是中间投入品，包括原材料、半成品服装、设计成本以及其他；u 为独立同分布的误差。除了原材料和中间投入，我们将产品设计费用和在产品其他方面的支出作为投入要素，以便更全面地反映在生产过程中的投入成本。在生产函数中，我们包含了时间虚拟变量来控制全要素生产率(TFP)随时间变化的特性。

(1)每单位投资的利润

前文的图 11.3A 和图 11.3B 描绘了 2008 年调查样本中每单位投资所获得利润的中值变化趋势。在图 11.3A 中，利润等于名义销售收入减去成本，成本包括已调整的企业家才能的收入，同时利用以 1990 年为基期的浙江省

GDP 平减指数进行处理。利润率以 2000 年等于 100 为基期进行换算[①]。如图 11.3A 所示,利润与投资比率在 2000 年至 2005 年都有所下降,在 2006 年上涨,2007 年大幅度下降。从另一方面来说,那些长期生存下来的企业 2007 年的利润率要高于 2000 年。2007 年新进入企业的利润率相对整体水平而言略低一些。如果利润中没有除去企业家隐形工资,2007 年的利润率要比 2000 年低。然而,那些至少从 2000 年以来在市场竞争中生存下来的企业,相对所有企业的平均水平而言,历经了一个更小的利润率下降趋势。我们注意到,存在三种可能导致 2007 年大部分的样本有较低的利润率以及为什么新进入市场的企业利润率更低:首先,我们对年轻企业有相对比较准确的投资估计,因为调查只涉及了较短的时期;其次,不断上涨的工资水平对新进企业的影响比对经营较长时间的企业影响更大,这可能是由于已经被雇佣的员工工资调整过程更长的原因;最后,近年来,对企业员工安全的强制要求提高了企业的成本,这对新进企业的影响更严重。

(2)生产函数

生产函数的估计反映在表 11.4 中,第 1 栏是最基本的方程估计结果。产出弹性的估计之和大致等于 1,表明基本上是规模报酬不变。劳动力弹性系数是资本弹性系数的 4 倍。

第 2 栏中的估计,资本变量定义为"实物资本"与"设计投资";此外还有一个虚拟变量反映产品质量的情况,定义为一个公司是否获得国际质量标准认证(ISO)或者是否注册了商标。所有变量的评估系数都是正的,并在统计学上显著。国际质量标准认证(ISO)或注册商标可以提高产出 0.11%。

第 3 栏的估计中包括了一个"年份虚拟变量"。年份虚拟变量的估计系数反映了 3 个信息:①那些生存下来的企业比样本内平均水平的企业更具效率;②竞争的因素和"干中学"随时间会提高生产率;③集群的产出如果足够大将会降低市场价格,从而导致 TFP 的估计值下降[②]。从表 11.4 中可以看出年份虚拟变量估计系数是正的,它与原材料的交叉项系数是负的,与劳动力的交叉项系数是正的。这表明 2000 年后全要素生产率有显著地增加,同时中间品投入要素的估计相对其他的投入要素下降得更快。年份虚拟变量与劳动力的

---

① 利润的计算至少在下述方面是存在问题的:尽管我们有所有企业的初始投资数据,但是那些在 2000 年和 2000 年以前所成立的企业我们缺少在其成立年份至 2000 年之间的投资数据。

② 影响 A 将会导致全要素生产率(TFP)的平均值随时间呈现出下降的趋势,因为更多好企业的效率被越来越多的其他企业所削弱;当所有的企业越来越有效率时,影响 B 将导致 TFP 随时间呈上升的趋势,这是由于所有的企业的生产率都随时间而增长。

交叉项估计系数表明在2000年后劳动力的产出弹性系数更高[①]。

第4栏和第5栏的结果反映了稳健性检验结果。第4栏的方程控制了企业的固定效应。产品的设计支出和质量认证不再显著,这可能是由于这些变量在同一企业随时间变化不大。2000年后的年份虚拟变量与原材料变量交叉项的估计依然保持相同的符号以及显著性。劳动力变量和年份虚拟变量交叉项的估计不再是显著的,但是劳动力的点估计系数大致等于前一方程中的劳动力与年份虚拟变量的交叉项的估计系数之和。第5栏是两阶段估计方法(2SLS)的结果,为了修正原材料和劳动力之间由于可能存在某种不可观察的对生产的冲击所导致的相关性,利用滞后一年的劳动力和原料作为工具变量。由于采取了滞后值作为工具变量,我们必须舍弃2000年所有的观测值。除了两个例外,估计系数与第2栏的估计结果十分类似。劳动力的估计系数略高,而实物资本的估计系数约等于0。我们将其归于测量误差所造成的结果。

整体来看,集群中企业的全要素生产率从2000年以后上涨较为迅速。全要素生产率的增长降低了产业集群对地区全要素生产率增长的贡献。因为在改革时期中国经济持续增长的一个源泉是劳动力从生产率较低的农业生产中解放出来,同时从传统农业时代走向技术更发达工业时代(Zhang & Tan, 2007)。非农部门的生产率远高于农业部门的生产率,即使非农部门的TFP变化不大,农业部门的劳动力再分配直接导致了整体的经济增长[②]。

表11.4 生产函数估计

	产出(Log)				
	(1)	(2)	(3)	(4)	(5)
常数项	4.99**	5.20**	1.39	3.24	5.75**
	(12.55)	(12.69)	(1.06)	(1.91)	(9.40)
Log(劳动力)	0.41**	0.36**	0.15*	0.39*	0.47**
	(6.69)	(6.09)	(2.09)	(2.16)	(5.22)
Log(原材料)	0.50**	0.49**	0.84**	0.67**	0.50**
	(11.86)	(11.69)	(18.02)	(3.61)	(9.18)

① 交叉项引入导致产生了许多不显著的估计;控制企业固定效应以后,劳动力和中间投入品的估计大致相同,但是资本存量的估计系数较小且不显著。

② 参考Zhang和Tan(2007),重新配置1%的农业劳动力人口可以导致0.9%的GDP增长。

续表

	产出(Log)				
	(1)	(2)	(3)	(4)	(5)
Log(资本)	0.08** (3.29)				
Log(实物资本)		0.06* (2.18)	0.05 (1.75)	0.01 (0.43)	−0.02 (−0.46)
Log(设计投资)		0.05* (2.34)	0.04* (2.18)	0.05 (0.95)	0.05 (1.83)
质量认证虚拟变量		0.11* (2.09)	0.11* (2.03)	0.20 (1.27)	0.11 (1.58)
年份虚拟变量			4.06** (6.39)	2.85** (3.99)	
Log(劳动力)×年份虚拟变量			0.24* (2.33)	0.04 (0.45)	
Log(原材料)×年份虚拟变量			−0.37** (−5.97)	−0.22** (−3.24)	
是否控制公司固定效应	NO	NO	NO	YES	NO
观察数	268	268	268	268	140
调整后 R^2	0.87	0.88	0.88	0.88	0.89

注:因变量是以1990年为基期的总产出的对数值;“原材料”是以1990年为基期的企业所购买的原材料总值;“资本”是实物资本和申请注册商标和ISO质量认证投资以及产品设计投资的总和,每年的折旧率为10%;实物资本是一年中企业流动性投资和工厂价值之和,每年的折旧率为10%;设计投资是一年中企业在产品设计所投入的总支出(单位:10000元);“年份虚拟变量”设置为当年份是2000年之后,其值为1;质量认证的虚拟变量是企业是否有ISO质量认证或注册商标;括号里面为t值,使用稳健标准误计算;**和*分别表示在1%和5%的统计水平上显著;本章后面表格的说明与此类似,故省略。

11.4.4 价格和产出的分解效应

使用总产出作为因变量来估计一个标准生产函数可以提供有关企业内在

生产技术的信息，但是这将遗失另外一些很有价值的信息，比如无法确定每个自变量分别对价格和产量的效应。企业对产品质量的投资不仅仅是获得一个较高的单价，而且如果投资是一次性的，那么同时还会将对质量的投资固定在某个较大的最小有效规模上。这里，我们利用产品设计支出来反映对产品质量的投资，假设这方面的投资相对于产出而言比较固定，即无论产出是多是少，对于产品设计的投资是相对固定的。因此，高质量的企业有一个比较高的平均成本，反之亦然。对于投资于产品设计的公司来说，为了最小化单位成本，会增加产出的数量。这种关系反映在图 11.10 中，随着企业在产品质量上的投资，产品质量将会上升到 Q_H，同时价格上涨到 P_H。

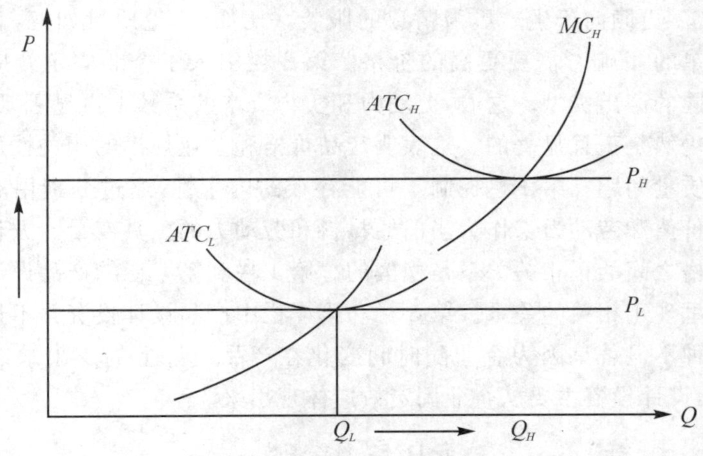

图 11.10　产品质量和企业规模

为了弄清楚在价格和产量上的分解效应，我们从标准生产函数中推演出一个产量函数和一个价格函数。这两个函数的估计结果将使我们获知有关产品质量标准、均衡规模和均衡价格之间存在着什么样的相关联系。

以标准生产函数为基础，加入有关产品特征的一系列指标，可以得到下式：

$$\begin{aligned}\log PQ = &(\alpha_0+\beta_0)+(\alpha_1+\beta_1)\log L+(\alpha_2+\beta_2)\log RM \\ &+(\alpha_3+\beta_3)\log \mathrm{Phys}K+(\alpha_4+\beta_4)\mathrm{Certification} \\ &+(\alpha_5+\beta_5)\log \mathrm{Design}+(\alpha_6+\beta_6)+(\varepsilon_p+\varepsilon_q)\end{aligned} \quad (11.2)$$

我们可以得到以下产量函数：

$$\log Q = \beta_0 + \beta_1\log L + \beta_2\log RM + \beta_3\log \mathrm{Phys}K + \beta_4\mathrm{Certification} + \beta_5\log \mathrm{Design}+\varepsilon_q \quad (11.3)$$

通过等式(11.2)减去等式(11.3),可以得到价格函数:

$$\log P = \alpha_0 + \alpha_1 \log L + \alpha_2 \log RM + \alpha_3 \log \mathrm{Phys}K + \alpha_4 \mathrm{Certification} + \alpha_5 \log \mathrm{Design} + \varepsilon_p \quad (11.4)$$

表11.5展示了价格方程(11.4)的估计结果。第1栏是最小二乘回归结果。第2栏也是运用该方法,但没有包括年份虚拟变量。劳动力、原材料和物质资本的系数在价格方程中都是正的,年份虚拟变量显著为负,表明实际价格随时间呈现负的变化趋势。全部投入要素和价格之间正的相关性与零假设一致,因为零假设是投入更多的劳动力和资本将导致生产价值更高的服装。这可能是由于大企业(以要素投入量来衡量)会生产更高质量的服装,或者因为它们会分工,更倾向于生产更为精致的服装。比如,不论质量如何,有领的夹克相对简单的T恤衫需要更高的价格。第3栏引入了企业固定效应来控制企业间不同的产出类型。这时,劳动力和实物资本的系数不再显著,原材料的估计系数仍然是正且显著的。这表明产品价格和企业规模的相关性可能是源于服装的质量问题。第4栏控制了可能存在的内生性,通过分别用滞后一年的原材料价值和劳动力来作为当前原材料和劳动力的工具变量。方程中投入要素和价格之间的正相关关系是稳健的。第1栏和第2栏的产品设计投资也是与价格呈现正相关的关系。第3栏和第4栏中产品设计投资并不显著。我们认为这种不显著是因为企业随时间变化在产品设计上的支出缺乏大的变化。因而,设计投资主要从企业固定效应体现出来。

表11.5 价格函数

	Log(价格)			
	(1)	(2)	(3)	(4)
常数项	−1.96 (−1.90)	−0.58* (−2.32)	0.75 (1.48)	−0.84 (−1.78)
Log(劳动力)	0.11 (1.43)	0.10** (3.00)	−0.03 (−0.69)	0.16* (2.38)
Log(原材料)	0.11* (2.21)	0.09** (5.12)	0.14** (4.13)	0.11** (3.65)
Log(实物资本)	0.08** (3.90)	0.08** (4.02)	0.04 (0.18)	0.06 (1.39)
Log(设计投资)	0.06** (3.30)	0.06** (3.37)	−0.02 (−0.80)	0.04 (1.57)
质量认证虚拟变量	0.03 (0.77)	0.03 (0.72)	0.05 (0.62)	0.00 (0.01)

续表

	产出(Log)				
	(1)	(2)	(3)	(4)	(5)
年份虚拟变量		1.18 (1.13)	−0.21** (−3.20)	−0.10* (−2.10)	
Log(劳动力)× 年份虚拟变量		−0.01 (−0.13)			
Log(原材料)× 年份虚拟变量		−0.11 (−1.17)			
是否控制公司固定效应		NO	NO	YES	NO
观察数		268	268	268	140
调整后 R^2		0.59	0.59	0.32	0.59

注:因变量是以 1990 年为基期的平均价格的自然对数值。

前文的表 11.4 是在方程(11.2)的基础上,以产出增加值为被解释变量的回归结果,在表 11.4 中第 1 栏和第 2 栏中,劳动力和原材料的估计系数呈现出正的关系。资本在两个回归中都不显著,我们将其归于测量误差。年份虚拟变量和劳动力以及原材料的交叉项的估计与生产函数中的估计保持一致。表 11.6 是进一步以产出数量作为被解释变量的回归结果。表 11.6 中第 1 栏和第 2 栏的估计结果表明当我们控制实物投入以后,产品设计投资在数量回归方程中并不显著。假如企业生产高质量的产品将会形成一个更高水平的均衡价格和均衡数量,产品设计方面的投资应该促进产品数量的增加,同时需要增加更多额外的实物投入。因此,将实物投入作为自变量是有待商榷的。第 3 栏的结果显示,当实物投入不是常数的时候,产品设计支出呈现出与产出正的相关关系。第 4 栏表明这种效应即使在考虑了企业的固定效应依然是稳健的。第 5 栏表明,为了克服内生性问题,用滞后一年的产品设计支出作为当前的设计支出的工具变量,得到的结果仍然一致。

方程(11.3)和方程(11.4)的回归结果丰富了我们对于表 11.1 中企业规模的上涨趋势的认识。当企业开始在产品质量上展开竞争时,它们会提高生产规模以降低生产高质量产品所带来生产成本。当企业继续注重产品的质量时,我们预期未来织里产业集群将主要由大企业构成,不再是过去几年我们所观察到那样。

表 11.6　产品数量函数

	Log(产品总数量)				
	(1)	(2)	(3)	(4)	(5)
常数项	3.59**	5.96**	9.29**	9.01**	9.55**
	(3.18)	(13.84)	(29.22)	(14.46)	(24.19)
Log(劳动力)	0.03	0.30**			
	(0.38)	(4.30)			
Log(原材料)	0.64**	0.38**			
	(6.57)	(10.87)			
Log(实物资本)	−0.07	−0.06			
	(−1.67)	(−1.53)			
Log(设计投资)	0.02	0.02	0.23**	0.25**	0.24**
	(0.67)	(0.86)	(6.33)	(3.01)	(5.14)
质量认证虚拟变量	0.12	0.11	0.46**	0.10	0.41**
	(1.71)	(1.71)	(4.61)	(0.48)	(3.22)
年份虚拟变量	2.87*	0.30**	0.30*	0.54**	
	(2.51)	(3.55)	(2.21)	(3.11)	
Log(劳动力)×年份虚拟变量	0.30*				
	(2.31)				
Log(原材料)×年份虚拟变量	−0.27**				
	(−2.66)				
是否控制公司固定效应	NO	NO	NO	YES	NO
观察数	268	268	268	268	140
调整后 R^2	0.67	0.67	0.35	0.32	0.37

11.5　本章小结

通过观察织里童装产业集群的演化历程，本章揭示了中国改革时期波澜壮阔的经济增长中最为关键的一个动力因素，以及这一动力因素目前所面临的一些局限性。根据我们的调研，2007 年企业的平均产出比 2000 年企业的平均产出高出 75%，是 1990 年的企业产出的 7 倍。回归结果表明企业规模的增加，反映了企业在对产品质量进行投资时，选择的是最具效率规模的变迁。同时，企业的产出及雇佣工人数量的分散程度有了很大程度的增长。企业雇工数量的中值从 2000 年每个企业雇佣 20 个人上涨到 26 个人，增长了 30%。在所有样本中，将企业进行分类，靠近顶端最好的四分之一企业与底端最差的四分之一企业的员工比率从 7 上涨到 11。企业之间产出比工人数的差异更大表明了平均劳动力生产率的差异也在不断上涨。企业规模的差异伴随而来的是更为细化的分工。有外包的企业比例也从 2000 年的 2%上涨到 2007 年的 20%。

尽管企业开始运行的初始成本已经大幅度的上涨,2000 年以后企业初始投资的中值在除去通货膨胀因素以后大约是 1990 年以前进入市场企业的初始成本的两倍,但是许多潜在企业家仍然能够利用自己的储蓄负担起进入产业的初始资金。基于集群的生产结构为许多资金有限的普通农民提供了很好的成为企业家的机会。更重要的是,不断上涨的收入为投资提供了更多的资源。正规银行的金融支持依然只占据了初始投资很少的部分。相当低的初始投资门槛使更多企业进入市场,也导致了产品市场和劳动力市场更为激烈的竞争。毫无疑问,企业的边际利润也将随着价格的下降而降低,而工资成本将不断上涨。

由于边际利润和产品质量的不断下降,如何在确保基本行业安全标准的同时避免自己成为行业内最底端的企业而被淘汰是该产业集群面临的主要问题(Sonobe & Otsuka,2006)。由于连续出现的大量产业安全事故,地方政府已经强制实施了许多安全规则。企业也逐步通过注册商标和 ISO 认证来表现产品的质量和声誉。到 2007 年为止,织里镇几乎一半的企业已经建立起自己的商标,近 20%的企业已经获得了 ISO 质量认证。从事外包服务的承包商,现在也正在受到其合作者的监督。随着商标数量的增加,创建商标的边际收益也在减少,这个现象能够解释为什么在 2007 年的企业样本中只有比较少的注册商标的企业,并且商标注册申请数量也较少。

我们利用两种方法来衡量企业的绩效:每单位投资资本的利润和全要素生产率的变化。利润与投资资本比率在 2007 年显著比 2000 年低,至少对那些自从 2000 年以后或者更早的时间开始运营,现在却没有继续经营的企业来是说是如此。然而,全要素生产率随时间的变化呈现出上涨的趋势。我们认为较低的利润率是因为不断上涨的劳动力工资成本、企业安全规则的强制性实施以及我们在测量总投资时采用了更为准确的衡量方法造成的。

在一个历史悠久的区域内形成的产业集群,由于社区内长时间形成的家人和朋友之间稳定的亲密关系,为从事经济活动的双方,以及产品外包方与承包方提供了一个除了法律制度以外的替代制度。地方政府作为一个积极行动者,在制度性安排的变革过程中起到了积极的作用,防止因产品质量和工人安全问题而导致企业突然面临绝境而引起破产。集群的未来发展将依赖于实物资本和非实物资本（产品设计成本、商标、产权等等）更高程度的投资。小投资者将会逐渐转变成为有商标的企业提供外包生产服务。但是，在外包生产中，合同的执行可能会成为企业面临的新问题。这些变化将不仅仅需要升级现有合同的执行制度，同样需要加强执法结构的能力和意愿去协助企业执行合同。这些对现存制度缺陷的积极反应将为未来中国经济的持续增长提供更为坚实的基石，同样也可以将这些方法借鉴给其他发展中国家。

12 危机与产业集群的质量升级

本书前面几章从理论和实证上阐明了基于产业集群的中小企业分工协作制能够有效地帮助发展中国家实现工业化的萌芽。当工业化完成萌芽后，接踵而至的一个重要问题是如何实现产业的升级。产业升级包含质量升级、技术改进、价值链提升等诸多方面，发展中国家在工业化早期首先面临的是质量升级问题（Sonobe & Otsuka，2006）。因而本章将从产业集群的视角，研究浙江省30年来快速农村工业化过程中产业质量升级的内在机理。基于对浙江省诸多产业集群发展历史的考察，笔者将危机引入分析产业集群质量升级的理论框架内，并利用1990—2006年浙江省分县的面板数据检验了理论模型中的假说。

12.1 引 言

开始于1978年的改革拉开了中国经济高速增长的序幕，改革萌芽于农业部门，并迅速扩展到工业部门，其中制造业的发展尤其令人瞩目。在经历了30多年的改革后，中国逐渐成为“世界工厂”。中国制造业在生产效率上不仅明显优于同样快速发展的印度（Lee，Rao & Shepherd，2007），并且从90年代开始逐渐缩小了与美国的差距（Wu，2001）。在制造业总量增长和效率提高的同时，中国产品的质量也在提高。首先，产品质量的提高反映在中国快速增长的出口量上，中国出口占世界总出口的份额从1982年的1.2%上升到2006年的8.2%，仅次于德国和美国（WTO，2007，见图12.1）。按照目前的发展趋势，中国将很快成为世界第一大出口国①。其次，中国注册商标的数量近年来也在快速增长(见图 12.2)。2005 年时，中国的商标注册申请量达到 66.4 万件，并连续 4 年居世界第一，累计商标注册申请量达到 422 万件，以中国为原属国的马德里国际商标注册申请量为 1334 件，居世界第八位②。再次，反映生产技术水平的专利授权量从 90 年代开始也进入了快速增长的通道(见图 12.3)。近年来，在高科技行业中，中国本土成长起来的企业并购国外知名企业的案例也时有所见③。

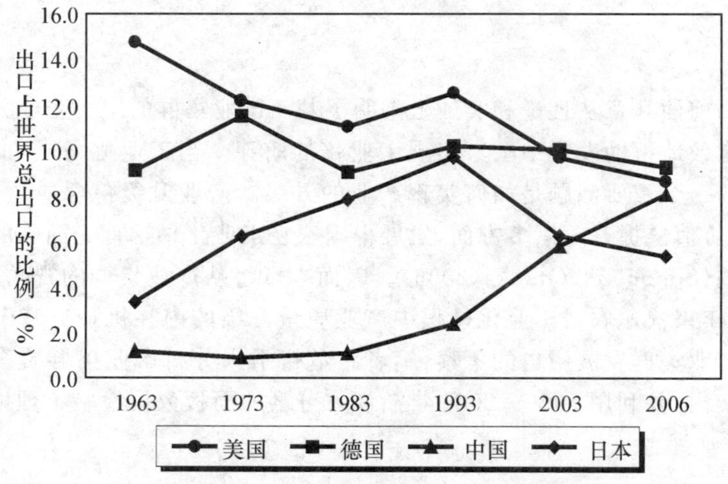

图 12.1　1963—2006 年四个主要国家出口占世界总出口比例的变化

资料来源：WTO，World trade developments in 2006，http://www.wto.org/english/res_e/statis_e/its2007_e/its07_world_trade_dev_e.htm。

---

① 中国制造的玩具近年来在国外市场因质量问题被召回的次数逐渐增加，因而在国外消费者眼中产生了中国商品的质量越来越差的错觉，但是 Bapuji 和 Beamish(2007)的研究发现，从 1988 年至 2007 年每年全世界玩具被召回的次数并未明显增加，发生中国玩具被召回比例大增的原因是全世界玩具生产越来越集中在中国；此外 Bapuji 和 Beamish(2007)还发现，从 1988—2007 年总共 550 起玩具被召回事件中，只有 10%是因为制造原因产生的，其他主要原因是玩具设计上的缺陷，而这些玩具设计基本上是由中国以外的公司完成的。

② 中国工商行政管理总局商标局：《2005 年中国商标工作报告》，中国商标网，http://sbj.saic.gov.cntjxx brand_bulletin.htm。

③ 如联想集团在 2004 年并购了 IBM 的笔记本电脑业务(Barboza，Bradsher & Markoff，2004)；阿里巴巴在 2005 年并购了雅虎中国。

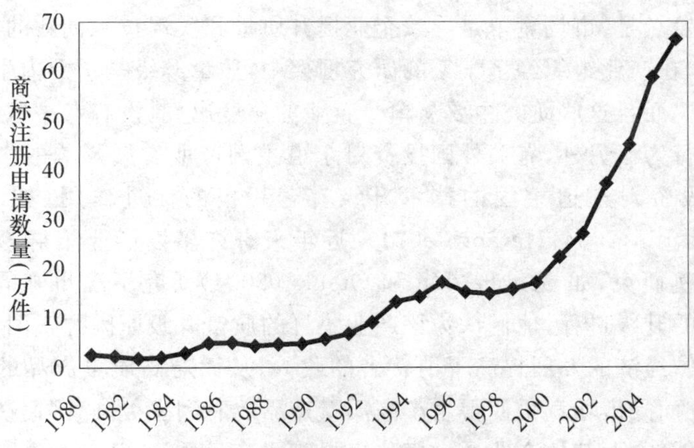

图 12.2 1980—2004 年中国商标注册申请数量

资料来源:中国商标网,http://sbj.saic.gov.cntjxxTJTableLNSBTJ.asp? BM=09。

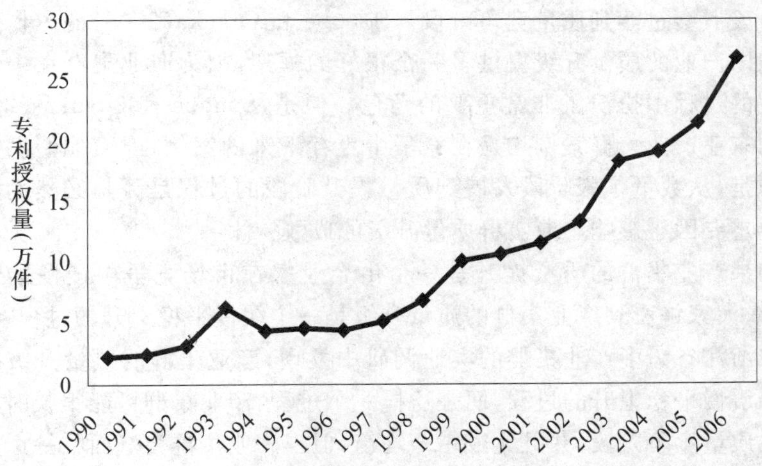

图 12.3 1990—2006 年中国专利授权量增长情况

资料来源:国家知识产权局,http://www.sipo.gov.cn/sipo2008/。

中国制造业已经发生的质量升级究竟是如何实现的?对这一课题的深入研究不仅对指导当前中国制造业面临的进一步升级问题具有重要的实践意义,而且可能为经济学家理解发展问题提供新的视角。

对质量升级的传统研究主要集中在产业组织领域中。产业组织经济学家发展出了许多理论模型解释产品质量升级和技术创新的过程(如:Dasgupta & Stiglitz,1980;Reinganum,1985;Grossman & Helpman,1991)。这些研究的基本出发点是，市场竞争是导致企业提升质量和实现技术创新的根本原因。也就是说，在产业组织经济学家的研究框架中，质量升级是一个内生的自然而然的过程。而且这些研究主要从单个企业的角度出发，没有考虑地方政府、行业协会的行为。另外，有关外国投资对东道主国产业发展影响的实证研究发现，外国投资对东道主国的技术升级有着积极的促进作用（如 Xu，2000；Cheung & Lin，2004；Hatani，2008）。近年来有许多以产业集群为分析单位的精彩案例研究，如 Sonobe、Hu 和 Otsuka（2004）研究了温州柳市低压电器产业集群的升级过程，他们认为该产业集群的质量升级原因源于两方面：其一是中国整体经济的发展提高了消费者的收入，从而对高质量产品的需求增加了；另一方面是市场竞争使得生产高质量产品的利润率更高，因而诱致少数企业家进行创新，而其他企业通过模仿也提高了产品质量，从而整个产业集群的质量获得了升级。Sonobe 和 Otsuka（2006）进一步总结了东亚多个产业集群的发展过程，他们发现产业集群在发展初期主要采用数量扩张的竞争方式，到一定阶段后会过渡到质量竞争阶段。Sonobe 和 Otsuka（2006）的工作为本章研究中国产业的质量升级提供了一个很好的框架，因为产业集群在中国快速工业化的过程中扮演了非常重要的角色。但是，Sonobe 和 Otsuka（2006）所研究的东亚产业集群案例均是在竞争中生存下来的案例，因而他们没能回答的问题是，从数量扩张阶段发展到质量提升阶段的过程是否是必然的？是否有其他重要因素影响产业集群质量升级的成败？

如果产业集群的质量提升是一个由企业家在市场竞争中慢慢推进的过程，那么大家将看到产业集群的质量升级是一个缓慢平稳上升的过程。但是，笔者在浙江省诸多产业集群的实地调研中发现，产业集群的质量升级往往不是一个缓慢平稳上升的过程，而是这样一个过程：产业集群可能很长时间一直处在低质量竞争阶段，并且达成一个均衡，但当产业集群突然面临一个重大危机时，如质量危机、重大事故、遭遇重大出口壁垒时，地方政府和企业家被迫采取一系列的行动，在一个不太长的时间内，产业集群的产品质量和技术水平会有一个很大的跨越。但是，在现实中广泛存在的这一现象被现有的产业组织、产业集群理论所忽视。

有关浙江省产业集群的案例研究发现，许多产业集群在发展过程中遭遇了比较严重的危机（如：仇保兴，1999；Sonobe，Hu & Otsuka，2004），因而，本章以浙江省的产业集群作为研究对象，将危机引入产业质量升级的分析框架中。虽然本章仅仅以浙江省为例，但是笔者希望从中发现整个中国制造业的质量升级规律。本章之所以以浙江省为例，有以下原因：首先，浙江省的工业企业数量、制造业企业数量在全国各省、直辖市中排名第一,是中国重要的制造业基地;其次,浙江省的出口额占全国的比例一直在快速增长(见图 12.4);最后,浙江省的工业企业主要以产业集群的形式分布在各乡镇,这为本章从产业集群的视角研究产业质量升级提供了宝贵的素材。

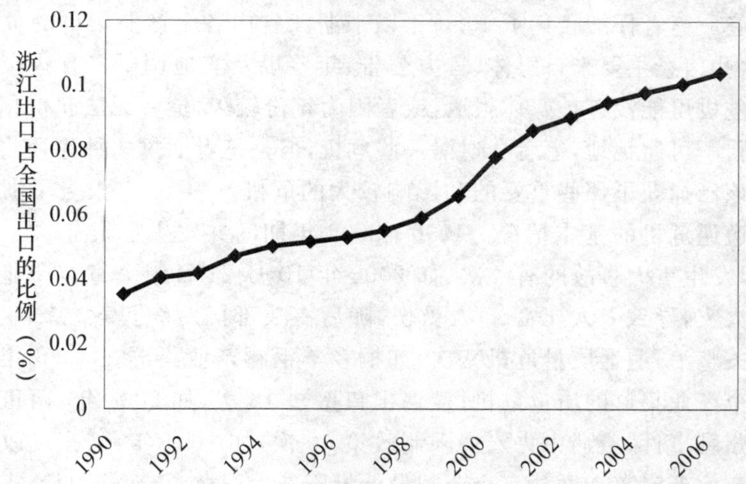

图 12.4 1990—2006 年浙江省出口额占全国总出口额的比例

数据来源:历年《中国统计年鉴》和《浙江统计年鉴》。

本章后续部分安排如下:第二节介绍浙江省产业集群遭遇危机的概况;第三节是典型案例描述;第四节提出理论模型;第五节是计量检验;最后是结论。

12.2 浙江省产业集群遭遇危机的概况

浙江省产业集群在发展过程中并非一帆风顺,而是常常伴随着危机。本章分析的危机是以产业集群为基础的,但是,因为缺乏有关产业集群详细而全面的统计数据,所以笔者不得不在众多的产业集群中选择那些产出较大、知名度较高的产业集群,而忽略那些规模较小的产业集群。本章以 2003 年《浙江年鉴》中报告的 2000 年时产值在 10 亿元以上的 149 个产业集群和 2007 年全国百佳产业集群中的 36 个浙江省产业集群为基础,将这些产业集群划分到浙江省每个县(市辖区)中。如果一个县(市辖区)有多个产业集群,笔者根据产值取前面三个产业集群,有少数产业集群特别发达的市辖区(如温州市辖区、萧山区),笔者根据产值取前面 4 个。通过这种方式我们遴选出了浙江省最主要的 106 个产业集群,本章将以这 106 个产业集群为分析对象,研究这些产业集群发生的重大危机的情况。笔者将危机划分为以下六大类:重大事故(如:重大火灾、爆炸等)、质量危机、出口壁垒、中央宏观限制政策、原材料价格急涨以及其他。没有统计资料记录产业集群发生的危机情况,但是发生过的比较重大的危机一般总会引起媒体的报道,或者在政府的官方文件和年鉴中留下蛛丝马迹。笔者仔细收集了1990年以来浙江省内各个产业集群的危机发生情况,这些信息主要来自媒体、官方公告、年鉴以及实地调研。有些产业集群发生的危机可能没有被媒体报道,或者因为年份较久,笔者无法获得相关的信息,因而,不可避免地,笔者会遗漏一些危机,但是笔者通过多种途径收集到的信息应该已捕获了那些重要的和影响较大的危机。表12.1报告了浙江省产业集群遭遇危机的基本情况。1990—2006年期间共发生危机45次,在这些危机中,发生重大事故的有4次,如2006年10月21日织里童装产业集群发生特大火灾,导致8人死亡、5人受伤,随后有关部门对织里童装产业集群进行了相关整治;遭遇质量危机9次,如桐乡羊毛衫产业集群在1995年前后发生的整个产业集群的质量危机;遭遇出口壁垒16次,如2004年,西班牙发生火烧温州鞋事件;遭遇中央宏观限制政策10次,如2004年,国家发改委出台政策规定生产汽车和摩托车企业的最低投资准入门槛,从而给温岭、玉环的汽摩配产业造成了冲击;遭遇原材料价格短期内急涨的危机有2次,如2004年临安电缆产业集群在短期内原材料铜的价格上涨了50%。其他的危机有4次,如安吉竹制品产业集群被江苏某企业在短期内恶意注册了大量的外观设计专利,导致多家企业陷入倒闭困境。总体而言,危机较多地发生在2000年之后,尤其是遭遇出口壁垒方面的危机近年的次数非常多,这与中国出口量的快速增长是密切相关的。

表12.1 浙江省主要产业集群遭遇重大危机情况

年份	危机类型						汇总
	重大事故	质量危机	出口壁垒	中央宏观限制政策	原材料价格急涨	其他	
1990	0	1	0	0	0	0	1
1995	0	1	0	0	0	0	1
1996	0	1	0	0	0	0	1
1997	0	1	0	0	0	0	1
1998	0	1	0	0	0	0	1

续表

年份	危机类型						汇总
	重大事故	质量危机	出口壁垒	中央宏观限制政策	原材料价格急涨	其他	
2001	0	2	0	0	0	1	3
2002	1	0	0	1	0	0	2
2003	1	0	0	2	0	0	3
2004	1	0	4	3	1	3	12
2005	0	2	11	2	1	0	16
2006	1	0	1	2	0	0	4
汇总	4	9	16	10	2	4	45

资料来源:作者整理。

12.3 典型案例分析

本节先从三个具体的案例中观察危机对产业集群质量升级的影响。

12.3.1 武林门火烧温州鞋

温州从南宋开始就有了专业的皮鞋制造行业。20 世纪 20 年代时温州鞋革业已相当发达,出现了制革街、皮鞋街和牙口皮件街,形成了手工鞋革业的完整体系。温州鞋革行业在新中国成立后获得了进一步发展,第一双猪皮鞋、第一双硫化皮鞋、第一双压模皮鞋、第一双胶粘皮鞋等都诞生在温州。1978 年,温州市皮鞋年产量近 350 万双,是中国主要的鞋革产销基地之一(李洁,2006)。改革开放后,温州鞋业进入了高速发展时期,2004 年时,温州鞋业集群产出量为 8.35 亿双,从业人员超过 40 万,成为"中国鞋都"(Huang,Zhang & Zhu,2008)。

但是,温州鞋业集群在最近 30 多年的发展并非一帆风顺,期间经历了多次危机,最早也最具代表性的一次危机发生在 1987 年前后。改革初期的短缺经济给了温州鞋业绝好的发展机会,大量的鞋业家庭作坊和中小企业如雨后春笋般成长起来,温州鞋采用的是低价低质的竞争策略,但是随着竞争的加剧,低价不断地挤压利润,在这种情况下,许多企业只能通过偷工减料等方式降低成本,皮鞋的质量自然就难以得到保证。温州鞋业的声誉越来越差,成了"一日鞋"、"星期鞋"和"掉跟鞋",温州鞋几乎成了假冒伪劣的代名词。这一质量危机在1987年发展到了高潮。1987年8月8日杭州工商部门在武林门广场一把火烧掉了5000双温州鞋，随后全国不少城市也开始"围剿"温州鞋。1988年4月，南京一家商场的温州皮鞋专柜被消费者捣毁；接着长沙、哈尔滨、株洲等城市都开始火烧温州鞋；继而，上海、南京、武汉、长春、石家庄、大连等城市政府商业主管部门发文禁售温州皮鞋；甚至远在俄罗斯的街头上，也出现了大量"反对温州货"、"把温州人赶出俄罗斯"的标语（陈文玲，2006）。

温州鞋业遭遇的这一质量危机很有可能毁灭整个鞋业集群。但是，在这一危机的刺激下，企业家和地方政府采取的一系列行动挽救了整个温州鞋业，并且使温州鞋业的质量水平在不长的时间内有了质的飞跃。应对危机的行动首先来自企业家。1988年6月，在一批鞋业元老的带领下，温州成立了中国鞋业界第一个行业协会，也是温州市第一个行业协会——温州市鹿城区鞋业协会。协会联合了370多位鞋厂厂长发出倡议："凡我鞋业同仁，都要以鞋城声誉为重，讲究皮鞋质量，不赚昧心钱。"（中国鞋都信息网，2007）行业协会成立之后，制订实施了制止恶性竞争、振兴行业信用的行规行约，并在物价部门支持下，拟订最低保护价，通过行业规约的约束，确保企业信守承诺。协会还成立新产品维权委员会，开展新产品维权活动，有效抑制了仿冒行为，促进了新产品的开发。而且行业协会还将信用差的客户列入"黑名单"通报给会员企业，避免企业再次受骗上当。此外，行业协会积极促进企业之间的合作，没有注册商标的企业为有注册商标的企业做订单，后者在质量上进行把关。

地方政府也采取了相应的行动。首先由鹿城区政府牵头，由技术监督局、工商局等多个政府部门共同组建了鹿城区皮鞋质量管理办公室，对所有温州出产的皮鞋采取合格证制度，由质量管理办公室定期对各个企业的产品进行抽查，符合质量要求的企业发给合格证，没有合格证的企业产品不能对外销售；而工商部门的企业年检也要凭合格证办理，没有合格证的企业暂缓年检，问题严重的甚至取消年检资格（李洁，2006）。此外，行业协会和地方政府联合对企业的广告行为进行监督，那些不守诚信的企业被禁止在当地媒体上登广告。因为这次危机的刺激，地方政府在随后的几年中，一直将提高本地产品质量作为一件重要的行政任务，1993年，温州市政府提出了"质量立市、品牌兴业"的长远发展方针，打造区域品牌，市政府要求所有温州出产的皮鞋必须标注"温州制造"，否则产品就不能出温州市。此外，政府还通过奖励措施鼓励本地企业创立品牌，如温州市政府曾经对获得"中国驰名商标"称号的企业重奖100万元，对获得"真皮标志"的企业也有不同程度的奖励。到2005年时，温州获得"真皮标志"的制鞋企业的数量占了全国一半以上（李洁，2006）。

“武林门火烧温州鞋”事件一个极具象征意义的尾声发生在1999年12月15日，温州著名鞋业企业奥康集团总裁王振滔在1987年“火烧温州鞋”的同一个地点点燃了一把火，烧毁了2000多双假冒温州名牌的伪劣皮鞋(中国鞋都信息网，2007)。

12.3.2 濮院羊毛衫产业集群质量危机

本书第6章已经介绍过发生在濮院羊毛衫产业集群中的质量危机，此处再做简要回顾。濮院羊毛衫产业集群在1995年和1996年前后遭遇了与温州鞋业集群类似的质量危机。1995年之后，濮院羊毛衫市场因为假冒伪劣声誉受损，整个市场陷入萧条。祸不单行的是从1995年下半年开始，国内消费出现低迷，全国轻纺行业普遍不景气。同时羊毛衫市场在管理上也存在着许多问题，羊毛衫市场因为是多方投资，产权关系比较复杂，不同开发单位收取的租金和费用各不相同，市场的公共设施建设非常滞后。在上述内外因的共同作用下，许多市场经营户被迫关门，一些小的家庭作坊也相继倒闭，引发了一些经营户集体抗议的事件，部分商人和企业家转移到了临近的洪合羊毛衫市场。

地方政府意识到危机的严重性之后，采取了一系列的应对措施。地方政府首先通过协调市场各开发单位统一管理制度，安抚市场经营户。然后着重在产品质量上下工夫，以提升整个集群产品的声誉。提升质量的具体措施有：(1)加强监督检查；(2)树立精品一条街；(3)成立质检中心。地方政府的上述举措，使濮院羊毛衫市场走出了经营困境。整个产业集群度过了质量危机，在产品质量上有了很大的提高，巩固了全国最大的羊毛衫集散中心的地位。

上面两个案例存在如下的一般性规律：首先，危机对产业集群的影响体现在整个产业集群的产品声誉受损、价格下降和有价无市上，质量较差、技术水平较低的企业面临着被淘汰的危险；其次，地方政府或行业协会在危机后采取的措施包括保护品牌企业，加强质量控制与监督，鼓励、支持企业提升质量和技术。

12.3.3 “昙花一现”的永康保温杯产业集群

上述两个案例中，危机的冲击并未使产业集群覆灭，反而促进了产业集群的质量升级，遭遇过危机的浙江省产业集群大部分有着类似的经历。但也有少数产业集群在遭遇危机之后走向了衰败，永康保温杯产业集群就是一个典型案例。

号称“五金之乡”的永康，在历史上就是一个出工匠手艺人的地方。1995年初，永康万事达的老板程文全开始模仿生产日本的真空保温杯，到了4月，该市的真空保温杯生产还仅限于几家企业小批量生产，5、6月生产厂家数量逐步增加。由于真空保温杯在市场上非常受欢迎，而且供销渠道畅通，产品供不应求，市场销售价在200—300元，而企业的制造成本只有60元左右，所以到了9月，大量生产五金制品的小企业纷纷转产，突击上马生产保温杯。11—12月，保温杯的生产达到了高峰，有1300家专事保温杯生产及与其配套的厂家，全市保温杯生产线达到了2000多条，而1995年这一年保温杯单项的产值估计在15—17亿元之间。但与急速膨胀的产量相对应的是产品价格的飞速下降，到12月底时，保温杯的市场销售价已经跌到成本价以下。但生产企业依然很多，它们开始通过降低质量继续低价竞争，价格最后下降到了15—20元。但是这时生产的产品已经完全没有保温杯应有的功能了，产品已经很难卖出去，大量产品积压在厂房中，企业开始停产。到1996年2月，月产值只有高峰期的1/8，随后企业纷纷倒闭，1996年之后，仅剩零星几家企业继续生产保温杯，保温杯产业集群已经消亡(仇保兴，1999；朱磊，2004)。

相比于前两个案例，永康保温杯产业集群的危机来得太快，以至于企业家和地方政府还没来得及采取行动，危机已经击垮了整个产业集群。此外，永康其他五金产品的生产也很发达，而生产五金产品的生产线有部分是通用的，生产保温杯的企业在退出保温杯生产后可以比较容易进入到其他产品的生产，因而这一危机没有把企业和地方政府推到“背水一战”的地步。

上述三个案例揭示了现实世界中产业集群的质量升级过程。产业集群的质量升级往往不是一个平稳上升的过程，一个重大的危机可能会引发企业家和地方政府的一系列应对行为，这些行为对产业集群的升级会产生决定性的影响。

12.4 理论框架

本节利用一个非常简单的几何模型将蕴涵在典型案例中的逻辑一般化，分析企业、地方政府、危机与产业集群质量升级之间的内在关系。

假设一个产业集群生产一种产品，这种产品可以是低质量的，也可以是高质量的。选择生产什么质量的产品的决定权在企业手中，因而笔者以单个企业的选择行为作为研究对象。假设生产高质量的产品相对于生产低质量的产品需要较高的固定成本，这些成本体现在注册商标、较多的研发投入、较高档的机器设备、工人的培训等上面。为使分析简化，进一步假设生产高质量和低质量商品的边际成本曲线是一样的。一个产业集群中有非常多的企业，因而我们假设不存在垄断现象，单个企业面对的市场价格是固定的，当然高质量商品的售价高于低质量商品。图12.5体现了上述假设。

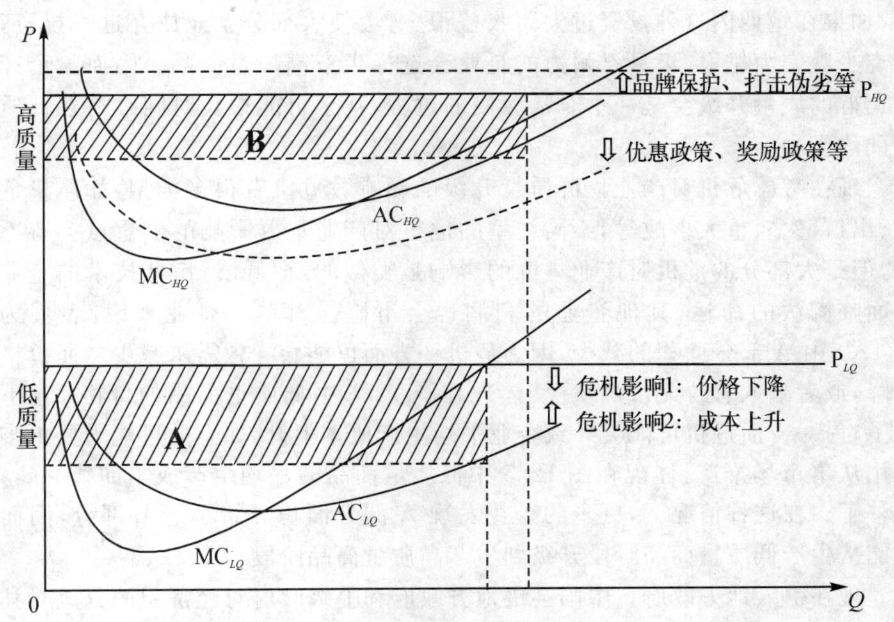

图 12.5　危机与质量升级逻辑关系

单个企业在边际成本等于价格的地方作出产量决策，企业的利润是价格与产量的乘积减去平均成本与产量的乘积。在图 12.5 中，企业如果选择生产低质量商品，其利润是图中 A 部分面积；如果选择生产高质量商品，其利润是图中 B 部分面积。假设刚开始时，所有的企业都处在低质量阶段，因而单个企业是继续生产低质量商品还是升级到生产高质量商品取决于对 A 和 B 两部分面积的比较。产业集群的一个特性是它能够提供集体品牌，例如"温州皮鞋"、"濮院羊毛衫"等，这一集体品牌被集群内所有的企业共享。假设所有生产低质量商品的企业中有少数企业认为生产高质量的商品会收益更高，它们便开始选择生产高质量的商品。但是正如 Akerlof(1970)所发现的，因为存在信息不对称，优质产品的质量信息如果无法有效地传递给消费者，那么这类商品将无法卖出应有的价格。因为产业集群集体品牌的存在，如果绝大部分企业生产的产品是低质量的，那么少数生产高质量商品的企业需要一些特别的机制传递其高质量产品的信息，如建立专卖店、提高广告投入等，此外它们还需要防止生产低质量产品的企业对其产品的仿冒，这些费用会大大增加企业的平均成本，也就是说使图 12.5 中 B 部分的面积减少了。从理论上说，对声誉的投资会在以后带来好的收益(Klein & Leffler，1981；Shapiro，1983)，但是,如果在短期内这种投资过大而收益很少,会使大部分企业放弃这一投资,只有少数实力雄厚、极具忍耐力的企业会选择生产高质量商品。因而整个产业集群的质量升级会是一个非常缓慢的过程,甚至可能很长时间维持在低质量的均衡中。

现在考虑危机对产业集群质量升级的影响。危机有很多类型,如质量危机、出口壁垒、重大事故等,不同类型的危机对产业集群影响的侧重点会有不同,但是大部分的危机对产业集群的影响是类似的,即低质量、低技术的企业将面临淘汰的命运,其他企业的利润也会下降。对单个企业来说,表现为图 12.5中 A 部分面积的减少,因为危机一方面可能会导致需求减少从而价格下降,或者陷入有价无市的状况,体现在图 12.5 中低质量商品的价格 P_{LQ} 下降了;另一方面危机可能会导致企业平均生产成本上升,如企业可能需要更多费用从事市场推广,体现在图 12.5 中低质量商品的平均生产成本曲线 AC_{LQ} 上移了。在这种情况下,更多的企业发现 A 部分面积开始小于 B 部分,因而可能从生产低质量商品阶段升级到生产高质量商品阶段。

现在引入地方政府。中国县级地方政府和上级政府对经济租的分成对县级地方政府形成了巨大的激励,这也是中国改革之后经济高速发展的重要秘诀(张五常,2008)。因而县级政府应该会想方设法促进本地产业集群的发展,如建立专业市场、吸引外来投资、对外宣传等。笔者假设地方政府的行为源于对成本收益的比较,收益来自于税收,而成本主要体现在为整个产业集群提供公共产品(如建设市场、对外宣传、保护品牌等),以及在税收、土地价格上的优惠等。政府推进质量升级对企业收益的影响表现在两方面:一方面通过保护品牌等措施使高质量商品能够卖出好的价格,体现在图 12.5 中会使 P_{HQ} 曲线上移;另一方面,政府提供的公共产品会降低企业生产高质量商品的平均成本,体现在图 12.5 中会使 AC_{HQ} 曲线下移,即企业生产高质量商品的收益增加了。在危机发生前,假设所有企业处于低质量阶段,政府的税收为 $r\sum_{i=1}^{n}A_i$。如果所有企业都升级到高质量阶段,政府的税收为 $r\sum_{i=1}^{n}B_i$,假设整个产业集群实现升级的总成本为 C,C 可以分成两部分:一部分是企业承担的升级成本 C_e,另一部分是政府承担的升级成本 C_g。笔者前面分析了在产业集群发生危机之前,企业发现生产低质量商品比生产高质量商品收益更大,这时候政府如果强行实现质量升级,一方面因为企业不愿意,它需要承担全部的成本;另一方面升级的净税收增加 $r\sum_{i=1}^{n}B_i - r\sum_{i=1}^{n}A_i$ 有可能在短期内是负的,或者虽然为正，但是依然小于政府所付出的成本 C。虽然从一个比较长的时期来看，政府在早期的损失以后会得到补偿，但是，政府官员任期的限制以及人的有限理性的存在[①]，在产业集群没有发生危机时，地方政府会觉得现状是可以接受的，因为改变总是充满了不确定性。

当危机发生时，那些在边际上的企业面临着被淘汰的危险，其他企业的利润也会下降，即地方政府会感受到税收($r\sum_{i=1}^{n}A_i$)的减少；如果危机足够严重，会使它们意识到如果不采取有效的行动，整个产业集群有可能覆灭。而同时，企业在面临危机时，基于自身生存的考虑，也会有升级的要求，并且它们预期到地方政府会采取相应的行动使得生产高质量商品的收益会增加，因而很多企业会愿意承担部分升级的费用。在这种情况下，地方政府会发觉付出成本促进产业升级是一个合算的决策，因而地方政府会鼓励企业实现升级。地方政府的措施有很多，如对质量好、技术水平高的企业给予税收、地价优惠和融资帮助，保护企业品牌，提高对外宣传力度，加强对假冒伪劣商品的查处力度等。地方政府的这些行动为产业升级提供了公共产品，承担了产业升级的部分成本。企业之间也可能形成行业协会，达成协议保护愿意实现质量升级的会员企业的利益。当然，正如前面第三个案例所显示的，有时候危机也可能会导致整个产业集群的衰落，这种情况往往是因为危机来得太快、太严重，以至于地方政府和行业协会来不及作出反应。在浙江省的产业集群发展过程中，也有少数产业集群经历辉煌之后消亡了，但是这种情况是比较少的，30 多年以来，浙江省产业集群的数量一直在增加。

12.5 实证检验

前文从典型案例和逻辑上分析了危机对产业集群质量升级的重要影响，基于浙江省产业集群的发展实际，笔者认为，从总体上看，危机对浙江省产业集群的质量升级具有积极的促进作用。本节将利用 1990—2006 年浙江省的相关数据检验这一推断。

在本章第二节，笔者筛选了浙江省最主要的 106 个产业集群，把这些产业集群对应到了每个县(市辖区)，并且汇总了这些产业集群发生的危机情况。

---

① Alchian(1950)指出，现实世界中人的行为往往不是遵循经济学上的利润最大化原则行动，而是根据可以感受到的正的利润行动。

因为没有针对产业集群的时间序列统计数据，笔者只能利用分县的统计数据，因而在实证检验中，是以县（市辖区）为研究对象，笔者的目标是检验发生在产业集群中的危机对专利数量、质量认证的企业数量、专业技术人员的数量是否有显著影响。需要控制的因素包括经济发展水平、外国投资、人口密度、第二产业的比重、国有企业的比重、时间趋势和县际之间的差异。笔者对人均专利数、质量认证企业数和人均专业技术人员的数量取对数值，作为被解释变量。2000 年之后的专利数据来自浙江省知识产权局，1999 年之前的专利数据来自国家知识产权局，质量认证企业的数量来自浙江省技术监督局。其他数据来自历年《浙江统计年鉴》，2000 年之后有个别数据在《浙江统计年鉴》中缺失，笔者从相应的市级统计年鉴和政府公告中补全了缺失值。对其他缺失值的处理如下：《浙江统计年鉴》中缺失了 1990—1992 年分县（市辖区）的第二产业国内生产总值的数值，笔者用工业总产值与工农业总产值的比例代表第二产业的比重；《浙江统计年鉴》中缺失的 1992 年部分县的工业总产值，笔者采用 1991 年与 1993 年的平均值代替；1990 年缺失县级国有企业数量，笔者用 1991 年国有企业比重代替 1990 年国有企业比重；从 1999 年开始，《浙江统计年鉴》不再报告分县的国有企业数量，因为此时县级的国有企业基本完成改制，县级国有企业占总企业数量的比重趋近于 0，笔者假设其为 0。

因为本章的数据是分县的，所以笔者要把产业集群遭遇的危机分配到该产业集群所属的县。笔者设立一个代表危机的虚拟变量，在发生危机的年份，标记该值为 1。如果一个县只有一个产业集群，或者有多个产业集群但只有一次危机，或者多个产业集群发生的危机时间在同一年，那么很好处理。如果一个县有多个产业集群，且在不同年份发生了多次危机，笔者把发生时间最早的那一次危机作为研究对象，因为一般来讲最早一次的危机影响最大。通过这样的处理，73 个县（市辖区）[①]在 1990—2006 年间共有 32 次危机。

12.5.1 统计检验

首先，笔者作一个简单的统计检验。笔者猜想，当某个县在某年发生危机之后，当年和第二年企业和地方政府会受刺激进行质量和技术升级，也就是说这两年的人均专利数、质量认证企业数的增长速度会高于其他年份。笔者对每一个观察值建立一个反映专利数增长率的指标：用观察值当年和后一年的专利数之和除以之前两年的专利数之和。如果该观察值对应的危机的虚拟变

---

① 我们根据数据的可得性将市下面的区合并到市辖区中，有几个区是在近几年由县转变过来的，笔者将这样的区依然作为单独的县处理。

量是 1，笔者把它放到危机组；如果某个观察值计算专利增长率的公式中不包含发生危机当年和危机之后一年的情况，笔者把它放到非危机组。笔者利用同样的方式建立一个反映质量认证企业数增长率的指标。笔者比较危机组和非危机组在这两个指标上的均值是否在统计上显著差异。表 12.2 报告了这一结果。从表 12.2 可以看出，无论在专利增长率还是质量认证企业数增长率上，危机组均显著高于非危机组。

表 12.2　危机前后专利数与质量认证企业数差异的统计检验

组　别	专利数变化率			质量认证企业数变化率		
	观察对象	均值	标准差	观察对象	均值	标准差
危机组	29	2.23	1.83	23	11.65	12.95
非危机组	926	1.61	1.49	174	8.30	8.37
P 值		0.0142			0.0473	

资料来源：2000 年及之后的专利数来自浙江省知识产权局 http://www.zjpat.gov.cn；1999 年及之前的专利数来自国家知识产权局 http://search.sipo.gov.cn/。质量认证企业的数据来自浙江省质量技术监督局 http://www.zjbts.gov.cncxzxrzxxcx.htm。

12.5.2　计量检验

首先，笔者以人均专利数的对数值作为被解释变量。因为笔者采用的是专利授权量，专利从申请到授权一般需要半年到一年的时间，而专利的发明也需要一定的时间。危机对专利授权量的影响应该在第二年反映出来，因而笔者对危机时间滞后一年，也就是说在回归模型中，使用上一年发生的危机。表 12.3报告了回归结果。R_1 中笔者没有固定年份和县际效应；R_2 中笔者固定了县际效应；R_3 中笔者固定了县际效应的同时加入了时间趋势变量；R_4 中笔者固定了年份和县际效应。这四个回归均表明，滞后一年的危机对专利授权量具有显著的正向影响。其他的发现还包括，人口密度与人均专利授权量负相关；外国投资也能够促进专利授权量的增加，但有两个回归不显著；第二产业的比重与专利授权量正相关，但不是很稳定；时间趋势变量对专利授权量影响显著，表明专利有一个随时间自然增长的规律。在后面三个回归中，调整后的 R_2 值很高，尤其是在同时控制了年份效应和县际效应之后 R_2 超过了 0.8，表明模型有很好的解释力。

笔者继续使用质量认证企业数量的对数值作为被解释变量，考察危机对这一数值的影响。因为浙江省从 1997 年才有第一家通过质量认证的企业，所以样本观察时期是 1997—2006 年。因为质量认证所需的时间不像专利授权那么久，发生在上半年的危机可能对下半年的质量认证就产生了影响，因而笔者分别考虑了当年危机和滞后一年危机的影响。与前面类似，笔者考虑了固定年份和县际效应的不同组合。表 12.4 报告了这一结果。R_5—R_8 采用当年的危机，R_9—R_{12} 采用滞后一年的危机。在这八个回归中，当年危机和滞后一年危机对质量认证企业数量均有着非常显著的正向影响。经济发展水平和人口密度的影响也很显著，但是外国投资的影响不显著。在固定了年份和县际效应后，调整后的 R_2 值达到了 0.88，模型的解释力很强。

危机可能会影响企业对人才的引进，专利技术人员的数量会提高，笔者进一步使用人均专业技术人员数量的对数值作为被解释变量。《浙江统计年鉴》从 1995 年开始报告分县的专业技术人员数量，因而观察时期是 1995—2006 年。笔者做了与前面类似的回归。表 12.5 报告了这一结果。从表 12.5 可以看出，危机对专业技术人数的增加有着显著的正向影响。

表 12.3　危机与专利授权量的回归结果

	人均专利数的对数值			
	R_1	R_2	R_3	R_4
滞后一年的危机	0.580***	0.576***	0.396***	0.262***
	(4.64)	(4.80)	(3.47)	(2.70)
人均 GDP	0.807***	0.668***	−0.064	0.23
	(7.93)	(6.88)	(−1.188)	(1.12)
人口密度	1.11	−7.979***	−12.737***	−10.413***
	(1.26)	(−3.621)	(−6.485)	(−5.527)
人均外国投资	0.017	0.058**	0.004	0.044***
	(0.63)	(2.32)	(0.26)	(2.73)
第二产业比重	1.091***	0.764**	0.339*	−0.148
	(3.25)	(2.08)	(1.83)	(−0.770)
国有企业比例	−1.048**	−2.327***	0.166	2.539***
	(−2.082)	(−5.056)	(0.49)	(5.09)
时间趋势			0.168***	
			(14.50)	
County Fixed	NO	YES	YES	YES
Year Fixed	NO	NO	NO	YES
R2_a	0.493	0.728	0.766	0.803
AIC	3049.817	2390.472	2216.906	2030.36
N	1168	1168	1168	1168

资料来源：专利数和危机数来源同表 12.2，其他数据主要来自历年《浙江统计年鉴》。

表 12.4 危机与质量认证企业数量的回归结果

	质量认证企业数的对数值							
	R_5	R_6	R_7	R_8	R_9	R_{10}	R_{11}	R_{12}
危机	1.035***	0.505***	0.498***	0.367***				
	(4.11)	(3.38)	(3.36)	(3.36)				
滞后一年的危机					1.263***	0.494***	0.493***	0.287***
					(4.80)	(3.31)	(3.34)	(2.75)
人均 GDP	2.031***	4.189***	3.886***	1.997***	2.003***	4.171***	3.827***	1.971***
	(14.32)	(37.71)	(11.01)	(6.90)	(14.20)	(36.85)	(10.90)	(6.82)
人口密度	−7.472***	32.812***	31.591***	26.514***	−7.484***	32.784***	31.396***	26.388***
	(−4.823)	(5.90)	(5.32)	(5.31)	(−4.820)	(5.91)	(5.32)	(5.31)
人均外国投资	0.01	−0.006	−0.01	−0.037	0.011	−0.005	−0.01	−0.038
	(0.34)	(−0.267)	(−0.432)	(−1.563)	(0.37)	(−0.228)	(−0.412)	(−1.612)
第二产业比重	−2.717***	−8.948***	−8.613***	−6.961***	−2.682***	−8.902***	−8.519***	−6.946***
	(−5.227)	(−9.608)	(−9.211)	(−8.487)	(−5.166)	(−9.537)	(−9.103)	(−8.433)
国有企业比例	−1.150*	3.189***	3.459***	1.110*	−1.193*	3.145***	3.451***	1.106*
	(−1.789)	(6.55)	(6.55)	(1.89)	(−1.870)	(6.50)	(6.59)	(1.90)
时间趋势			0.041				0.047	
			(0.90)				(1.03)	
County Fixed	NO	YES	YES	YES	NO	YES	YES	YES
Year Fixed	NO	NO	NO	YES	NO	NO	NO	YES
R2_a	0.486	0.811	0.811	0.881	0.492	0.811	0.811	0.88
AIC	2347.018	1683.078	1683.92	1352.099	2338.341	1684.379	1684.892	1356.67
N	730.00	730.00	730.00	730.00	730.00	730.00	730.00	730.00

资料来源：专利数和危机数来源同表 12.2，其他数据主要来自历年《浙江统计年鉴》。

表 12.5 危机与专业技术人员数量的回归结果

	人均专业技术人员数的对数值							
	R_{13}	R_{14}	R_{15}	R_{16}	R_{17}	R_{18}	R_{19}	R_{20}
危机	0.116*	0.167***	0.162***	0.159***				
	(1.90)	(3.05)	(3.00)	(2.96)				
滞后一年的危机					0.127**	0.178***	0.176***	0.141**
					(2.17)	(3.12)	(3.16)	(2.48)
人均 GDP	0.732***	0.803***	0.579***	0.444***	0.729***	0.796***	0.563***	0.435***
	(21.69)	(20.58)	(5.07)	(3.54)	(21.56)	(20.14)	(4.89)	(3.47)
人口密度	−4.262***	−5.768***	−6.558***	−6.715***	−4.256***	−5.785***	−6.605***	−6.760***
	(−9.530)	(−6.101)	(−6.750)	(−6.505)	(−9.526)	(−6.091)	(−6.760)	(−6.571)
人均外国投资	0.038***	0.017**	0.014*	0.012	0.038***	0.017**	0.014*	0.011
	(5.14)	(2.09)	(1.80)	(1.49)	(5.14)	(2.11)	(1.81)	(1.41)
第二产业比重	−1.564***	−1.682***	−1.469***	−1.313***	−1.559***	−1.657***	−1.436***	−1.301***
	(−10.891)	(−5.394)	(−4.642)	(−4.100)	(−10.860)	(−5.282)	(−4.517)	(−4.041)
国有企业比例	0.615***	0.549***	0.799***	0.843***	0.610***	0.530***	0.788***	0.834***
	(3.85)	(4.53)	(4.88)	(3.47)	(3.82)	(4.38)	(4.83)	(3.43)
时间趋势			0.031**				0.032**	
			(2.24)				(2.31)	
County Fixed	NO	YES	YES	YES	NO	YES	YES	YES
Year Fixed	NO	NO	NO	YES	NO	NO	NO	YES
R2_a	0.597	0.755	0.756	0.764	0.597	0.755	0.757	0.763
AIC	681.875	313.82	309.563	291.21	681.509	313.506	308.772	293.995
N	875.00	875.00	875.00	875.00	875.00	875.00	875.00	875.00

资料来源：专利数和危机数来源同表 12.2，其他数据主要来自历年《浙江统计年鉴》。

12.6 本章小结

本章从产业集群的视角探讨产业升级的内在机理，在逻辑上是与前面章节一脉相承的。

研究中国产业质量升级的内在逻辑无论在理论还是实践上均具有非常重要的意义。产业组织领域内的经济学家发展出了许多精妙的模型解释质量升级的过程。但是，发生在中国产业质量升级实践过程中的许多重要现象却无法被这些精妙的模型所解释。本章以浙江省主要的106个产业集群为研究对象，通过对典型案例的剖析，笔者发现危机与产业质量升级有着重要的关系，危机会引发企业家和地方政府的一些应对措施，这些措施有可能会促使产业升级。本章构建了一个简单的分析框架，进而利用浙江省分县数据检验了假说，结果表明危机对产业质量升级有着积极的促进作用，并且这一结果在计量上非常稳定。

本章的研究发现，危机对产业集群质量升级的促进作用，实际上危机对发展的影响不仅仅体现在工业化过程中，人类社会的发展就一直伴随着危机，汤因比(1986)考察人类社会不同文明的起源后发现，文明是在应对挑战中发展起来的。

本章的研究结果可能会产生一个令读者困惑的问题：如果危机是促进产业集群质量升级的重要原因，那么大家所能做的事情岂不是静待危机就行了？本章的研究绝不希望引导出这样一个结论。笔者要强调的是，危机本身是破坏性的，但是危机作为一个重要事件引发的政府和企业家的应对行为是导致产业集群质量升级的原因。企业家和地方政府如果能够从以前的危机或者他人的危机中学习到新的知识，在危机还很小或者还未出现时提前做好准备，那么将会以较小的代价实现产业的质量升级。2007年以来，在原材料涨价、人民币升值、新《劳动法》颁布实施、国际金融危机爆发等因素影响下，中国的制造业面临着一个困境。但这同时也是一个逼迫中国制造业进行升级的机会，已经有一些地方政府和企业家开始行动了①。

---

① 参见《中国制造：半坡上的变奏》，《南方周末》，2008－07－23，http://www.infzm.com/content/15061。

13 政策启示

本书揭示了中国产业集群演化与发展的内在机制，对发展经济学和经济政策可能有一定的启示作用。

首先，资本市场不完善并不意味着一个国家或地区就不能实现工业化。主流经济学一般认为，资金不足是制约工业发展的关键因素。一系列实证研究表明，在发展中国家中小企业的资金回报率远高于银行利率。因此经济学家推论发展金融业，尤其是小额贷款，是发展中国家实行工业化的必要条件。我们不否认通过金融改革来减少企业家资金约束的重要性。但是，我们必须看到，金融改革和工业化都是漫长的过程，二者经常是互相影响的。如果没有足够的投资机会，金融业也很难被带动起来。如果非要等金融业发展起来再实现工业化，那么工业化对许多发展中国家可能会是一个非常漫长的过程。中国的工业化经验表明，在面临资本约束的情况下，企业家和地方政府有可能通过集群化的生产方式来降低投资门槛，克服资金瓶颈，快速实现工业化。许多发展中国家和中国改革初期的资源禀赋相似，都面临劳动力丰裕充足，但资金短缺的情况。因而中国最近30年中基于产业集群的工业化发展模式也许会对这些国家有所借鉴。我们希望我们的研究能够对有关其他发展中国家工业化的研究起到抛砖引玉的作用。

其次，我们的研究对产业政策的研究和制定有一定的贡献。在中国经济的迅猛崛起和许多发达国家陷入经济危机的大环境下，经济学家对政府在经济发展中的作用形成了一个所谓的“北京共识”。也就是，由于市场的局限性，政府在产业发展中是可以有所作为的。但是，关于产业政策的讨论主要是集中在中央一级政府。中国是一个庞大的国家，面临各地区的多样性和从上级政府到下级政府信息的不对称性，中央政府很难总是一贯地制定有效的产业发展政策。新中国成立以来所贯彻的计划经济的失败就证明了这一点。事实上，中国经济过去30年的迅猛发展在于更有效地调动了地方政府和个人的积极性。

由于各地资源禀赋和市场机会都不尽相同，中央政府很难制定大一统的、放之四海而皆准的产业政策。中国产业政策的制定和执行实际上是在地方一级。浙江众多产业集群的发展历史表明，地方政府的积极行为是促使产业集群获得竞争优势的重要原因。东亚其他国家和地区的产业集群也存在着类似的现象(Sonobe & Otsuka，2006)。集群化的发展模式有一个重要的特点：一个地方集中生产一种主要产品。各地所生产的产品千差万别，因而在任何一个时刻所面临的问题有可能很不一样。而地方政府对当地情况比较熟悉，如果地方官员的激励机制和发展地方经济相符的话，他们更有可能比中央政府看到问题所在，从而因地制宜地找出切实可行的政策方案。

集群化的生产方式在全世界(甚至非洲国家)普遍存在。可许多发展中国家的产业集群只是停留在初级阶段，很难有质的飞跃。这有可能与这些国家地方政府的设置和激励机制有关。在许多发展中国家，地方政府没有制定地方政策的动机和权力。中国地方政府在集群发展中所扮演的重要角色对其他发展中国家也许有一定借鉴意义。

第三，尽管各产业集群所生产的产品大不相同，但产业集群的发展还是有一些内在的规律。一般来讲，产业集群发展都会经历一个从数量扩张到质量升级的过程。在第一阶段，地方政府需要通过积极提供公共产品促进产业集群的萌芽。比如，地方政府可以通过提供如下几类公共产品促进产业集群的扩张：(1)建立和扩展市场，市场不仅能够促进分工的深化，还能够增进信息的传递，提高技术的扩散速度，在产业集群萌芽阶段，地方政府顺势而为建立相关的市场，能够有效地促进集群的发展；(2)适时建立工业园区，工业园区可以通过统一供热、供汽、污水处理等措施发挥规模效应，一定程度上能够降低企业生产成本，而且为集群内企业实现品牌形象的提升提供平台；(3)建立合理的物流体系，物流系统是产业集群对外联系的重要通道，而且物流具有非常明显的规模效应，高效可靠的物流体系能够有效地提升产业集群的竞争优势；(4)积极进行集群整体品牌的宣传，集群品牌是一个集群内所有企业均可以共享的公共产品，地方政府可以通过有效地整合各种资源，对集群整体品牌进行营销策划，提升集群品牌的知名度和竞争力。

当产业集群发展到一定阶段时，地方政府要为产业升级做好准备。具体而言，地方政府需要从如下几个方面协助集群内企业实现产业升级：(1)扶持集群内企业进行品牌建设，通过一定的奖惩措施，鼓励、引导企业从数量扩张阶段升级到质量提升阶段；(2)支持行业协会的建设，行业协会能够有效地帮助企业提高对外谈判时的讨价还价能力，并且行业协会对产品质量的升级有着重要的影响，地方政府应该支持、协助行业协会在产业集群中发挥积极的作用；(3)为集群内企业提供工人培训、技术服务等公共产品。

总体而言，本书的研究从实证上支持了经济史学家 Gerschenkron(1962)的观点，即在人类社会经济发展过程中，大多数事先假定所谓成功的先决条件通常是可以替代的。本书的研究结果表明，在工业化早期，生产组织形式的合理选择可以在一定程度上替代资本市场的发展，这一发现对发展经济学具有重要理论意义。自边际革命以来，最优化问题一直是主流经济学关注的重点，但是最优化试图解决的仅仅是发展目标问题，而如何寻找达到目标的途径却一直被主流经济学所忽视。在现实的人类社会发展历程中，最困难的往往不是确定目标，而是如何找到实现目标的有效途径。发展经济学的主旨是帮助发展中国家找寻摆脱贫困、实现发展的道路。中国东部沿海地区基于产业集群模式的农村工业化发展历程表明，发展不能是一个等待预先假定条件均具备以后才开始的过程，成功的发展历程往往是在约束条件下不断寻找替代方案以寻求突破的过程。因此，对于中国西部贫困地区以及非洲、拉美一些贫困的发展中国家而言，只有从自身条件出发，积极找寻符合当地经济发展水平、自然资源条件和社会文化传统的发展路径，而不是将发展依托在外界援助上，这些地区和国家才能获得发展。因为，贫困不是一种命运！

参考文献

［1］Acs，Z. J.，Anselin，L. & Varga，A. Patents and Innovation Counts as Measures of Regional Production of New Knowledge［J］. Research Policy 2002，31：1069－1085

［2］Adelman，I. Fallacies in Development Theory and Their Implications for Policy［A］. Meier，G. M. & Stiglitz，J. E. Frontiers of Development Economics：The Future in Perspective［C］. London：Oxford University Press，2000：103－135

［3］Akerlof，G. A. The Market for "Lemons"：Quality Uncertainty and the Market Mechanism［J］. Quarterly Journal of Economics，1970，84(3)：488－500

［4］Alchian，A. Uncertainty，Evolution，and Economic Theory［J］. The Journal of Political Economy，1950，58(3)：211－221

［5］Allen，F.，Qian，J. & Qian，M. Law，Finance，and Economic Growth in China［J］. Journal of Financial Economics，2005，77(1)：57－116

［6］Altenburg，T. & Meyer-Stamer，J. How to Promote Clusters：Policy Experiences from Latin America［J］. World Development，1999，27(9)：1693－1713

［7］Amato，L. & Wilder，R. P. The Effects of Firm Size on Profit Rates in U. S. Manufacturing［J］. Southern Economic Journal，1985，52(1)：181－190

［8］Axelrod，R. The Evolution of Cooperation［M］. Basic Books，1984

［9］Ayyagari，M.，Demirgüç-Kunt，A. & Maksimovic，V. How Important Are Financing Constraints? The Role of Finance in the Business Environment［R］. World Bank Policy Research Working Paper No.

3820, 2006

[10] Bai, C. E., Duan, Y., Tao, Z. & Tong, S. T. Local Protectionism and Regional Specialization: Evidence from China's Industries [J]. Journal of International Economics, 2004, 63 (2): 397—417

[11] Bair, J. & Gereffi, G. Local Clusters in Global Chains: The Causes and Consequences of Export Dynamism in Torreon's Blue Jeans Industry [J]. World Development, 2001, 29(11): 1885—1903

[12] Banerjee, A. & Newman, A. F. Occupational Choice and the Process of Development [J]. Journal of Political Economy, 1993, 101(2): 274—298

[13] Bapuji, H. & Beamish, P. W. Toy Recalls: Is China Really the Problem? [EB/OL]. Canada Asia Commentary No. 45, http://www.asia-pacific.ca/analysispubs pdfs/commentary/cac45.pdf, 2007

[14] Barboza, D., Bradsher, K. & Markoff, J. An Unknown Giant Flex Its Muscles [J/OL]. New York Times, http://www.nytimes.com 12/04/business/worldbusiness /04asia.html, 2004

[15] Baumol, W. J. & Willig, R. D. Fixed Costs, Sunk Costs, Entry Barriers, and Sustainability of Monopoly [J]. The Quarterly Journal of Economics, 1981, 96(3): 405—431

[16] Baumol, W. J. Business Behavior, Value, and Growth [M]. MacMillan, 1959

[17] Becker, G. S. & Murphy, K. M. The Division of Labor, Coordination Costs, and Knowledge [J]. Quarterly Journal of Economics, 1992, 107(4): 1137—1160

[18] Bianchi, G. Requiem for the Third Italy? Rise and Fall of a Too Successful Concept [J]. Entrepreneurship and Regional Development, 1998, 10: 93—116

[19] Bigsten, A., Isaksson, A., Söderbom, M., Collier, P., Zeufack, A., Dercon, S., Fafchamps, M., Gunning, J., Teal, F., Appleton, S., Gauthier, B., Oduro, A., Oostendorp, R. & Pattillo, C. Rates of Return on Physical and Human Capital in Africa's Manufacturing Sector [J]. Economic Development and Cultural Change, 2000, 48(4): 801—828

［20］Braczyk, H. , Cooke, P. & Heidenreich, M. Regional Innovation Systems: The Role of Governances in a Globalized World ［J］. London: UCL Press, 1998

［21］Brautigam, D. Substituting for the State: Institutions and Industrial Development in Eastern Nigeria ［J］. World Development, 1997, 25 (7): 1063—1080

［22］Brusco, S. The Idea of the Industrial District: Its Genesis ［A］. Pyke, F. , Becattini, G. & Sengenberger, W. Industrial Districts and Interfirm Cooperation in Italy［C］. International Institute for Labour Studies, ILO, Geneva, 1990: 10—19

［23］Chandler, A. J. The Visible Hand: The Managerial Revolution in American Business ［M］. Cambridge: Harvard University Press, 1977.

［24］Chang, C. & Wang, Y. The Nature of the Township—village Enterprise ［J］. Journal of Comparative Economics, 1994, 19 (3): 434—452

［25］Che, J. & Qian, Y. Institutional Environment, Community Government, and Corporate Government: Understanding China's Township—Village Enterprises ［J］. Journal of Law, Economics, and Organization, 1998, 14(1): 1701—1723

［26］Chen, H. & Rozelle, S. Local Leaders, Managers, and the Organization of Township and Village Enterprises in China ［J］. Journal of Development Economics , 1999, 60: 529—557

［27］Chenery, H. B. & Strout, A. M. Foreign Assistance and Economic Development ［J］. The American Economic Review, 1966, 56(4): 679—733

［28］Cheung, K. Y. & Lin, P. Spillover Effects of FDI on Innovation in China: Evidence from the Provincial Data ［J］. China Economic Review, 2004, 15(1): 25—44

［29］Coase, R. H. The Nature of the Firm ［J］. Economica, 1937, 4 (16): 386—405

［30］Cull, R. , Xu, L. C. & Zhu, T. Formal Finance and Trade Credit During China's Transition ［J］. Journal of Financial Intermediation, 2009, 18(2): 173—192

［31］Dasgupta, P. & Stiglitz, J. E. Uncertainty, Industrial Structure, and the Speed of R&D ［J］. Bell Journal of Economics, 1980, 11: 1—28

[32] David, C. C. & Otsuka, K. Modern Rice Technology and Income Distribution in Asia [M]. Lynne Rienner, Boulder, 1994

[33] Deering, M. Is China Too Expensive? [J/OL]. Industry Week, November 5. http://www.industryweek.com/ReadArticle.aspx? ArticleID=17654&SectionID=1,2008

[34] Dei, O. G. The Industrial District, Transaction Problems and the "Community Market" Cambridge [J]. Journal of Economics, 1994, 18: 529—546

[35] Demirgüç—Kunt, A. & Maksimovic, V. Law, Finance, and Firm Growth [J]. The Journal of Finance, 1998, 53(6): 2107—2137

[36] Dhawan, R. Firm Size and Productivity Differential: Theory and Evidence from a Panel of US Firms [J]. Journal of Economic Behavior & Organization, 2001, 44: 269—193

[37] Diamond, D. W. Financial Intermediation and Delegated Monitoring [J]. Review of Economic Studies, 1984, 51(3): 393—414

[38] Domar, E. Expansion and Employment [J]. American Economic Review, 1947, 37(1): 343—355

[39] Eaton, J. & Gersovitz, M. Debt with Potential Repudiation: Theoretical and Empirical Analysis [J]. Review of Economic Studies, 1981, 48(2): 289—309

[40] Economist. The New Titans [J/OL]. Http://www.economist.com, 2006, September 14

[41] Estudillo, J. P. & Otsuka, K. Green Revolution, Human Capital, and Off-Farm Employment: Changing Sources of Income among Farm Households in Central Luzon, 1966—1994 [J]. Economic Development and Cultural Change, 1999, 47(3): 497—523

[42] Evans, D. S. & Jovanovic, B. An Estimated Model of Entrepreneurial Choice under Liquidity Constraints [J]. Journal of Political Economy, 1989, 97(4): 808—827

[43] Fei, J. C. H. & Ranis, G. Development of the Labor Surplus Economy: Theory and Policy [M]. Homewood, Illinois: Richard A. Irwin, Inc, 1964

[44] Feldman, M. & Audresch, D. Innovation in Cities: Science-base Diversity, Specialization and Localized Competition [J]. European Economic

Review, 1999, 43: 409—429

[45] Fleisher, B., Li, H. & Zhao, M. Human Capital, Economic Growth, and Regional Inequality in China [J]. Journal of Development Economics, 2009, (forthcoming)

[46] Freedman, P. L. & Click, R. W. Banks That Don't Lend? Unlocking Credit to Spur Growth in Developing Countries [J]. Development Policy Review, 2006, 24(3): 279—302

[47] Fudenberg, D. & Maskin, E. Evolution, Cooperation, and Repeated Games [R]. Harvard University and IAS, Princeton, 2008

[48] Fujita, M. Thisse. Economics of Agglomeration: Cities, Industrial Location, and Regional Growth [M]. Cambridge University Press, 2002

[49] Fujita, M., Krugman, P. & Venables, A. The Spatial Economy: Cities, Regions, and International Trade [M]. Cambridge: MIT Press, 2001

[50] Garofoli, G. New Firm Formation and Local Development: The Italian Experience [J]. Entrepreneurship & Regional Development, 1992, 28(4): 101—125

[51] Gerschenkron, A. Economic Backwardness in Historical Perspective [M]. Belknap Press of Harvard University Press, Cambridge, 1962

[52] Goldsmith, R. W. Financial Structure and Development [M]. New Haven: Yale University Press, 1969

[53] Greenwood, J. & Jovanovic, B. Financial Development, Growth, and the Distribution of Income [J]. Journal of Political Economy, 1990, 98 (5): 1076—1107

[54] Grossman, S. & Hart, O. The Costs and Benefits of Ownership: A Theory of Vertical and Lateral Integration [J]. Journal of Political Economy, 1986, 94 (4): 691—719

[55] Grossman, G. M. & Helpman, E. Quality Ladders in the Theory of Growth [J]. The Review of Economic Studies, 1991, 58(1): 43—61

[56] Hall, M. & Weiss, L. Firm Size and Profitability [J]. Review of Economics and Statistics, 1967, 49(3): 319—331

[57] Harrison, B. Lean and Mean: The Changing Landscape of Corporate Power in the Age of Flexibility [M]. New York: Basic Books, 1994

[58] Harrod, R. F. Towards a Dynamic Economics [M]. London: MacMillan, 1948

[59] Hart, O. Firms, Contracts, and Financial Structure [M]. New York: Oxford University Press, 1995

[60] Hatani, F. The Logic of Spillover Interception: The Impact of Global Supply Chains in China [J]. Journal of World Business, 2008, Forthcoming

[61] Hausmann, R. & Klinger, B. Structural Transformation and Patterns of Comparative Advantage. Center for International Development, Harvard University, Working Paper No. 128, 2006

[62] Hayami, Y. & Kikuchi, M. A Rice Village Saga: Three Decades of Green Revolution in the Philippines [M]. New York: Barnes and Noble, 2000

[63] Hayami, Y. Toward the Rural-Based Development of Commerce and Industry: Selected Experiences from East Asia [M]. World Bank Economic Development Institute, 1998

[64] Hayami, Y., Kikuchi, M. & Marciano, E. B. Structure of Rural-based Industrialization: Metal Craft Manufacturing on the Outskirts of Greater Manila, the Philippines [J]. The Developing Economies, 1998, 36 (2): 132—154

[65] Head, K. & Mayer, T. The Empirics of Agglomeration and Trade [A]. Henderson, J. V. & Thisse, J. F. Handbook of Urban and Regional Economics[C]. New York: North Holland, 2003

[66] Hessler, P. Boomtowns [N]. National Geographic, 2007, June: 88—117

[67] Ho, S. P. S. Decentralized Industrialization and Rural Development: Evidence from Taiwan [J]. Economic Development and Cultural Change, 1979, 28(1): 77—96

[68] Holmstrom, B. & Roberts, J. The Boundaries of the Firm Revisited [J]. Journal of Economic Perspectives, 1998, 12(4): 73—94

[69] Hotelling, H. Stability in Competition [J]. The Economic Journal, 1929, 39 (153): 41—57

[70] Hounshell, D. A. From the American System to Mass Production,

1800—1932 [M]. Baltimore: The Johns Hopkins University Press, 1984

[71] Huang, Z., Zhang, X. & Zhu, Y. The Role of Clustering in Rural Industrialization: A Case Study of Wenzhou's Footwear Industry [J]. China Economic Review, 2008, 19(3): 409—420

[72] Humphrey, J. & Schmitz, H. The Triple C Approach to Local Industrial Policy [J]. World Development, 1996, 24(12): 1859—1877

[73] Humphrey, J. & Schmitz, H. Trust and Inter-firm Relations in Developing and Transition Economies [J]. Journal of Development Studies, 1998, 34(4): 32—61

[74] Jones, S. R. H. Technology, Transaction Costs, and the Transition to Factory Production in the British Silk Industry, 1700—1870[J]. The Journal of Economic History, 1987, 47(1): 71—96

[75] Kim, J. & Lawrence, L. The Sources of Economic Growth of the East Asian Newly Industrialized Countries [J]. Journal of the Japanese and International Economies, 1994, 8: 235—271

[76] King, R. G. & Levine, R. Finance and Growth: Schumpeter Might Be Right [J]. The Quarterly Journal of Economics, 1993, 108: 717—737

[77] Klein, B. & Keith, B. L. The Role of Market Force in Assuring Contractual Performance [J]. Journal of Political Economy, 1981, 89(4): 615—641

[78] Knorringa, P. Economics of Collaboration: Indian Shoemakers Between Market and Hierarchy [M]. Sage, New Delhi and London, 1996

[79] Krugman, P. Increasing Returns and Economic Geography [J]. The Journal of Political Economy, 1991, 99(3): 483—499

[80] Krugman, P. Geography and Trade [M]. Cambridge: MIT Press, 1991

[81] Krugman, P. The Myth of Asia's Miracle [J]. Foreign Affairs, 1994: 62—78

[82] Krugman, P. The Self-organizing Economy [M]. Blackwell Publishers, 1996

[83] Kumar, K., Rajan, R. & Zingales, L. What Determines Firm Size? [R]. NBER Working Paper No. 7208, 1999

[84] Landes,D. The Unbound Prometheus: Technological Change and Industrial Development in Western Europe from 1750 to the Present [M]. Cambridge University Press, 1969

[85] Landes,D. The Wealth and Poverty of Nations [M]. New York: WW Norton & Company, 1998

[86] Lanjouw, J. O. & Lanjouw, P. The Rural Non-farm Sector: Issues and Eidence from Developing Countries [J]. Agricultural Economics, 2001, 26(1): 1—23

[87] Lazerson, M. A New Phoenix? Modern Putting-Out in the Modena Knitwear Industry [J]. Administrative Science Quarterly, 1995, 40(1): 34—59

[88] Lazerson, M. Subcontracting: An Alternative Organizational Form [R]. lnternational Labor Organization Discussion Paper, 1990

[89] Lee,B. L. , Rao,D. S. P. & Shepherd, W. Comparisons of Real Output and Productivity of Chinese and Indian Manufacturing, 1980—2002 [J]. Journal of Development Economics, 2007, 84(1): 378—416

[90] Lee,D. As China's Economy Stalls, Some Business Owners Run Away [EB/OL]. Los Angeles Times, November 8. Cited in the Boston Globe, 2008, http://www.boston. comnewsworldasiaarticles 11/06/as_chinas_economy_stalls_some_business_owners_run_away/

[91] Leff, N. H. Industrial Organization and Entrepreneurship in the Developing Countries: The Economic Groups [J]. Economic Development and Cultural Change, 1978, 26(4): 661—675

[92] Levy,B. & Kuo, W. The Strategic Orientation of Firms and the Performance of Korea and Taiwan in Frontier Industries [J]. World Development, 1991, 19(3): 363—374

[93] Lewis, W. A. Economic Development with Unlimited Supplies of Labor [J]. Manchester School of Economics and Social Studies, 1954, 22: 139—181

[94] Li, D. A Theory of Ambiguous Property Rights in Transition Economies: The Case of the Chinese Non-state Sector [J]. Journal of Comparative Economics, 1996, 23(1): 1—19

[95] Li, K. China's Capital and Productivity Measurement Using

Financial Resources [R]. Economic Growth Center, Yale University, Discussion Paper No. 851, 2003

[96] Lin, Y. Development and Transition: Strategy, Endowment Structure, and Viability [R]. Marshall Lecture, 2007

[97] Lin, Y. Rural Reforms and Agricultural Growth in China [J]. American Economic Review, 1992, 82 (1): 34—51

[98] Lin, Y., Cai, F. & Li, Z. The China Miracle: Development Strategy and Economic Reform [M]. Revised edition, Hong Kong: The Chinese University Press, 2003

[99] Long, C. & Zhang, X. The Patterns of Rural Industrialization in China[R], 1995—2004. Memo, 2008

[100] Long, C. & Zhang, X. Cluster-based Industrialization in China: Financing and Performance [R]. International Food Policy Research Discussion Paper, No. 0937, 2009

[101] Lucas, R. On the Mechanisms of Economic Development [J]. Journal of Monetary Economics, 1988, 22: 3—32

[102] Macleod, W. B. Reputations, Relationships, and Contract Enforcement [J]. Journal of Economic Literature, 2007, 45: 595—628

[103] Marshall, A. Principles of Economic [M]. Macworkshopan Press, 1920

[104] Martin, P. & Ottaviano, G. Growth and Agglomeration [J]. International Economic Review, 2001, 42(4): 947—968

[105] Mccormick, D. African Enterprise Clusters and Industrialization: Theory and Reality [J]. World Development, 1999, 27 (9): 1531—1551

[106] Mckenzie, D. J. & Woodruff, C. Do Entry Costs Provide an Empirical Basis for Poverty Traps? Evidence from Mexican Microenterprises [J]. Economic Development and Cultural Change, 2006, 55: 3—42

[107] McKinnon, R. I. Money and Capital in Economic Development [M]. Washington DC: Brooking Institution, 1973

[108] Mukherjee, A. & Zhang, X. Rural Industrialization in China and India: Role of Policies and Institutions [J]. World Development, 2007, 35 (10): 1621—1634

[109] McMillan, J. & Woodruff, C. Dispute Prevention Without

Courts in Vietnam [J]. Journal of Law, Economics, and Organization, 1999, 15: 637—658

[110] McMillan, J. & Whalley, J. & Zhu, L. The Impact of China's Economic Reforms on Agricultural Productivity Growth [J]. Journal of Political Economy, 1989, 97(4): 781—807

[111] Mead, D. & Leidholm, C. The Dynamics of Micro and Small Enterprises in Developing Countries [J]. World Development, 1998, 26(1): 61—74

[112] Mead, D. Of Contracts and Subcontracts: Small Firms in Vertically Disintegrated Production Distribution Systems in LDCs [J]. World Development, 1984, 12: 1095—1106

[113] Nakabayashi, M. Flexibility and Diversity: The Putting-out System in the Silk Fabric Industry of Kiryu, Japan [R]. Discussion Paper in Economic and Business No. 06—10, Japan: Osaka University, 2006

[114] Nadvi, K. & Schmitz, H. Industrial Clusters in Less Developed Countries: Review of Experiences and Research agenda [R]. Institute of Development Studies Discussion Paper No. 339, University of Sussex, 1994

[115] Nadvi, K. Shifting Ties: Social Networks in the Surgical Instrument Cluster of Sialkot, Pakistan [J]. Development and Change, 1999b, 30: 141—175

[116] Nadvi, K. The Cutting Edge: Collective Efficiency and International Competitiveness in Pakistan [J]. Oxford Development Studies, 1999a, 27(1): 81—107

[117] Naude, W. Entrepreneurship in Economic Development [R]. World Institute for Development Economics Research, Research Paper No. 20, 2008

[118] Padmore, T. & Gibson, H. Modeling Systems of Innovation, Part II, A Framework for Industrial Cluster Analysis in Regions [J]. Research Policy, 1998, 26: 625—641

[119] Piore, M. J. & Sabel, C. F. The Second Industrial Divide [M]. Basic Books, 1984

[120] Porter, M. E. Clusters and the New Economics of Competition [J]. Harvard Business Review, 1998, 76(6): 77—90

［121］Porter，M. E. The Competitive Advantage of Nations［M］. New York：Free Press，1990

［122］Oi，J. C. Rural China Takes Off：Institutional Foundations of Economic Reform. Berkeley［M］. CA：University of California Press，1999

［123］Qian，Y. & Xu，C. Why China's Economic Reforms Differ：The M-form Hierarchy and Entry/Expansion of the Non-state Sector［J］. Economics of Transition，1993，1(2)：135—170

［124］Rabellotti，R. External Economies and Cooperation in Industrial Districts：A Comparison of Italy and Mexico［M］. London：Macmillan，1997

［125］Rabellotti，R. Recovery of a Mexican Cluster：Devaluation Bonanza or Collective Efficiency?［J］. World Development，1999，27(9)：1571—1585

［126］Rajan，R. & Zingales，L. Financial Dependence and Growth［J］. American Economic Review，1998，88(3)：559—586

［127］Ranis，G. & Stewart，F. Rural Nonagricultural Activities in Development：Theory and Application［J］. Journal of Development Economics，1993，40(1)：75—101

［128］Ravallion，M. & Chen，S. China's (uneven) Progress Against Poverty［J］. Journal of Development Economics，2007，82(1)：1—42

［129］Reinganum，J. F. Innovation and Industry Evolution［J］. The Quarterly Journal of Economics，1985，100(1)：81—99

［130］Rioja，F. & Neven，V. Finance and the Sources of Growth at Various Stages of Economic Development［J］. Economic Inquiry，2004，42(1)：127—140

［131］Robinson，J. The Generalization of the General Theory［A］. The Rate of Interest and Other Essays［C］. London：MacMillan，1952

［132］Rodríguez-Clare，A. Clusters and Comparative Advantage：Implications for Industrial Policy［J］. Journal of Development Economics，2007，82：43—57

［133］Romer，P. M. Increasing Returns and Long-run Growth［J］. Journal of Political Economy，1986，94：1002—1037

［134］Rosenstein-Rodan，P. N. Problems of Industrialization of Eastern and South-Eastern Europe［J］. Economic Journal，1943，53：202—211

［135］ Ruan, J. & Zhang, X. Credit Constraints, Organizational Choice, and Returns to Capital ［R］. IFPRI discussion paper no. 830, 2008

［136］ Ruan, J. & Zhang, X. Finance and Cluster-based Industrial Development in China ［J］. Economic Development and Cultural Change, 2009, 58:143－164

［137］ Ruttan, V. & Hayami, V. Towards a Theory of Induced Institutional Innovation ［J］. The Journal of Development Studies, 1984, 20: 203－223

［138］ Sato, Y. Linkage Formation by Small Firms: the Case of a Rural Cluster in Indonesia ［J］. Bulletin of Indonesia Economic Studies, 2000, 36 (1): 137－166

［139］ Scherer, F. Demand-pull and Technological Innovation: Schmookler Revisited ［J］. Journal of Industrial Economics, 1982, 30(3): 225－238

［140］ Schmitz, H. Collective Efficiency: Growth Path for Small-scale Industry ［J］. Journal of Development Studies, 1995, 31(4): 529－566

［141］ Schmitz, H. & Musyck, B. Industrial Districts in Europe: Policy Lessons for Developing Countries ［J］. World Development, 1994, 22(6): 899－910

［142］ Schmitz, H. Small Shoemakers and Fordist Giants: Tale of a Supercluster ［J］. World Development, 1995, 23(1): 9－28

［143］ Schmitz, H. Global Competition and Local Cooperation: Success and Failure in the Sinos Valley, Brazil ［J］. World Development, 1999, 27 (9): 1627－1650

［144］ Schmitz, H. & Nadvi, K. Clustering and Industrialization: Introduction ［J］. World Development, 1999, 27(9): 1503－1514

［145］ Schmitz, H. Collective Efficiency and Increasing Returns ［R］. Institute of Development Studies Discussion Paper No. 50, University of Sussex, 1997

［146］ Scott, A. J. Regional Motors of the Global Economy ［J］. Futures, 1996, 28(5): 391－411

［147］ Shapiro, C. Premiums for High Quality Products as Returns to Reputations ［J］. The Quarterly Journal of Economics, 1998, 4(11): 659－680

［148］ Shepherd, W. G. The Elements of Market Structure ［J］.

Review of Economics and Statistics, 1972, 54(1): 25—37

[149] Smith, A. An Inquiry into the Nature and Causes of the Wealth of Nations [M]. London: Methuen and Co., Ltd., Fifth Edition, 1904

[150] Smitka, M. J. Competitive Ties: Subcontracting in the Japanese Automotive Industry [M]. New York: Columbia University Press, 1991

[151] Solow, R. M. Technical Change and Aggregate Production Function [J]. Review of Economics and Statistics, 1957, 312—320

[152] Sonobe, T. & Otsuka, K. Cluster-Based Industrial Development: An East Asia Model [M]. New York: Palgrave MacMillan, 2006

[153] Sonobe, T. & Otsuka, K. The Division of Labor and the Formation of Industrial Clusters in Taiwan [J]. Review of Development Economics, 2006, 10(1): 71—86

[154] Sonobe, T., Akoten, J. & Otsuka, K. The Development of the Footwear Industry in Ethiopia: How Different Is It from the East Asian Experience? [R]. FASID, Discussion Paper Series on International Development Strategies, 2006—09—003

[155] Sonobe, T., Hu, D. & Otsuka, K. From Inferior to Superior Products: An Inquiry into the Wenzhou Model of Industrial Development in China [J]. Journal of Comparative Economics, 2004, 32: 542—563

[156] Sonobe, T., Hu, D. & Otsuka, K. Process of Cluster Formation in China: A Case Study of a Garment Town [J]. The Journal of Development Studies, 2002, 39(1): 118—139

[157] Stigler, G. The Division of Labor is Limited by the Extent of the Market [J]. Journal of Political Economy, 1951, 51: 185—193

[158] Stiglitz, J. & Weiss, A. Credit Rationing in Markets with Imperfect Information [J]. American Economic Review, 1981, 71(3): 393—410

[159] Summers, L. The Rise of Asia and the Global Economy [J]. Research Monitor: the Bi-annual Newsletter of the Global Development Network, 2007, Special Issue: 4—5

[160] Tewari, M. Successful Adjustment in Indian Industry: the Case of Ludhiana's Woolen Knitwear Cluster [J]. World Development, 1999, 27(9): 1651—1671

[161] Tsai, K. S. Back-alley Banking: Private Entrepreneurs in China

[M]. Ithaca, NY: Cornell University Press, 2002

[162] Van-Praag, M. & Versloot, P. H. What is the Value of Entrepreneurship? A Review of Recent Research [J]. Small Business Economics, 2007, 29(4): 351—382

[163] Visser, E. J. Local Sources of Competitiveness: Spatial Clustering and Organizational Dynamics in Small-scale Clothing in Lima, Peru[D]. Tinbergen Institute Ph. D Thesis, University of Amsterdam, 1996

[164] Weber, M. General Economic History [M]. NJ: Transaction Publishers, 1981

[165] Weijland, H. Microenterprise Clusters in Rural Indonesia: Industrial Seedbed and Policy Target [J]. World Development, 1999, 27(9): 1515—1530

[166] Weitzman, M. L. & Xu, C. Chinese Township Village Enterprises as Vaguely Defined Cooperatives [J]. Journal of Comparative Economics, 1994, 18(2): 121—145

[167] Williamson, O. Markets and Hierarchies: Analysis and Antitrust Implications [M]. New York: The Free Press, 1975

[168] Williamson, O. The Economic Institutions of Capitalism: Firms, Markets and Relational Contracting [M]. New York: Free Press, 1985

[169] Williamson, O. The Vertical Integration of Production: Market Failure Considerations [J]. American Economic Review, 1971, 61(2): 112—123

[170] Wen, M. Relocation and Agglomeration of Chinese Industry [J]. Journal of Development Economics, 2004, 73(1): 329—347

[171] World Bank. World Bank Report 2009: Reshaping Economic Geography [M]. Washington, D. C. , World Bank, 2008

[172] WTO. World Trade Developments in 2006 [EB/OL]. 2007, http://www.wto.org/ english/res_e/statis_e/its2007_e/its07_world_trade_dev_e.htm

[173] Wu, H. China's Comparative Labor Productivity Performance in Manufacturing, 1952—1997: Catching Up or Falling Behind? [J]. China Economic Review, 2001, 12: 162—189

[174] Wu, L. , Yue, X. & Sim, T. Supply Clusters: A Key to China's Cost Advantage [J]. Supply Chain Management Review, March 2006,

http://www.esupplychain.eu/eninfoviewart/73,Supply_Clusters_A_Key_to_China_s_Ccst_Advantage

[175] Xu, B. Multinational Enterprises, Technology Diffusion, and Host Country Productivity Growth [J]. Journal of Development Economics, 2000, 62: 477—493

[176] Xu, C. A Different Transition Path: Ownership, Performance, and Influence of Chinese Rural Industrial Enterprises [M]. New York and London: Garland, 1995

[177] Xu, C. The Institutional Foundations of China's Reforms and Development [R]. Working Paper, University of Hong Kong, 2008

[178] Xu, C. & Zhang, X. The Evolution of Chinese Entrepreneurial Firms: Township—Village Enterprises Revisited [R]. Memo, 2008

[179] Yamamura, E., Sonobe, T. & Otsuka, K. Human Capital, Cluster Formation, and International Relocation: the Case of the Garment Industry in Japan, 1968—98 [J]. Journal of Economic Geography, 2003, 3(1): 37—56

[180] Yang, X. The Division of Labor, Investment and Capital [J]. Metroeconomica, 1999, 50(3): 301—324

[181] Young, A. A Tale of Two Cities: Factor Accumulation and Technical Change in Hong-Kong and Singapore [R]. National Bureau of Economic Research, Macroeconomics Annual, 1992: 13—54

[182] Young, A. Increasing Returns and Economic Progress [J]. The Economic Journal, 1928, 38(152): 527—542

[183] Young, A. The Razor's Edge: Distortions and Incremental Reform in the People's Republic of China [J]. Quarterly Journal of Economics, 2000, 115(4): 1091—1135

[184] Zander, I. The Microfoundations of Cluster Stickiness—Walking in the Shoes of the Entrepreneur [J]. Journal of International Management, 2004, 10(2): 151—175

[185] Zhang, X. & Li, G. Does Guanxi Matter to Nonfarm Employment? [J]. Journal of Comparative Economics, 2003, 31(2): 315—331

[186] Zhang, X. & Tan, K. Incremental Reform and Distortions in China's Product and Factor Markets [J]. World Bank Economic Review,

2007, 21(2): 279－299

[187] Zhang, X. Asymmetric Property Rights in China's Economic Growth [J]. William Mitchell Law Review, 2007, 33(2): 101－16

[188] Zhu, K. Local Government Freedom of Choice in Privatization and Market-oriented Reform: Private and Government Interaction Perspectives on this History of Wenzhou Mode [A]. in Narratives of Chinese Economic Reforms: How Does China Cross the River? Edited by Zhang, X., A. de Haan and S. Fan, World Scientific Publishing, 2010

[189] [德]阿尔弗雷德・韦伯. 工业区位论[M]. 北京:商务印书馆, 1997:1－223

[190] [美]艾伯特・赫希曼. 经济发展战略[M]. 北京:经济科学出版社, 1991:1－190

[191] 安康市乡镇企业局. "十五"期间安康市中小企业信贷政策实施情况调查[EB/OL]. http://xq. ankang. gov. cn/news/ShowArticle. asp? ArticleID=548/2006

[192] 蔡宁,吴结兵. 产业集群与区域经济发展——基于"资源－结构"观的分析[M]. 北京:科学出版社,2007:1－232

[193] 陈佳贵,王钦. 中国产业集群可持续发展与公共政策选择[J]. 中国工业经济,2005(9):5－10

[194] 陈谦. 全球价值链中的地方传统产业集群升级[D]. 同济大学硕士论文,2007:1－44

[195] 陈文玲. 思维的"足迹"中国经济社会前沿报告上[M]. 北京:经济科学出版社,2006:236－237

[196] 陈兴冥主编. 濮院镇志[M]. 上海:上海书店出版社,1996:1－478

[197] 陈耀,冯超. 贸易成本、本地关联与产业集群迁移[J]. 中国工业经济,2008(3):76－83

[198] 程海波,于蕾,许治林. 资本结构、信贷约束和信贷歧视:上海非国有中小企业的案例[J]. 世界经济,2005(8):67－72

[199] 仇保兴. 小企业集群研究[M]. 上海:复旦大学出版社, 1999:1－256

[200] [英]大卫・李嘉图. 政治经济学及赋税原理[M]. 北京:商务印书馆,1976:1－415

[201] 费孝通. 乡土中国[M]. 上海:上海三联书店,1985:1－138

[202] 盖文启，朱华晟. 产业的柔性集聚及其区域竞争力[J]. 经济理论与经济管理，2001(10)：25－30

[203] 盖文启. 集群竞争——中国高新区发展的未来之路[M]. 北京：经济科学出版社，2007：1－287

[204] 顾强，王缉慈. 产业集群、工业园区发展与新型工业化[R]. 国家经贸委行业规划司，2003

[205] 广东省统计局. 广东省统计年鉴(历年)[M]. 北京：中国统计出版社

[206] 郭斌，刘曼路. 民间金融与中小企业发展：对温州的实证分析[J]. 经济研究，2002(10)：40－46

[207] 郭金喜. 传统产业集群升级：路径依赖和蝴蝶效应耦合分析[J]. 经济学家，2007(3)：66－71

[208] 国家商标局. 2005 年中国商标工作报告[EB/OL]. http://sbj. saic. gov. cntjxx brand_bulletin. htm

[209] 何雄浪，李国平. 专业化产业集聚、空间成本与区域工业化[J]. 经济学(季刊)，2007，6(4)：1021－1040

[210] 黄祖辉，朱允卫. 浙江农村工业化的发展与启示[J]. 中国经济史研究，2006(2)：88－94

[211] 黄祖辉，朱允卫，张晓波. 温州鞋业集群的形成：进入壁垒是如何突破的[J]. 中国经济史研究，2007(4)：73－82

[212] 江青虎，颜清阳，张慧. 全球化背景下产业集群的升级——以浙江慈溪、义乌、桐乡典型产业集群为例[J]. 经济地理，2007(1)：41－45

[213] 江苏省统计局. 江苏省统计年鉴(历年)[M]. 北京：中国统计出版社

[214] 李洁. 看看人家温州人[M]. 北京：京华出版社，2006：198－238

[215] 林毅夫，李永军. 中小金融机构发展与中小企业融资[J]. 经济研究，2001(1)：10－18

[216] 林毅夫，孙希芳. 信息、非正规金融与中小企业融资[J]. 经济研究，2005(7)：35－44

[217] 刘世锦主编. 中国产业集群发展报告(2007－2008)[M]. 北京：中国发展出版社，2008：264－271

[218] [美]罗斯托. 经济成长过程论[M]. 北京：商务印书馆，1962：1－197

[219] 余力，舒眉，黄河. 中国制造：半坡上的变奏[N]. 南方周末，2008－07－25

[220] 农业部乡镇企业局. 当前乡镇企业经济运行情况及今年的发展趋势[R]. 农业部乡镇企业局，2002

[221] 农业部乡镇企业局. 中国乡镇企业统计资料(1978－2002)[M]. 北京：中国农业出版社，2003

[222] 钱平凡. 我国产业集群的发展状况、特点与问题[J]. 调查研究报告，2003(127)：1－23

[223] 盛世豪，郑燕伟. 浙江现象：产业集群与区域经济发展[M]. 北京：清华大学出版社，2004：1－357

[224] 史晋川，孙福国，严谷军. 浙江民营金融业的发展[J]. 浙江社会科学，1998(5)：23－28

[225] [日]速水佑次郎. 发展经济学——从贫困到富裕[M]. 北京：社会科学文献出版社，2003：1－25

[226] 孙文远. 产品内价值链分工视角下的产业升级[J]. 管理世界，2006(10)：156－157

[227] [英]汤因比. 历史研究[M]. 上海：上海人民出版社，1986：1－225

[228] 童士清. 中国信贷制度变迁及其逻辑：一个视角[J]. 经济体制改革，2008(1)：10－16

[229]童昕，王缉慈. 全球商品链中的地方产业群——以东莞的“商圈”现象为例[J]. 地域研究与开发，2003，22(1)：36－39

[230] 王缉慈. 从意大利产业区模式看浙江专业化产业区发展前景[J]. 浙江经济，2007(7)：10－12

[231] 王缉慈. 创新的空间——企业集群与区域发展[M]. 北京：北京大学出版社，2001：1－384

[232] 王珺. 企业族群的创新研究[J]. 管理世界，2002(10)：102－110

[233] 王霄，张捷. 银行信贷配给与中小企业贷款——一个内生化抵押品和企业规模的理论模型[J]. 经济研究，2003(7)：68－75

[234] 王自亮，钱雪亚. 从乡村工业化到城市化——浙江现代化的过程、特征与动力[M]. 杭州：浙江大学出版社，2003：32－35

[235] 魏江. 产业集群——创新系统与技术学习[M]. 北京：科学出版社，2003：1－254

[236] 温州市统计局. 温州统计年鉴[M]. 北京：中国统计出版社，2005：

249－251

[237] 吴结兵.基于企业网络结构与动态能力的产业集群竞争优势研究[D].博士学位论文,浙江大学,2006:19－23

[238] 吴晓军.产业集群与工业园区建设[M].南昌:江西人民出版社,2005:1－291

[239] 夏兰,周钟山.基于网络结构视角的产业集群演化和创新[M].北京:中国物价出版社,2006:1－355

[240] 约翰·伊特韦尔,等.新帕尔格雷夫经济学大辞典[M].北京:经济科学出版社,1996

[241] 徐康宁.开放经济中的产业集群与竞争力[J].中国工业经济,2001(11):22－27

[242] 杨思群.中小企业融资[M].北京:民主与建设出版社,2002:1－365

[243] 杨小凯、黄有光著,张玉纲译.专业化与经济组织——一种新兴古典微观经济学框架[M].北京:经济科学出版社,1999:80－84

[244] 叶建亮.知识溢出与企业集群[J].经济科学,2001(3):23－30

[245] 俞建国主编.中国中小企业融资[M].北京:中国计划出版社,2002:1－456

[246] 袁亚平.世上温州人[M].北京:人民文学出版社,2003:82

[247] [英]约翰·穆勒.政治经济学原理[M].北京:商务印书馆,1991:1－375

[248] [美]约瑟夫·熊彼特.经济发展理论[M].北京:商务印书馆,1997:1－306

[249] 张辉.全球价值链下地方产业集群转型和升级[M].北京:经济科学出版社,2006:1－251

[250] 张杰,刘东.我国地方产业集群的升级路径:基于组织分工架构的一个初步分析[J].中国工业经济,2006(5):48－55

[251] 张杰,张少军,刘志彪.多维技术溢出效应、本土企业创新动力与产业升级的路径选择——基于中国地方产业集群形态的研究[J].南开经济研究,2007(3):47－67

[252] 张培刚.农业与工业化[M].武汉:华中科技大学出版社,2002:1－274

[253] 张仁寿,李红.温州模式研究[M].北京:中国社会出版社,

1990:1－326

[254] 张五常. 中国的经济制度[EB/OL]. http://blog. sina. com. cn/zhangwuchang/2008

[255] 章志诚主编，温州市志编纂委员会编. 温州市志[M]. 北京：中华书局，1998:11－75

[256]浙江省经济贸易委员会. 加快向现代产业集群转型——2007 年浙江省块状经济发展报告[J]. 浙江经济，2008(17):38－42

[257] 浙江省统计局. 浙江省统计年鉴(历年)[M]. 北京：中国统计出版社

[258] 浙江制造业产业集聚的实证研究课题组. 浙江制造业产业集聚的实证研究[R]. 浙江省统计局，2007

[259] 中国工商银行. 中国工商银行中小企业信贷政策[EB/OL]. 金张掖公众信息网，http://www. zhangye. gov. cn/qybszn/rdzcjd/200709/50628. html/2007

[260] 中国国家统计局. 中国工业普查[M]. 北京：中国统计出版社，1995

[261] 中国国家统计局. 中国经济普查[M]. 北京：中国统计出版社，2004

[262] 中国国家统计局. 中国统计年鉴(历年)[M]. 北京：中国统计出版社

[263] 中国农业部. 中国农业统计年鉴[M]. 北京：中国农业出版社，1986

[264] 中国农业银行. 农业银行借贷规定[EB/OL]. 大理中小企业网，http://www. smeyndl. gov. cn/readnews. asp? newsid＝212

[265] 中国鞋都信息网. 温州鞋业 20 年大事记[EB/OL]. http://www. shoelib. com xwhxyjs/200709/t20070920_44179. html/2007

[266] 中国银行. 中国银行中小企业贷款指导意见[Z]. 中银信管〔1998〕520 号，1998

[267] 中国知识产权报. "品牌浙江"建设连创五项中国第一[N]. 中国知识产权报，2008－01－30

[268] 朱华晟. 浙江产业群：产业网络、成长轨迹与发展动力[M]. 杭州：浙江大学出版社，2003:1－83

[269] 朱康对. 温州鞋业：从地方化集群到全球价值链[J]. 温州论坛，2005(3):20－25

[270] 朱磊. 浙江制造业产业成长研究[M]. 北京：中国农业出版社，2004:122－125

[271] 朱希伟.企业空间集聚与地区间专业化——关于浙江专业化产业区的理论分析与案例研究[D].博士学位论文,浙江大学,2005:1－6

[272] 朱秀梅.高技术产业集群创新路径与机理实证研究[J].中国工业经济,2008(2):66－75

[273] 织里镇政府.中国童装名镇——中国织里[EB/OL]. http://www1.hz66.com/zhili/in2－1.asp

附录　2000年浙江省149个块状经济统计信息

附表1　2000年浙江省149个产值10亿元以上块状经济统计信息

区块名称	年总产值（亿元）	从业人数（万人）	企业总数（家）	规模企业数（家）
萧山织造	200.00	6.00	2500	2000
乐清低压电器	130.00	4.80	900	130
诸暨三都贡缎	106.00	8.40	20595	39
诸暨店口五金	92.40	3.26	3746	66
海宁皮革制品	89.80	5.47	5655	56
萧山汽车配件	88.00	2.16	60	40
平湖服装	88.00	6.50	900	75
瑞安塘下汽摩配	87.55	8.38	8439	85
长兴纺织	87.54	5.09	18223	25
新昌医药化工	83.55	0.49	328	12
嵊州厨具	80.00	1.80	600	23
象山针织	80.00	4.50	400	70
诸暨大唐袜业	75.00	4.50	8521	50
苍南龙港印刷	73.87	—	—	72
萧山化纤纺	72.00	0.50	10	10
秀洲丝织业	66.00	4.89	79	17
绍兴印染	65.94	2.48	64	62
鄞州机械汽配	64.00	2.40	340	88
瓯海鞋业	62.68	3.38	3290	43
永康不锈钢制品	62.00	—	68	17
新昌机械	61.27	1.29	238	40

续表

区块名称	年总产值（亿元）	从业人数（万人）	企业总数（家）	规模企业数（家）
嵊州领带	60.00	3.00	1000	27
萧山印染	60.00	2.50	60	40
海宁家纺装饰布	60.00	3.30	11000	42
鄞州服装	60.00	4.00	400	79
富阳造纸	56.00	3.29	629	180
玉环汽摩配	55.70	3.50	2000	100
富阳通信电缆	53.00	1.28	307	34
桐乡羊毛衫	52.40	1.87	3385	40
新昌轴承	50.13	0.43	1036	20
余杭纺织	49.29	1.38	5897	79
黄岩塑料	48.90	—	—	51
越城纺织	46.98	2.86	233	90
慈溪纺织	46.50	1.67	4153	7
黄岩纺织服装	45.80	—	—	7
嘉善木业	43.00	3.00	248	130
新昌纺织	41.78	0.74	300	13
瑞安安阳机械	40.99	3.63	3553	45
黄岩工艺美术	38.60	—	—	74
安吉竹制品	37.67	1.54	1571	51
苍南灵溪编织	37.61	—	—	51
绍兴纺丝	37.29	0.59	9	9
诸暨枫侨衬衫	36.80	2.23	612	33
奉化服装	36.00	0.50	400	64
义乌服装	35.90	4.90	813	190
平阳水头皮革	35.00	3.00	400	220
萧山羽绒制品	35.00	1.70	150	60
富阳轻纺	35.00	2.98	1213	28
鄞州纺织	35.00	2.00	420	84
玉环阀门	33.00	2.30	5000	90
湖州童装	32.00	2.50	11000	120
椒江服装	30.36	1.11	2359	12

续表

区块名称	年总产值（亿元）	从业人数（万人）	企业总数（家）	规模企业数（家）
瑞安莘滕服装	30.17	2.20	1578	29
龙湾人造革	30.00	—	32	32
温岭汽摩配	30.00	5.00	5000	45
萧山纸包装	30.00	1.80	300	30
象山水产品	30.00	3.00	100	20
湖州城区五金	28.50	1.20	1350	12
永康电动工具	28.00	—	230	34
海宁经编	25.58	0.40	173	9
萧山钢结构网架	25.00	0.65	25	25
鄞州塑料制品	25.00	1.20	280	34
鄞州蔺草制品	25.00	0.80	240	21
湖州化纤丝织品	24.70	2.50	8700	3
滨江机械五金	24.55	0.92	212	36
上虞钢管	24.40	0.35	94	11
永嘉皮鞋	23.70	0.82	411	12
黄岩机械模具	23.10	—	—	21
永康有色金属	23.00	—	56	12
慈溪周巷家电	23.00	0.68	1634	12
南浔铜业线缆	22.87	0.25	12	12
海盐丝绸	22.80	3.26	1420	25
上虞伞业	22.40	0.58	530	8
浦江服装	22.00	1.30	900	15
永康汽摩配	21.00	—	121	32
临安电缆	21.00	0.48	75	20
湖州床上用品	21.00	1.31	5000	10
嘉善纺织	21.00	1.20	560	12
南浔木业	20.74	0.84	439	6
椒江缝纫机	20.70	0.22	33	4
瓯海服装	20.30	2.08	828	40
瑞安丁田机械化工	20.16	1.47	2231	18
永康滑板车	20.00	—	57	11

续表

区块名称	年总产值（亿元）	从业人数（万人）	企业总数（家）	规模企业数（家）
平阳萧江塑编	20.00	1.80	200	160
温岭鞋业	20.00	1.50	2350	125
仙居工业品	20.00	3.53	623	30
慈溪轴承	20.00	1.20	380	19
诸暨次坞包装	19.70	0.33	89	4
苍南金乡商标	19.61	—	—	30
瑞安飞云鞋业	19.23	1.91	1767	55
永康防盗门	19.00	—	19	15
瓯海不锈钢	18.50	1.31	130	42
秀洲针织品	18.50	1.51	77	2
黄岩医药化工	18.00	—	—	37
诸暨山下湖珍珠	17.90	1.25	341	5
鹿城皮革及鞋类	17.57	1.16	45	45
永嘉欧北服装	16.90	1.48	511	11
绍兴服装	16.85	0.82	54	27
桥头纽扣拉链	16.80	1.61	984	15
乐清电子	16.50	0.86	177	29
义乌拉链	16.00	0.30	200	30
路桥蓬街喷雾器	15.56	7.49	2010	—
永嘉欧北阀门	15.20	—	112	15
东阳吴宁服装	15.00	0.93	470	13
横店磁性材料	15.00	0.81	27	7
东阳南马木线	15.00	0.85	1000	18
嵊州电声	15.00	2.00	300	7
温岭水泵	15.00	3.00	4000	30
温岭水产(加工)	15.00	1.00	1600	150
绍兴纺织	14.38	6.92	679	277
越城服装	14.38	1.07	109	35
慈溪附海小家电	14.30	0.22	68	8
桐乡丝织业	14.20	0.76	985	21
海盐化纤	13.30	0.28	3	3
瑞安仙降鞋业	13.29	1.42	304	86

续表

区块名称	年总产值（亿元）	从业人数（万人）	企业总数（家）	规模企业数（家）
秀城纺织	13.08	1.05	603	18
嵊州绢丝	13.00	2.60	100	23
瓯海人造革	12.90	0.89	497	27
萧山染料及助剂	12.62	0.15	13	6
江干机械	12.29	0.47	15	15
椒江塑料制品	12.08	4.98	709	10
龙湾标准件	12.00	—	250	17
平阳鳌江机械	12.00	1.00	180	80
临安纺织	12.00	0.45	50	10
德清新市粮油	12.00	0.20	36	11
平湖光机电	12.00	0.30	42	11
嘉善五金配件	12.00	0.56	786	8
北仑模具	12.00	1.00	500	50
南浔针织	11.90	0.36	1115	4
义乌袜业	11.67	1.40	1000	50
椒江纺织	11.60	0.32	45	2
兰溪水泥	11.50	0.46	5	5
长兴机电	11.21	0.70	380	24
绍兴羽绒	11.09	0.10	16	16
德清木业	11.00	1.00	112	8
绍兴经编	10.81	0.27	226	4
婺城纺织	10.50	1.70	16	15
临海东腾彩灯	10.50	1.05	1038	2
海盐机械	10.20	0.48	345	21
义乌饰品	10.00	2.20	1000	6
嵊州机械	10.00	0.50	100	6
诸暨城关灯具	10.00	0.31	66	9
龙湾笔业	10.00	—	115	40
温岭日用塑料	10.00	1.50	1000	80
桐庐绢丝针织	10.00	3.00	200	29
平湖箱包	10.00	1.13	209	14
平湖造纸	10.00	0.45	20	6
慈溪掌起打火机	10.00	0.80	700	4
象山汽车配件	10.00	4.00	19	6

资料来源：根据 2003 年《浙江年鉴》整理得到。